D1881825

हिंदी भाषा : संरचना के विविध आयाम

इस श्रृंखला की अन्य पुस्तकें—

- **हिंदी भाषा का समाजशास्त्र**
- **भाषा-विज्ञान : सैद्धांतिक चिंतन**

हिंदी भाषा : संरचना के विविध आयाम

रवीन्द्रनाथ श्रीवास्तव

प्रधान सम्पादक

बीना श्रीवास्तव

सम्पादक

महेन्द्र

कैलाशचंद्र भाटिया

राधाकृष्ण प्रकाशन

ISBN : 978-81-7119-500-8

हिंदी भाषा : संरचना के विविध आयाम

© बीना श्रीवास्तव

पहला संस्करण : 1995
पाँचवाँ संस्करण : 2015
पहली आवृत्ति : 2023
This book is printed on **Print on Demand** Technology : 2025

मूल्य : ₹895

प्रकाशक
राधाकृष्ण प्रकाशन प्राइवेट लिमिटेड
जी-17, जगतपुरी, दिल्ली-110 051
शाखाएँ : अशोक राजपथ, साइंस कॉलेज के सामने, पटना-800 006
पहली मंजिल, दरबारी बिल्डिंग, महात्मा गांधी मार्ग, प्रयागराज-211 001
1, अनमोल सोराबजी संतुक लेन, धोबी तलाव, मरीन लाइंस, मुम्बई-400 002
वेबसाइट : www.radhakrishnaprakashan.com
ई-मेल : info@radhakrishnaprakashan.com

HINDI BHASHA : SANRACHANA KE VIVIDH AAYAM
by Ravindra Nath Srivastava

इस पुस्तक के सर्वाधिकार सुरक्षित हैं। प्रकाशक की लिखित अनुमति के बिना इसके किसी भी अंश को फोटोकापी एवं रिकॉर्डिंग सहित इलेक्ट्रॉनिक अथवा मशीनी, किसी भी माध्यम से, अथवा ज्ञान के संग्रहण एवं पुन:प्रयोग की प्रणाली द्वारा, किसी भी रूप में, पुनरुत्पादित अथवा संचारित-प्रसारित नहीं किया जा सकता।

सम्पादकीय

भाषाविज्ञान की अधुनातन प्रवृत्तियों तथा सैद्धांतिक मान्यताओं पर प्रो. रवीन्द्रनाथ श्रीवास्तव जैसी गहरी दृष्टि विरले भारतीय भाषावैज्ञानिकों में ही दिखाई देती है। उनके सभी प्रकाशित लेख एवं पुस्तकें उनकी सूक्ष्म शोधपरक दृष्टि तथा गहन साधना के साक्षी हैं। उन्होंने सैद्धांतिक और अनुप्रयुक्त भाषाविज्ञान के विविध पक्षों पर निरंतर चिंतन और लेखन किया। यह उल्लेखनीय और सराहनीय है कि इन पक्षों पर उनका लेखन मजबूत सैद्धांतिक पीठिका और भाषा के व्यावहारिक दृष्टांतों को साथ-साथ समेटते हुए वैचारिक लेखन की एक सम्प्रेषणीय परम्परा कायम करता है।

इसमें तो कोई संदेह ही नहीं कि उनका चिंतन-क्षेत्र अति व्यापक था और इसमें भी कि भाषावैज्ञानिक प्रश्नों पर उनकी दृष्टि एक जागरूक शोधार्थी की दृष्टि है। उनकी इस प्रखर वैचारिकता के कई कारणों में से दो कारण प्रमुख हैं–एक तो पाश्चात्य भारतीय-दर्शन के मूलभूत प्रकरणों को जाँचने-परखने की उनकी अतुलनीय मेधा और दूसरे विश्व-फलक पर उभरते समसामयिक भाषा-चिंतनों को भारतीय भाषा परिवेश में घटाकर देखने की उनकी अद्‌भुत क्षमता।

भारतीय भाषावैज्ञानिक चिंतन के ढाँचे को देखने से यह बहुत साफ दिखाई देता है कि पिछले बीस-पच्चीस वर्षों में भारत के भाषावैज्ञानिक मूलतः सैद्धांतिक भाषाविद् ही बने रहे हैं। इतना ही नहीं, इनमें से अधिकांश का चिंतन पाश्चात्य विचारों से आक्रांत भी रहा है। यही कारण है कि भारतीय संदर्भ में हिंदी भाषा से सम्बद्ध भाषावैज्ञानिक समस्याओं के वैज्ञानिक आकलन तथा सर्वस्वीकार्य समाधानों की खोज की ओर बहुत कम भाषावैज्ञानिकों का ध्यान गया।

हिंदी भाषा, साहित्य और समीक्षा का यह सौभाग्य रहा कि इन्हें केंद्र में रखकर प्रो. श्रीवास्तव ने अपने अधुनातन भाषा-चिंतन की धुरी से इन्हें बड़ी सहजता से जोड़े रखा। कई लोगों के लिए यह एक जानकारी हो सकती है कि प्रो. श्रीवास्तव ने अपने लेखन का प्रारम्भ हिंदी में सर्जनात्मक साहित्य रचकर तथा हिंदी-साहित्य-समीक्षा लिखकर किया। सम्भवतः इसीलिए हिंदी के प्रति उनके हृदय का एक कोना सदैव कोमल भावनाओं से ओतप्रोत रहा। हिंदी भाषा के प्रति उनके

इसी लगाव ने उन्हें हिंदी भाषा समुदाय, हिंदी भाषा-संरचना, हिंदी के सामाजिक संदर्भ, उसकी संवैधानिक स्थिति, मातृभाषा–द्वितीय भाषा–विदेशी भाषा के रूप में हिंदी-शिक्षण की समस्याओं, प्रयोजनमूलक हिंदी के मानकीकरण और आधुनिकीकरण के विवेचनों तथा उसके समस्त अनुप्रयुक्त पक्षों (यथा–अनुवाद के संदर्भ में, शैलीवैज्ञानिक विश्लेषण के धरातल पर, भाषा-नीति की दृष्टि से आदि) पर गम्भीरता से विचार करने की ओर प्रेरित किया।

प्रस्तुत पुस्तक उनके इसी लगाव से उपजे वैचारिक-मंथन का परिणाम है। हम तो उनके श्रम को इस अथाह वेदना के साथ आप सुधी पाठकों के समक्ष लाने के निमित्त मात्र हैं कि काश ! यह पुस्तक आदरणीय डॉक्टर साहब के जीवनकाल में प्रकाशित हो पाती।

वेदना की इस अनुभूति से संतोष का यह भाव भी आ जुड़ा है कि प्रो. श्रीवास्तव के विचार एक स्थान पर एकत्रित मिल सकेंगे। प्रो. श्रीवास्तव द्वारा आधुनिक भाषावैज्ञानिक परिप्रेक्ष्य पर हिंदी में लिखित प्रकाशित-अप्रकाशित छिटपुट आलेखों को पाँच पुस्तकों की एक शृंखला के रूप में प्रकाशित करने की योजना कार्यान्वित की जा रही है। इस शृंखला में 'हिंदी भाषा का समाजशास्त्र', 'हिंदी भाषा : संरचना के विविध आयाम', 'अनुप्रयुक्त भाषाविज्ञान : सिद्धांत एवं प्रयोग', 'भाषाविज्ञान : सैद्धांतिक चिंतन' और 'सर्जनात्मक साहित्य' नामक पुस्तकें प्रकाशित होंगी। इसी प्रकार अंग्रेजी में भी लगभग सात पुस्तकों की एक शृंखला के प्रकाशन की योजना है।

इन सभी पुस्तकों में प्रो. श्रीवास्तव के विविध विषय-क्षेत्रों में उनके सार्थक दृष्टिकोण को उद्घाटित करनेवाले आलेख संकलित होंगे। इस योजना के पीछे हमारा यह संकल्प है कि प्रो. श्रीवास्तव के वैचारिक-मानस की क्रमबद्ध सामग्री भाषा और भाषाविज्ञान के छात्रों, शोधकर्मियों तथा अध्येताओं को एक स्थान पर प्राप्त हो सके तथा हिंदी में और हिंदी पर उनका विवेचन यह स्पष्ट कर सके कि हिंदी के बौद्धिक-शैक्षिक-आधुनिक विकास में उनका योगदान कितना बहुमूल्य और अतुलनीय है।

हमारा पूर्ण विश्वास है कि इस पुस्तक का स्वागत उसी प्रकार होगा, जैसा उनकी अन्य प्रकाशित पुस्तकों का हुआ है।

प्रस्तावना

हिंदी भाषा की संरचना के विभिन्न पक्षों पर डॉ. रवीन्द्रनाथ श्रीवास्तव समय-समय पर लिखते रहे। इस दिशा में लिखे गए विभिन्न आलेखों को व्यवस्थित ढंग से **हिंदी भाषा : संरचना के विविध आयाम** शीर्षक से प्रस्तुत किया जा रहा है।

विश्वप्रसिद्ध भाषाविद् सॅस्यूर और ब्लूमफ़ील्ड का ध्यान सर्वप्रथम भाषा के 'संरचना' पक्ष की ओर गया। आज जिस 'भाषिक संरचना' की बात पिछली अर्द्धशताब्दी से चल रही है उसकी आधारशिला स्विस विद्वान् सॅस्यूर ने रखी थी। उनका यह भी विचार था कि भाषा की गहनतम व्यवस्था के होते हुए भी भाषा की प्रकृति व्यक्तिप्रधान न होकर सामाजिक है और सभी विकल्प से प्राप्त भेदों-उपभेदों के होते हुए भी भाषा अपनी संरचना में विषमरूपी न होकर समरूपी है। उन्होंने ही वह दृष्टि दी, जिससे भाषा की संश्लिष्ट प्रकृति को समझा जा सका और उसके दोनों पक्षों–**भाषा-व्यवस्था** और **भाषा-व्यवहार**–को सम्यक रूप से समझ सकें। इनको उन्होंने क्रमशः 'लांग' और 'परोल' की संज्ञा दी। 'भाषा-व्यवस्था' अपनी प्रकृति में समरूपी होती है और 'भाषा-व्यवहार' इसी भाषा-व्यवस्था का व्यक्त रूप है। व्यक्त रूप में व्यक्ति का क्रिया-व्यापार और अभिव्यक्ति-माध्यम दोनों योग देते हैं।

भाषा-व्यवहार का महत्त्व होते हुए भी उन्होंने अध्ययन के लिए **भाषा-व्यवस्था** को ही प्रधानता दी और इसको (भाषा-व्यवस्था) मूलतः विश्लेष्य वस्तु के रूप में स्वीकार किया। भाषा-व्यवस्था का सम्बन्ध भाषिक इकाइयों की संरचनात्मक व्यवस्था से है। इन भाषिक इकाइयों–ध्वनि, शब्द, पद, उपवाक्य, वाक्य–के भाषिक प्रतीक के रूप में देखा जा सकता है। भाषा वैज्ञानिक अध्ययन का लक्ष्य भाषिक प्रतीकों की संरचनात्मक व्यवस्था का अध्ययन है।

जैसा कहा जा चुका है, 'भाषा-व्यवस्था' का सम्बन्ध भाषिक इकाइयों की संरचनात्मक व्यवस्था से है। भाषा मात्र शब्दों का अनुक्रम या कड़ी नहीं, अपितु संरचना के आधार पर गुँथे हुए शब्दों की व्यवस्थित प्रक्रिया है। मानव-भाषा न केवल संरचना सापेक्ष होती है वरन् उसे एक ही अभिप्राय की दो सर्वथा भिन्न संरचनाओं में व्यक्त किया जा सकता है। किसी बैठक में उपस्थित होने के लिए

कहा/लिखा जा सकता है :

"....कार्यकारिणी समिति की आवश्यक बैठक दिनांक...को...बजे मंडल के कार्यालय में **होगी**। कृपया समय से पधारने का कष्ट करें।"

इसमें 'होगी' क्रिया रूप को बदला जा सकता है–**आमंत्रित की गई है**। दूसरे वाक्य को आमूल बदला जा सकता है–"क्या यह संभव हो सकेगा कि आप अपने व्यस्त कार्यक्रम में से कुछ समय निकाल लें ?"

अन्य रूप भी सम्भव हैं। वस्तुतः देखा जाए तो भाषा सम्प्रेषण-व्यवस्था है, जिसका सीधा सम्बन्ध संरचना से होता है। एक ही 'संरचना' से अनेक 'सम्प्रेषण' सम्भव हैं और एक सम्प्रेषण के लिए अनेक प्रकार की भाषिक संरचनाएँ सम्भव हैं।

दूसरे भाषाविद् ब्लूमफ़ील्ड ने भाषा की संरचना में उसके वर्णनात्मक कथन को महत्त्व दिया। उन्होंने माना कि वर्णनात्मक कथन अपनी प्रकृति में सर्वसमावेशी, संक्षिप्त और तर्कसंगत होना चाहिए। 'सर्वसमावेशी' से तात्पर्य है ऐसा सर्वांगपूर्ण कथन जो भाषा के सभी सम्बद्ध तथ्यों की व्याख्या कर सके। 'संक्षिप्त' से तात्पर्य है–ऐसा कथन जो कम-से-कम नियमों की सहायता से अधिक से अधिक विवरण/व्याख्या अपने में समाहित कर सके और 'तर्कसंगत' से तात्पर्य है–ऐसा कथन जो तर्क की दृष्टि से अटपटा न हो। स्पष्ट है कि ये तीनों गुण पाणिनि से लिए गए हैं। ब्लूमफ़ील्ड में आधार-सामग्री के रूप में स्वन (फोन) को लिया, बाद में व्यतिरेकी अध्ययन के आधार पर, स्वनों के आधार पर, स्वनिम की संकल्पना की और फिर इन स्वनिमों को आधार-सामग्री बनाकर स्वनिम वर्ग स्थापित किया।

संरचना के इस वर्णन की प्रक्रिया को इस प्रकार आरेखित किया जा सकता है–

स्वन
↓
स्वनिम —— [स्वनिम वर्ग]

इसी प्रकार रूप
↓
रूपिम —— [रूपिम वर्ग]

इसी प्रकार अन्य भाषिक इकाइयों को विश्लेषित किया जा सकता है। भाषाविद् पामर ने 'संरचनात्मक भाषाविज्ञान' का श्रेय ब्लूमफ़ील्ड को न देकर उसके उत्तरकालीन भाषाशास्त्रियों को दिया है, पर 'संरचना' का बीज तो ब्लूमफील्ड ने पूरी तरह डाल दिया था, जिसको बाद की पीढ़ी ने आगे पानी देकर आरोपित किया।

भाषा के वाक्य संरचनात्मक दृष्टि से आपस में जुड़े होते हैं। एक के बाद

दूसरा बन जाता है, जैसे–"वह गया।"

इस वाक्य को ही इस रूप में "क्या वह गया ?" रखा जा सकता है। इस प्रकार भाषा में खंडेतर स्वनिमों का महत्त्व स्थापित हुआ।

'संरचना' वाक्य स्तर से और कभी-कभी वाक्योपरि प्रोक्ति स्तर से प्रारम्भ होकर उपवाक्य>पदबंध>पद>शब्द>स्वनिम>स्वन तक आती है। भाषाविज्ञान के कोश में 'संरचना' (स्ट्रक्चर) को परिभाषित करते हुए कहा गया है–

> The organisation of the language as a whole and of individual linguistic elements into meaningful patterns.

मात्र छोटा-सा वाक्य 'वह गया' लें, तो इसकी संरचना विभिन्न स्तरों पर इस प्रकार होगी–

1. **वाक्य स्तर**	**उद्देश्य**	**विधेय**
	संज्ञापद	**क्रियापद**
	सर्वनाम	
	वह	गया
		√जा+भूतकालिक रूप
		कर्त्ता के अनुसार लिंग-वचन
		(पु.- एकवचन) की अन्विति
2. **रूप स्तर**	सर्वनाम 'वह' मूलरूप में है।	'गया' √जा' धातु का परिवर्तित रूप है।
3. **शब्द स्तर**	मात्र दो 'वह' (सर्वनाम) 'जाना' (क्रिया)	
4. **ध्वनि प्रक्रिया** (स्वन-स्वनिम)	आक्षरिक–तीन अक्षर–प्रथम–व्यं स्व व्यं (वह)	
	द्वितीय–व्यं स्व (ग)	
	तृतीय–व्यं स्व (दीर्घ) (या)	

साथ में इस वाक्य को दो प्रकार के अनुतान से बोला जा सकता है–

साधारण वाक्य 1

प्रश्नवाचक वाक्य 2

'जा' से 'गया' बनने की प्रक्रिया लम्बी है। इसमें स्वाभाविक परिवर्तन भी हुआ है। इतने छोटे-से वाक्य की 'संरचना' में इतना वर्णन अपेक्षित है तो बड़े वाक्य की संरचना उतनी ही जटिल व गहन होगी। इसकी विपरीत दिशा में भी चला जा सकता है–'स्वन' स्तर से 'वाक्य' स्तर की ओर। भाषा-संरचना की इस प्रक्रिया में वाक् स्वनों से शब्द-रूपों की रचना होती है (वाक्य में प्रयुक्त होने पर यही 'पद' है)। ये पद ही एक निश्चित क्रम से संयोजित होकर पूर्ण वाक्य बनाते हैं। इस प्रकार भाषिक अंग हुए–

स्वन-स्वनिम (प्रभेदक स्वन ही स्वनिम हैं।)

रूपिम, शब्द (पद)

वाक्य अर्थ/आशय

व्याकरणिक नियमों के फलस्वरूप संयोजित किए गए रूपिमों में परिवर्तन भी आ जाता है। इसको रूपस्वनिमिक (संधि) व्यवस्था नियंत्रित करती है। सम्पूर्ण वाक्य का कोई निश्चित स्पष्ट अर्थ होता है, जिसको 'अर्थविज्ञान' कहा जाता है। इसको ही आशय से भी जोड़ा गया है। आचार्य मम्मट ने 'काव्यप्रकाश' में 'तात्पर्य' की विस्तृत व्याख्या की है। वस्तुतः यह संरचना से बाहर का क्षेत्र है, जिसको 'परिधीय' में रखा जा सकता है। केंद्रीय व्यवस्था में भाव स्वनिम, व्याकरणिक तथा वाक्य आते हैं। ये सभी सूक्ष्म भाषाविज्ञान की परिधि में आते हैं।

रूपांतरण व्याकरण के अनुसार भाषा की संरचनात्मक व्यवस्था दो स्तरों पर की जाती है–

–गहन (डीप)

–बाह्य सतही (सरफ़ेस)

दोनों स्तरों का अंतरंग सम्बन्ध है–(Surface structure is the aspect of description that determines the plonetic form of sentences, while deep structure determines semantic interpretations.)

निरपेक्ष आधारभूत सिद्धांतों से भाषा संचालित होती है। रूपांतरण के नियमों से वाक्य की उक्त दोनों संरचनाएँ जुड़ी रहती हैं। 'संरचना' से किसी वाक्य में उपवाक्य की स्थिति का मूल्यांकन किया जा सकता है। इसी प्रकार पद-पदबंध का उपवाक्य में और आगे भी इसी प्रकार बढ़ा जा सकता है। स्वन (ध्वनि) समूह से पद और पदसमूह से पदबंध/उपवाक्य/वाक्य बनते हैं, पर इसका तात्पर्य यह नहीं कि कोई भी स्वन समूह शब्द/पद बन जाता है। 'क'+'म'+'ल' के संयोजन से हिंदी में 'कमल' सार्थक है जबकि 'मकल', 'लमक', 'मलक', 'लकम' आदि निरर्थक हैं। इसी प्रकार अन्य स्थितियों को समझा जा सकता है। पर किसी भी साँचे में आकर कोई भी विदेशी शब्द खाली खाँचे में ऐसे बैठ जाता है, जैसे अपना ही हो, उदाहरणार्थ–

न्यं स्व–व्यं स्व (दीर्घ)

क - ला –इस साँचे में अनेक शब्द बन सकते हैं।

इस साँचे में अपना शब्द मात्र 'कली' है जबकि 'किलो', 'किला', 'किले' आदि विदेशी शब्द अनेक हैं। प्रत्येक सप्रत्यय से जुड़ा एक शब्द होता है, जिसके उच्चारण मात्र से वह सम्प्रत्यय मन में प्रकट होता है। पर इस विवेचन से यह न समझ लेना चाहिए कि 'संरचना' मात्र शृंखला है। इसको हेलीडे ने इस प्रकार स्पष्ट किया है–

"A Structure is a highly generalised statement of the meaningful relations between elements; it is the basic pattern of relationship between the parts of a clause of a sentence or of any other unit, and thereby determines their value. It is much more powerful than a substitution frame. (M.A.K.Halliday)

अब तक विविध कोणों से किए गए विवेचन से यह स्पष्ट हो गया कि 'संरचना' से तात्पर्य है–भाषा के निर्माण की प्रक्रिया। भाषा तो मौखिक ही होती है, पर अब लिखित भाषा का भी महत्त्व अत्यधिक हो गया है।

डॉ. श्रीवास्तव ने हिंदी भाषा की संरचना के स्वरूप को अपने कई आलेखों में स्पष्ट किया है। उनकी मान्यता है कि ध्वनि से लेकर वाक्य तथा उससे भी आगे प्रोक्ति तक भाषा की संरचनात्मक व्यवस्था है, जिसके द्वारा अर्थ सम्प्रेषित होता है। दूसरे शब्दों में ध्वनि-प्रतीकों की संरचनात्मक व्यवस्था अनेक उपव्यवस्थाओं के समुच्चय रूप में वर्णित की जाती है। ये उपव्यवस्थाएँ भाषा के विभिन्न स्तर हैं जिन्हें–केंद्रीय और परिधीय–दो वर्गों में विभाजित किया जा सकता है। केंद्रीय भाषा की रूपात्मक प्रकृति से संबंधित है तो परिधीय के अंतर्गत स्वनविज्ञान और अर्थविज्ञान हैं। प्रस्तुत पुस्तक में प्रो. श्रीवास्तव द्वारा लिखित केंद्रीय तथा स्वनविज्ञान सम्बन्धी विभिन्न लेख संगृहीत हैं।

हिंदी ध्वनियों से सम्बन्धित अ लोप, अंत्य अ, महाप्राण, अनुस्वार और अनुनासिकता की समस्याएँ अनेक सैद्धांतिक तथा व्यावहारिक उलझनें पैदा करती रही हैं। प्रो. श्रीवास्तव के विश्लेषण ने इन्हें सुलझाने का तर्कसंगत वैज्ञानिक प्रयास किया है। उनके वैज्ञानिक विश्लेषण के पीछे लेनिनग्राद विश्वविद्यालय के प्रयोगात्मक ध्वनि-विज्ञान विभाग में किए गए प्रयोग, साथ ही हिंदी भाषा की भीतरी संरचना को पहचानने की पैनी दृष्टि रही है, जो नासिक्य, अनुस्वार और अनुनासिकता की स्थिति को ठीक से समझने के लिए इनके तात्पर्यबोध को जानने की आवश्यकता पर बल देती है। 'मूर्धन्य उत्क्षिप्त ध्वनियाँ (ड़) और (ढ़) अपने प्रकार्य में स्वनिमिक नहीं हैं'–ऐसी विद्वानों के एक वर्ग की मान्यता है, किंतु आज हिंदी भाषा के समकालिक अध्ययन के संदर्भ में यह दुविधा मन में उठती है कि कहीं ये दोनों स्वनिम तो नहीं हैं ? प्ररूप विज्ञान के संदर्भ में महाप्राण ध्वनियों की समस्या का हल देते हुए प्रो. श्रीवास्तव का निर्णय है कि स्वनिमिक धरातल पर हिंदी की महाप्राण व्यंजन-ध्वनियाँ व्यंजनगुच्छ नहीं हैं।

हिंदी की व्याकरणिक संरचना 'शब्द' को परंपरागत तथा आधुनिक भाषा-विज्ञान की नवीन धारणाओं से मिलाकर चलती है। प्रो. श्रीवास्तव की मान्यता है कि "शब्द एक बहुसंयोजक स्थिति है जिसका प्रयोग एकाधिक अभिप्रायों में किया जाता है, अतः शब्द की कोई एक परिभाषा सम्भव नहीं है।" कारक और विभक्ति की संकल्पनाएँ हिंदी व्याकरण-अध्येताओं को बराबर उलझाती रही हैं।

'कारक' की संकल्पना प्रकार्यात्मक है और यह संज्ञा तथा क्रिया की अभ्यांतर प्रकृति से सम्बद्ध है, इससे भिन्न 'विभक्ति' की संकल्पना रूपात्मक है, जो संज्ञा, तथा क्रिया की बाह्य अभिव्यक्ति से जुड़ी है। विभिन्न उदाहरण देकर दोनों का अंतर प्रस्तुत संग्रह के एक आलेख में स्पष्ट किया गया है। किसी भी भाषा में विधेय का मूल अंश क्रिया होता है। हिंदी में क्रिया के स्वरूप व क्रिया-भेद को लेकर पर्याप्त विवाद रहा है। क्रियाव्युत्पन्न प्रातिपदिक तो और भी कठिनाई पैदा करते रहे हैं। यहाँ प्रस्तुत लेखों में इन्हें भी स्पष्ट करने का प्रयास किया गया है।

हिंदी व्याकरण में 'काल और पक्ष' की धारणाएँ स्पष्ट विश्लेषण की अपेक्षा रखती हैं। प्रो. श्रीवास्तव ने इनकी अवधारणा को दो स्तरों पर ग्रहण किया है। एक स्तर से यह ज्ञात होता है कि क्रिया-व्यापार किस काल में घटित हुआ है, हो रहा है या होगा। दूसरा स्तर क्रिया-व्यापार के समय-विस्तार का बोध कराता है जिसे 'कालावधि' कहा जाता है। पहला स्तर 'काल' तथा दूसरा 'पक्ष' है। पक्ष के अनेक प्रभेदक लक्षण हैं, जो उसे काल से भिन्न करते हैं। इसी प्रकार वाच्य और प्रयोग को भिन्न मानकर विश्लेषित करने का महत्त्वपूर्ण कार्य एक लेख में किया गया है। वाच्य का सम्बन्ध वक्ता के उस दृष्टिकोण से रहता है जो कर्ता, कर्म अथवा भाव का सापेक्षिक महत्त्व प्रतिपादित करता है, इसके विपरीत प्रयोग भाषा के उन नियमों का परिणाम होता है जो कर्ता और कर्म का क्रिया के साथ अन्वय बतलाता है। वाच्य का स्तर आर्थी और प्रयोजनात्मक है तो प्रयोग रूपात्मक और व्याकरणिक। पं. कामताप्रसाद गुरु तथा आचार्य किशोरीदास वाजपेयी से अपनी सहमति-असहमति प्रगट करते हुए प्रो. श्रीवास्तव ने तार्किक उक्तियों द्वारा अपने पक्ष को पुष्ट किया है। उनका चिंतन जितना गहरा है उतना साफ़-सुथरा भी। उनके विश्लेषण की यही विशेषता उनसे सहमत होने को विवश करती है।

सामाजिक वस्तु होने के कारण भाषा की सत्ता सामाजिक संदर्भों की मांग करती है। ये संदर्भ भाषा को वैविध्यपूर्ण बनाते हैं जिनके परिणामस्वरूप भाषा में प्रयोगपरक विकल्प दृष्टिगत होते हैं। इन विकल्पों के सहारे भाषा का आधारभूत प्रयोजन (सम्प्रेषणीयता) सम्पादित होता है। सम्प्रेषण-व्यापार वाक्य से ऊपर की इकाई को स्वीकार करता है जिसे 'प्रोक्ति' की संज्ञा दी गई है। 'प्रोक्ति' की संकल्पना को स्पष्ट करनेवाले लेख को प्रस्तुत संकलन में स्थान दिया गया है। सम्भवतः पहली बार प्रो. श्रीवास्तव ने हिंदी भाषा की व्याकरणिक संरचना को आरेख रूप में तैयार किया था। इस संग्रह का यह अंश हिंदी भाषा पर कार्य करने वाले शोधार्थियों, भाषा-विश्लेषकों तथा इस भाषा की बाह्य और भीतरी संरचना को गहराई से अनुभव करने वाले विद्वानों को उपयोगी सिद्ध होगा, ऐसा हमारा विश्वास है।

–कैलाशचन्द्र भाटिया

–महेन्द्र

अनुक्रम

विषय-प्रवेश

1. भाषा, भाषिक व्यवस्था और संरचना
2. भाषिक व्यवस्था और संरचनात्मक स्तर
3. भाषा और भाषिक संरचना

1

भाषा, भाषिक व्यवस्था और संरचना

भाषा और भाषा-वोध

भाषा हमारे सम्प्रेषण का महत्त्वपूर्ण माध्यम और भाववोध का अन्यतम साधन है। भाषा के सहारे व्यक्ति न केवल अपने विचार व्यक्त करता है, बल्कि उसे दूसरे तक सम्प्रेषित भी करता है। सम्प्रेषण-व्यापार के संदर्भ में यह देखा जा सकता है कि इसके एक छोर पर 'सम्बोधक' होता है जो किसी 'संदेश' को भेजता है और दूसरे छोर पर 'सम्बोधित' होता है जो इस संदेश को ग्रहण करता है। सम्बोधक और सम्बोधित के सम्प्रेषण-व्यापार के माध्यम के रूप में भाषा रहती है। इस भाषा के सहारे सम्बोधक अपने अव्यक्त संदेश को व्यक्त करता है और इसी भाषा में अभिव्यक्त संदेश को अर्थ के रूप में सम्बोधित ग्रहण करता है।

अभिव्यक्ति के स्तर पर भाषा के दो रूप सम्भव हैं–(1) मौखिक और (2) लिखित। मौखिक रूप में अभिव्यक्ति का साधन ध्वनि है। सम्बोधक के रूप में वक्ता संदेश को भाषा में बाँधकर मुँह से उच्चरित करता है और सम्बोधित के रूप में श्रोता उसे सुनकर अर्थग्रहण करता है। इसके विपरीत लिखित रूप में भाषिक अभिव्यक्ति का साधन लेखन होता है। इस संदर्भ में सम्बोधक के रूप में लेखक संदेश को लिखकर व्यक्त करता है और सम्बोधित के रूप में पाठक पढ़कर उसका अर्थ समझता है।

स्पष्ट है, हम अपनी बात दूसरों तक पहुँचाने और दूसरों की बात समझने के लिए भाषा का सहारा लेते हैं। न केवल हम आमने-सामने रहकर एक-दूसरे से बातचीत करते हैं, बल्कि भाषा के सहारे स्थान और समय की दूरी को लाँघकर अपनी बात दूसरों तक पहुँचाने में समर्थ भी होते हैं। हमारे जीवन के विभिन्न क्रिया-कलाप भाषा के सहारे इस प्रकार बँधे होते हैं कि उसके बिना हम सामाजिक रह ही नहीं सकते। भाषा के सम्प्रेषण-व्यापार के सहारे ही व्यक्ति अपने भाषायी समुदाय के अन्य सदस्यों के साथ सम्बन्ध स्थापित करता है, उनके साथ

विचार-विनिमय करता है, और एक-दूसरे का सहयोग प्राप्त करता है।

भाषा सम्प्रेषण का माध्यम ही नहीं, अपितु हमारे भावबोध का साधन भी है। हम सोचते हैं तो भाषा के सहारे और किसी बात को समझते-समझाते हैं तो भी भाषा के सहारे। हमारे स्मृतिकोश और चिंतन-प्रक्रिया का आधार भाषा ही है। मानव-मन की सृजनात्मक शक्ति की अनुपम देन के रूप में यह भाषा ही बाह्य जगत और हमारे भावबोध के बीच सेतु का काम करती है। यही कारण है कि भाषा की व्याकरणिक कोटियों के रूप में जिस लिंग (पुल्लिग और स्त्रीलिंग), वचन (एकवचन और बहुवचन), काल (वर्तमान, भूत और भविष्य) आदि की बात की जाती है, वे भौतिक जगत के स्वीकृत तथ्यों से भिन्न होते हैं। इस बात पर बल देने की आवश्यकता है कि भौतिक जगत का लिंग (सेक्स), व्याकरणिक लिंग (जेंडर) नहीं होता, अन्यथा निर्जीव पदार्थों को संकेतित करनेवाले शब्दों को हम पुल्लिग या स्त्रीलिंग के रूप में ग्रहण नहीं करते और न एक ही भौतिक वस्तु को संकेतित करनेवाले दो पर्यायवाची शब्दों में हम लिंगभेद की कल्पना करते।

इसी प्रकार बाह्य जगत के भौतिक धरातल पर वचन की दृष्टि से 'एक' होकर भी व्यक्ति भाषा-प्रयोग के संदर्भ में 'बहुवचन' हो सकता है। उदाहरण के लिए निम्नलिखित वाक्यों पर ध्यान दें–

भाषा-प्रयोग	भौतिक धरातल	भाषिक सन्दर्भ
1. **तू** कहाँ जा रहा है ?	एक व्यक्ति	एकवचन
2. (क) **तुम** कहाँ जा रहे हो ?	एक व्यक्ति	बहुवचन
(ख) **आप** कहाँ जा रहे हैं ?	एक व्यक्ति	बहुवचन
3. (क) **तुम लोग** कहाँ जा रहे हो ?	एक से अधिक व्यक्ति	बहुवचन
(ख) **आप लोग** कहाँ जा रहे हैं ?	एक से अधिक व्यक्ति	बहुवचन

भाषा-प्रयोग के 2 (क) और (ख) वाक्यों से यह स्पष्ट हो जाता है कि भौतिक धरातल पर संख्या में जो 'एक' है वह भाषा-बोध के संदर्भ में बहुवचन है। भाषाबोध के संदर्भ में 'वचन' मात्र संख्या को व्यक्त नहीं करता। वह तो वक्ता के सामाजिक बोध का भी संवाहक है। किसे हम अपने से नीचे या ऊपर स्तर का समझते हैं; किसको हम आत्मीय और घनिष्ठ मानते हैं और किसे अपरिचित और अजनबी; किसको हम आदर की दृष्टि से देखते हैं और किसे तुच्छ समझते हैं; कौन पेशा हमें उच्च वर्ग के नज़दीक ले जाता है और कौन निम्नवर्ग की ओर–ये सब संसार को देखने की दृष्टि देते हैं। इस दृष्टि पर हमारा वचनबोध आधारित रहता है। इसीलिए हम एक ओर कहते हैं–'अनुराधा आई है' तो दूसरी ओर बोलते हैं–'अनुराधा जी आई हैं'। इसी प्रकार कहा जाता है कि 'धोबी आज आया था'

पर उसके साथ बोला जाता है–'प्रोफ़ेसर आज आए थे'। कहते हैं–'बड़े भाई आज आए थे' पर छोटों के संदर्भ में बोलते हैं–'छोटा भाई आज आया था'।

भाषा के सहारे जिस प्रकार हम भौतिक धरातल के लिंग और वचन को अपने विचार-बोध में रूपांतरित करते हैं, उसी प्रकार भौतिक 'समय' को भी हम व्याकरणिक 'काल' में बदल लेते हैं। यही कारण है कि एक ओर विगत घटना को हम भूतकाल से जोड़ सकते हैं और वर्तमान काल से भी, तथा दूसरी ओर भावी घटनाओं को भविष्यकाल के संदर्भ में देख सकते हैं और उसे वर्तमान काल की सीमा में भी खींच सकते हैं। उदाहरण के लिए नीचे दिए वाक्यों पर ध्यान दें–

भाषा-प्रयोग	भौतिक धरातल	भाषिक संदर्भ
1. (क) कालिदास ने शकुंतला की रचना की थी।	विगत	भूतकाल
(ख) कालिदास ने शकुंतला की रचना की है।	विगत	वर्तमानकाल
2. (क) मोहन एक साल बाद विदेश जाएगा।	भावी	भविष्यकाल
(ख) मोहन एक साल बाद विदेश जा रहा है।	भावी	वर्तमानकाल

ऊपर दिए गए तथ्यों के आधार पर यह कहा जा सकता है कि लिंग, वचन, काल आदि विभिन्न व्याकरणिक कोटियों का आधार हमारा भावबोध है। वे भौतिक धरातल की इकाई न होकर भाषिक स्तर की संकल्पनात्मक इकाइयाँ हैं।

भाषा और भाषाज्ञान

सम्प्रेषण की आवश्यकता के कारण हम कभी वक्ता या लेखक की भूमिका निभाते हैं और कभी श्रोता या पाठक की। बातचीत के दौरान हम एक समय पर वक्ता के रूप में अपनी बात दूसरे से कहते हैं और दूसरे समय श्रोता के रूप में दूसरे की बात सुनते और समझते हैं। हमारा भाषा-व्यवहार वक्ता/लेखक और श्रोता/पाठक की दो भूमिकाओं के बीच सिद्ध होता चलता है। इन दो भूमिकाओं के साथ सम्प्रेषण तभी सम्भव हो पाता है जब व्यवहार में आनेवाली भाषा का ज्ञान वक्ता/लेखक और श्रोता/पाठक, दोनों को ही हो।

यह जरूरी है कि वक्ता और श्रोता के भाषाज्ञान की एक समान आधारभूमि हो। वक्ता के रूप में कोई बात कहने के लिए जिस भाषाज्ञान को व्यक्ति व्यवहार

में लाता है और उसकी जानकारी श्रोता को न होगी, तो वह कही हुई बात को समझ नहीं पाएगा। उदाहरण के लिए अगर वक्ता के भाषाज्ञान की आधारभूमि 'हिंदी' है और श्रोता की 'रूसी' या 'फ्रेंच', तो वक्ता के भाषाज्ञान के आधार पर कहे गए हिंदी के वाक्य का अर्थग्रहण श्रोता को नहीं हो पाएगा। विचार-विनिमय की कड़ी कहीं टूट न जाए, इसके लिए यह आवश्यक है कि वक्ता और श्रोता के बीच कुछ विभिन्नताओं के बावजूद भाषाज्ञान की एक समान आधारभूमि हो।

अपने भाषाज्ञान के आधार पर ही व्यक्ति वक्ता और श्रोता के रूप में विविध संदर्भों में भाषा का प्रयोग करने में सक्षम होता है। भाषा-व्यवहार के समय भले ही व्यक्ति अपने भाषाज्ञान के प्रति सचेत न हो और अपनी भाषा-क्षमता के बारे में नियम के रूप में कुछ भी कहने में समर्थ न हो, पर अज्ञात रूप से भाषा के नियमों का वह सही प्रयोग जरूर करता है। अगर वह ऐसा नहीं करता होता, तो वह अपनी भाषा में शुद्ध वाक्य नहीं बोल सकता या दूसरों द्वारा कही गई बात को सही ढंग से समझ नहीं पाता। भाषाज्ञान की प्रकृति भले ही अमूर्त हो और भाषा-क्षमता भले ही अचेतन स्तर पर हो, पर व्यक्ति अग्रलिखित संदर्भों में उसकी सत्ता का परिचय अवश्य देता है।

(1) **मान्य और अमान्य वाक्यों का भेद**–हर व्यक्ति अपनी भाषा के उन वाक्यों को पहचानने में सक्षम है जो मान्य होते हैं। वाक्य, शब्दों की कड़ी के रूप में बोले जाते हैं। नीचे दिए 'क' वाक्य को तो वह स्वीकार कर लेता है पर 'ख' वाक्य में प्रयुक्त शब्दों की कड़ी को अपनी भाषा का वाक्य नहीं मानता (यद्यपि 'ख' में भी वे ही शब्द हैं जो 'क' में हैं) –

(क) लड़के ने मोहन को किताब दे दी थी।

(ख) ने थी को लड़के दे मोहन दी किताब।

कहने का तात्पर्य यह है कि वाक्य, शब्दों की कड़ी तो होता है पर शब्दों की हर कड़ी वाक्य नहीं होती। हर व्यक्ति न केवल यह बात जानता है, बल्कि अपने भाषाज्ञान के आधार पर मान्य और अमान्य वाक्यों की पहचान की क्षमता भी रखता है।

(2) **'कौन', 'क्या', आदि के रूप में अर्थ-ग्रहण**–शब्दों की कड़ी के रूप में बोले गए वाक्य ऊपर से भले ही एक जैसे दीखते हों, पर व्यक्ति ऊपर से समान दिखाई देनेवाले वाक्यों के अर्थभेद को पहचानने की क्षमता रखता है। उदाहरण के लिए नीचे दिए गए वाक्यों को ही लें–

1. (क) मोहन शीला को बेवकूफ़ समझता है।
   (ख) मोहन शीला को बेवकूफ़ लगता है।
2. (क) श्याम ने सीता को कमरा साफ़ करने के लिए कह दिया है।
   (ख) श्याम ने सीता को कमरा साफ़ करने के लिए वचन दिया है।

अगर (1) और (2) के (क) और (ख) वाक्यों की बुनावट पर ध्यान दें, तो शब्दों की कड़ी के रूप में वे समान हैं, पर अगर हम (1) और (2) वाक्य के संदर्भ में यह पूछें कि 'बेवकूफ़ कौन व्यक्ति है', और 'कमरा किस व्यक्ति को साफ़ करना है', तो उसके जवाब भिन्न-भिन्न होंगे। 1(क) में बेवकूफ़, शीला ठहरती है जबकि 1 (ख) में मोहन। इसी प्रकार 2 (क) में कमरा सीता को साफ़ करना है, जबकि 2 (ख) में श्याम को। यह कहा जा सकता है कि व्यक्ति अपने भाषाज्ञान के आधार पर शब्दों की समान कड़ी के रूप में प्रयुक्त वाक्यों के अर्थभेद पहचानने की क्षमता रखता है।

(3) संदिग्धार्थ वाक्यों का अर्थभेद–वाक्य, अर्थ और अभिव्यक्ति की समन्वित इकाई होते हैं। पर भाषा में ऐसे वाक्य भी मिलते हैं जो अभिव्यक्ति के धरातल पर 'एक' होते हैं पर अर्थ के स्तर पर एक से अधिक। उदाहरण के लिए अगर हम कहें–'लड़के ने दौड़ते हुए शेर को मारा', तो अभिव्यक्ति के धरातल पर वाक्य एक होते हुए भी अर्थ के धरातल पर वह दो है जिसका पता इस सवाल से लग सकता है कि 'मारने के समय दौड़ कौन रहा था ?' भाषाज्ञान के आधार पर ऐसे संदिग्धार्थ वाक्यों का अर्थभेद संदर्भ के अनुसार करने की क्षमता व्यक्ति रखता है जिसके सहारे एक संदर्भ में वह यह कह सकता है–'लड़के ने जिस समय शेर को मारा, शेर दौड़ रहा था' और दूसरे संदर्भ में वह यह बोल सकता है–'लड़के ने जिस समय शेर को मारा, लड़का दौड़ रहा था।'

(4) पर्यायवाची वाक्यों का शैली-भेद–एक ही बात को हम दो या दो से अधिक ढंग से बोल सकते हैं। कभी हम जिसे 'कमल' कहते हैं उसी को 'जलज' या 'नीरज' कहकर भी संकेतित करते हैं। इसी प्रकार हम एक समय बोलते हैं–'आज मैंने एक बहुत मोटा उपन्यास खत्म किया' और दूसरे समय बोलते हैं–'आज मैंने जो उपन्यास खत्म किया वह बहुत मोटा था।' अपने भाषाज्ञान के आधार पर व्यक्ति ऐसे पर्यायवाची कथन को पहचानने की क्षमता रखता है, और इसी कारण वह यह कह सकता है कि बात तो वही कही जा रही है, केवल कहने के ढंग में अंतर है।

(5) अपूर्ण अभिव्यक्ति का अर्थग्रहण–वाक्य के कुछ अंश को बोलते समय हम अपूर्ण छोड़ देते हैं, फिर भी श्रोता अपने भाषाज्ञान के आधार पर कथन के मन्तव्य को समझ लेता है। हम बोलते हैं–'मोहन किताब पढ़ रहा है और शीला भी', 'लड़का जैसा अच्छा काम कर रहा है वैसा ही लड़की भी'। अपने में 'शीला भी' या 'वैसा ही लड़की भी' अर्थ की दृष्टि से अपूर्ण हैं, पर अपने पूर्ववर्ती शब्दों की कड़ी से जुड़कर एक सार्थक अंश बन जाते हैं। अपने भाषाज्ञान के आधार पर श्रोता इन अपूर्ण अंशों के अर्थ को सही ढंग से ग्रहण कर लेने में समर्थ है।

ऊपर के उदाहरणों से स्पष्ट है कि व्यक्ति अपनी भाषा के नियमों को

सचेतन ढंग से जाने या न जाने, अपने भाषाव्यवहार में अचेतन रूप से उसका उपयोग अवश्य करता है। अपने इसी भाषाज्ञान के आधार पर वक्ता की भूमिका में वह शब्दों की कड़ी के रूप में व्यवस्थित वाक्य बोलता है और श्रोता की भूमिका में अर्थग्रहण करने में समर्थ होता है। बोलने के समय वह अर्थ से अभिव्यक्ति की ओर चलता है और सुनने के समय अभिव्यक्ति से अर्थ की ओर। बातचीत करते समय कभी वह बोलता है और कभी सुनता है। इस प्रकार वह अर्थ और अभिव्यक्ति तथा अभिव्यक्ति और अर्थ के सम्बन्धों की दोनों दिशाओं में अपने भाषाज्ञान का उपयोग करता है। अचेतन भाव से वह दोनों दिशाओं में अर्थ और अभिव्यक्ति के सम्बन्धों का निर्वाह करता पाया जाता है। अचेतन मन में सिद्ध इस सम्बन्ध की जानकारी पाना ही वस्तुतः उस भाषा की व्यवस्था को जानना और समझना है।

भाषा-व्यवस्था और भाषिक संरचना

भाषा, केवल शब्दों का जमघट नहीं। वह केवल शब्दों की कड़ी भी नहीं। वह तो सार्थक शब्दों की एक व्यवस्थित कड़ी है। इसीलिए पहले यह संकेत दिया गया कि भाषा या वाक्य, शब्दों की कड़ी तो होता है पर शब्दों की हर कड़ी वाक्य का दर्जा नहीं पाती। यहाँ यह भी जोड़ देना जरूरी है कि यह व्यवस्था, भाषासापेक्ष होती है और हर व्यवस्था, कुछेक नियमों की अपेक्षा रखती है।

भाषासापेक्ष कहने का मतलब केवल इतना है कि हर भाषा अपने ढंग से शब्दों को कड़ी के रूप में पिरोती है। हिंदी में अगर हम कर्ता+कर्म+क्रिया के क्रम का निर्वाह करते हुए बोलते हैं–'लड़का किताब पढ़ रहा है' तो अंग्रेज़ी बोलनेवाला एक दूसरे क्रम को ही अपनाता है–कर्ता+क्रिया+कर्म। इसी के साथ यह भी कहा जा सकता है कि अगर कहीं व्यवस्था है तो उसके पीछे कुछ नियम भी अवश्य होंगे। ऊपर के उदाहरण से यह स्पष्ट है कि शब्दक्रम का नियम हिंदी में 'कर्म' को 'क्रिया' के पहले रखने का है, जबकि अंग्रेज़ी में उसे 'क्रिया' के बाद।

ये व्यवस्थापरक नियम ही भाषिक संरचना और उस संरचना के आधार पर बने वाक्यों की अभिरचना (पैटर्न) का निर्माण करते हैं। भाषाज्ञान का सम्बन्ध व्यवस्थापरक नियमों के आधार पर वाक्यसृजन की क्षमता से रहता है। भाषाज्ञान से तात्पर्य वाक्यों का सूचीपत्र प्रस्तुत करना नहीं होता। ऐसा सम्भव भी नहीं है, क्योंकि किसी भाषा के संभाव्य वाक्य संख्यातीत होते हैं और किसी भी भाषा के सबसे लंबे वाक्य को बोला या लिखा जाना संभव नहीं। यह हमारी भाषा की सर्जनात्मक शक्ति का प्रमाण है कि हम नए वाक्यों की रचना करने में समर्थ हैं। व्यवस्थापरक नियमों की सर्जनात्मकता और नए वाक्य रचने की क्षमता भाषा को एक खुला आयाम देती है।

भाषा अपनी प्रकृति में कितनी भी खुली और व्यापक क्यों न हो, पर उसके व्यवस्थापरक नियम और उन नियमों के आधार पर बननेवाले वाक्यों की अभिरचना अपनी संख्या में सीमित होती है। व्यक्ति इन सीमित नियमों और अभिरचना के आधार पर ही भाषा की अगाध सम्भावना को साधता है, संख्यातीत वाक्यों को समझने की शक्ति रखता है और नए-नए वाक्यों को बोलने में समर्थ होता है।

2

भाषिक व्यवस्था और संरचनात्मक स्तर

भाषा, कथ्य और अभिव्यक्ति की समन्वित इकाई है। वह न तो केवल कथ्य है और न ही केवल अभिव्यक्ति। उदाहरण के लिए हम 'कमल' शब्द पर ध्यान दें। यह शब्द एक तरफ़ तथ्य के रूप में 'कमल' फूल के जातिगत अर्थ का बोध कराता है और दूसरी तरफ़ अभिव्यक्ति के रूप में मौखिक या लिखित रूप ग्रहण करता है। कथ्य से रहित अभिव्यक्ति निरर्थक होती है और अभिव्यक्ति से रहित कथ्य असम्प्रेषणीय। अतः कहा जा सकता है कि भाषा के भीतर कथ्य और अभिव्यक्ति एक सिक्के के दो पहलू की तरह आपस में सम्बद्ध रहते हैं। कथ्य और अभिव्यक्ति की समन्वित इकाई के रूप में जब भाषा का अध्ययन किया जाता है, तब उसके तीन निश्चित पक्ष हमारे सामने उभरते हैं–

(i) अभिव्यक्ति पक्ष,
(ii) कथ्य पक्ष, और
(iii) अभिव्यक्ति और कथ्य के सम्बन्धों का पक्ष।

(i) अभिव्यक्ति पक्ष

अभिव्यक्ति पक्ष से तात्पर्य उस माध्यम से है जो कथ्य को व्यक्त रूप देने का साधन बनता है। भाषा-व्यवहार के संदर्भ में मूलतः यह माध्यम या तो उच्चारण का रूप लेता है अथवा लेखन का। इसलिए भाषा के दो अभिव्यक्त रूप देखने में आते हैं–मौखिक रूप और लिखित रूप। भाषा का मौखिक रूप माध्यम-सामग्री के रूप में ध्वनि-प्रतीकों को अपनाता है, इसके विपरीत भाषा का लिखित रूप माध्यम-सामग्री के रूप में लिपि-प्रतीकों को स्वीकार करता है। उच्चारण करते समय हम सार्थक ध्वनि-प्रतीकों को जन्म देते हैं और लेखन के समय दृश्य प्रतीकों को। उदाहरण के लिए अगर हम 'कमल' शब्द के कथ्य को अभिव्यक्त रूप देना चाहें, तब या तो हम ध्वनि-प्रतीकों, यथा–'क्+अ+म्+अ+ल्' का सहारा ले सकते

हैं अथवा दृश्य चिह्नों का, यथा–'क+म+ल'। यहाँ इस तथ्य पर ध्यान देना आवश्यक है कि ये दोनों माध्यम–भाषा का मौखिक रूप और उसका लिखित रूप अथवा ध्वनि-प्रतीक संयोग और लिपि-प्रतीक-संयोग–एक ही भाषिक इकाई के दो अभिव्यक्त रूप हैं। इसलिए माध्यम भेद से भाषिक इकाइयों की स्वयं की प्रकृति नहीं बदला करती। हम शब्द या वाक्य जैसी सार्थक भाषिक इकाइयों को चाहे बोलकर ध्वनि-माध्यम से अभिव्यक्त करें अथवा लिखकर उन्हें लिपि-माध्यम से, अपनी मूल प्रकृति में वे शब्द या वाक्य एक ही माने जाएँगे।

(ii) कथ्य पक्ष

कथ्य पक्ष से तात्पर्य भाषिक इकाइयों के अर्थ पक्ष से है। अर्थ हमेशा एक सामाजिक एवं संकल्पनात्मक सत्य के रूप में ग्रहण किया जाता है। उदाहरण के लिए 'कमल' शब्द के संकेतार्थ पर ही ध्यान दें। 'कमल' कहने से जिस कथ्य का बोध होता है, वह उसकी जातीय संकल्पना ही है। यह शब्द, किसी कमल विशेष की ओर संकेत नहीं करता । अतः इसके द्वारा हमें लाल, नीले और सफ़ेद आदि सभी प्रकार के कमल के फूल का अंतर्भाव मिलता है। कहा जा सकता है कि कथ्य पक्ष का सम्बन्ध बाह्य जगत की संकेतित वस्तु से सीधे न होकर उसके संकल्पनात्मक रूप से रहता है।

कथ्य पक्ष एक ओर भाषिक इकाइयों के अर्थ से जुड़ा होता है और दूसरी ओर संदर्भ से। साधारण से साधारण वाक्य में निहित कथ्य बिना संदर्भ के स्पष्ट नहीं हो पाता। उदाहरण के लिए 'बैठ' शब्द को ही लें। नीचे दिए गए वाक्यों में इसका अर्थ तब तक स्पष्ट नहीं होता, जब तक हम इस शब्द के प्रयोग के संदर्भों पर ध्यान नहीं देते–

(1) वह कुर्सी पर बैठ गया।
(2) बीमारी की बात सुनकर उसका दिल बैठ गया।
(3) बोलते-बोलते उसका गला बैठ गया।
(4) उसकी आँखें बैठ गईं।
(5) उसका धन्धा बैठ गया।
(6) उसका मकान बैठ गया।
(7) हारने के डर से वह चुनाव में बैठ गया।

इसी प्रकार अगर हम वाक्य के धरातल पर यह कहें–'मोहन ने पिता जी को पत्र नहीं लिखा,' और कथ्य के संदर्भ में यह प्रश्न करें कि इस वाक्य में निषेध किसका है–क्रिया अर्थात् लिखने का अथवा संज्ञा पद पिता जी का, तब उचित उत्तर के लिए हमें संदर्भ का सहारा लेना पड़ता है। वास्तव में यह अनेकार्थी वाक्य है जो अर्थ की स्पष्टता के लिए संदर्भ की अपेक्षा रखता है, यथा–

(1) मोहन ने पिता जी को पत्र नहीं लिखा (लेकिन कल वह अवश्य लिख देगा)।

(2) मोहन ने पिता जी को पत्र नहीं लिखा (बल्कि चाचा जी को लिखा है)।

संदर्भ के दो पक्ष हैं—**भाषेतर** और **भाषिक**। **भाषेतर पक्ष** का सम्बन्ध उन सामाजिक एवं सांस्कृतिक स्थितियों में रहता है, जो भाषा-व्यवहार को नियंत्रित तो करती हैं, परंतु भाषा के भीतर की अपनी वस्तु नहीं होती। उदाहरण के लिए नीचे दिए गए तीन वाक्य-प्रयोगों पर ध्यान दें—

1. तू जा।
2. तुम जाओ।
3. आप जाइए।

जहाँ तक कथ्य का सम्बन्ध है, वह इन तीनों वाक्यों में समान है। उद्देश्य के रूप में मध्यम पुरुष सर्वनाम, विधेय के रूप में 'जाना' क्रिया और वृत्ति के रूप में 'आज्ञा' का विधान, इन तीनों को ही वाक्यों में हम पाते हैं। परंतु इन तीनों वाक्यों का भाषिक कथ्य एक होने पर भी ये वाक्य समानार्थी या पर्याय न होकर भिन्न-भिन्न हैं। इसका कारण यह भी है कि भाषेतर संदर्भ में आज्ञा देनेवाले वक्ता और उसके द्वारा सम्बोधित श्रोता के सामाजिक सम्बन्धों की प्रकृति इनमें एक-सी नहीं है। वाक्य (1) में वक्ता-श्रोता के सामाजिक सम्बन्धों की प्रकृति हमें यह सूचना देती है कि प्रसंग मालिक-नौकर अथवा दादा-पोते का हो सकता है, क्योंकि यहाँ वक्ता निश्चित रूप से श्रोता की तुलना में उच्च सामाजिक स्तर पर प्रतिष्ठित है। वाक्य (2) का प्रसंग दो मित्रों अथवा सहयोगियों के वार्तालाप का हो सकता है; अर्थात् वक्ता-श्रोता दोनों ही समान सामाजिक स्तर से सम्बद्ध हैं। वाक्य (3) में भी भाषेतर संदर्भ ही हमें जानकारी देता है कि वक्ता-श्रोता के दायित्व का निर्वाह यहाँ नौकर-मालिक अथवा पोता-दादा कर रहे हैं अर्थात् श्रोता की तुलना में वक्ता निम्न सामाजिक स्तर का है।

कथ्य के परिप्रेक्ष्य में **भाषिक संदर्भ** से तात्पर्य भाषिक सहप्रयोग से है। भाषा की हर इकाई उसकी हर दूसरी इकाई के साथ प्रयुक्त नहीं होती। हम कहते हैं—'लौह पुरुष', परंतु भाषिक प्रयोगों का संदर्भ हमें 'लौह महिला' के प्रयोग की अनुमति नहीं देता। इसी प्रकार हम बोलते हैं—'खाना खाना', लेकिन 'भोजन' और 'जलपान' के संदर्भ में हम कहते हैं—'भोजन करना' और 'जलपान करना'। भाषिक संदर्भ हमें 'खाना करना', 'भोजन खाना' और 'जलपान खाना' जैसे प्रयोगों की अनुमति या छूट नहीं देता। (अगर हम 'खाना करना' प्रयोग को 'दावत देना' अर्थ में स्वीकार्य अथवा मान्य मानें, तब यहाँ उसका अर्थ बदल जाता है।)

(iii) कथ्य और अभिव्यक्ति के सम्बन्धों का पक्ष

यह पक्ष मूलतः भाषा के रूप (संरचना) का क्षेत्र है। यह कहा जा सकता है कि भाषा अपनी मूल प्रकृति में शाब्दिक इकाइयों के बीच सम्बन्धों की व्यवस्था है और व्याकरण, विभिन्न स्तरों पर इन सम्बन्धों की व्यवस्था का अध्ययन करता है। एक दूसरे संदर्भ में यह कहा जा सकता है कि भाषा में कथ्य और अभिव्यक्ति की एकता बनी रहती है और व्याकरण, सम्बन्धों के रूप में पाई जानेवाली एकता का अध्ययन करता है। अगर हम भाषा की एक सार्थक इकाई 'वाक्य' को लें, तब हमें उसके दो स्पष्ट पक्ष दिखलाई पड़ते हैं– (क) शब्द और (ख) शब्द-सम्बन्धों की व्यवस्था अर्थात् व्याकरण। उदाहरण के लिए इस वाक्य पर ध्यान दें–'लड़के ने चिट्ठी लिखी'। इस वाक्य में तीन शब्द हैं–'लड़का', 'चिट्ठी', और 'लिखना'। जिस व्याकरणिक व्यवस्था के आधार पर इन शब्दों में सम्बन्ध बना, उसका रूप है–'कर्ता+कर्म+क्रिया'। इसी व्यवस्था के संदर्भ में 'लड़का', 'लिखना' शब्दों का रूप-परिवर्तन हुआ है, यथा–'लड़के ने' और 'लिखी'।

ऊपर की विवेचना से स्पष्ट है कि रूप या संरचना का एक स्तर शब्द और शब्द-समूह का है और दूसरा स्तर वाक्य-संरचना और व्याकरणिक व्यवस्था का है। इन्हें हम भाषिक इकाइयों से सम्बद्ध संरचना के स्तर कह सकते हैं। संरचना और व्यवस्था के दो अन्य संदर्भ हैं। पहले संदर्भ का सम्बन्ध अभिव्यक्ति-माध्यम की संरचनात्मक व्यवस्था से है। इसे हम अभिव्यक्ति-माध्यम का स्तर कह सकते हैं। जैसा पहले संकेत दिया जा चुका है, इसके दो पक्ष हैं–मौखिक भाषारूप से सम्बद्ध ध्वनि-व्यवस्था का स्तर और लिखित भाषारूप से सम्बद्ध वर्ण (लेखन)-व्यवस्था का स्तर। दूसरे संदर्भ का सम्बन्ध सम्प्रेष्य (कथ्य) की संरचनात्मक व्यवस्था से है। सम्प्रेष्य कथ्य, भाषा के जिस स्तर की अपेक्षा रखता है उसे 'अर्थ' की संज्ञा दी जा सकती है।

स्पष्ट है कि कथ्य और अभिव्यक्ति के सम्बन्धों की व्यवस्था के निम्नलिखित तीन निश्चित संदर्भ और चार निर्धारित स्तर हैं।

भाषा के तीन संदर्भ–

(1) अभिव्यक्ति/माध्यम का संदर्भ

(2) भाषिक रूप का संदर्भ

(3) सम्प्रेष्य/कथ्य का संदर्भ

भाषिक व्यवस्था के चार स्तर–

(1) ध्वनि/लिपि-व्यवस्था का स्तर,

(2) शब्द और शब्द-संरचना का स्तर,

(3) वाक्य और वाक्य-संरचना का स्तर,

(4) अर्थ-व्यवस्था का स्तर।

भाषा-अध्ययन के इन तीन संदर्भों एवं व्यवस्था से सम्बद्ध चार स्तरों को हम निम्नलिखि‍त चित्र द्वारा समझ सकते हैं–

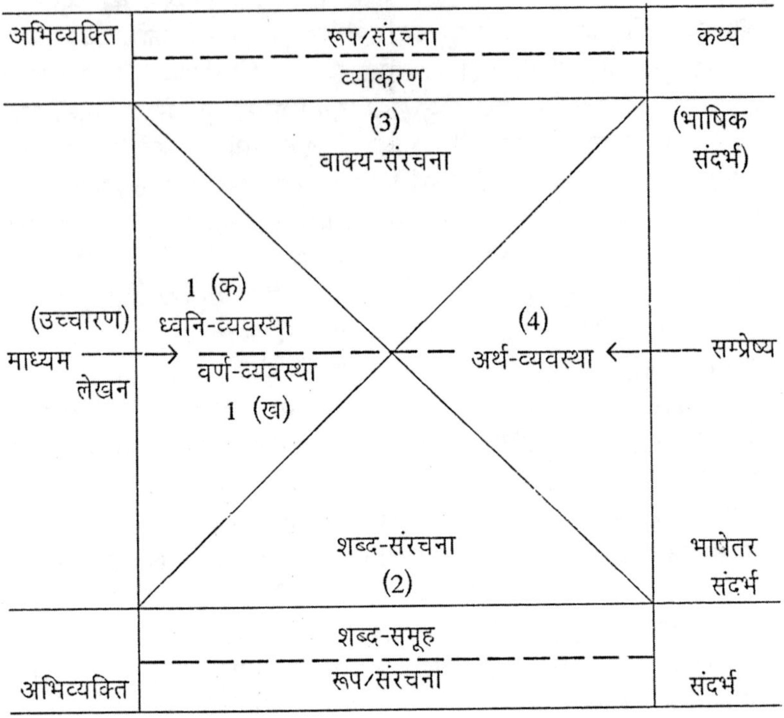

चित्र : 1

कुछ उदाहरणों द्वारा हम इन विभिन्न स्तरों पर पाई जानेवाली भाषिक इकाइयों के बीच सम्बन्धों की व्यवस्था की प्रकृति को स्पष्ट कर सकते हैं। **अभिव्यक्ति-माध्यम के स्तर पर** 'कलश' शब्द को ही लें। अगर हम इसके ध्वनि-प्रतीकों पर ध्यान दें तो हमें एक निश्चित क्रम का निर्वाह मिलता है, यथा–'क्+ अ+ल्+अ+श'। साथ ही प्रतीक-चिह्न के रूप में हमें निश्चित ध्वनियों का चयन भी देखने को मिलता है। कहने का तात्पर्य यह है कि प्रतीकों के चयन में हमें सबसे पहले 'क' और उसके बाद 'ल' और सबसे अंत में 'श' की स्थिति दिखाई देती है। ध्वनियों के इस क्रम को बदलने पर अभिव्यक्ति भी बदल जाती है। वह या तो 'शक्ल' के रूप में एक दूसरा ही शब्द बन जाती है अथवा 'लशक, शलक, कशल' के रूप में निरर्थक हो जाती है। इसी प्रकार 'कलश' शब्द में आए

'क+ल+श' ध्वनि/लिपि-प्रतीकों में से किसी एक को भी अगर हम किसी दूसरे ध्वनि/लिपि-प्रतीक द्वारा परिवर्तित करते हैं, तब भी अभिव्यक्ति बदल जाती है। अंतिम 'श' ध्वनि-प्रतीक को यदि हम 'म' अथवा 'ह' द्वारा बदलें तो हमें 'कलम' और 'कलह' के रूप में सार्थक लेकिन भिन्न शब्द मिलते हैं। प्रतीकों का परिवर्तन अभिव्यक्ति को निरर्थक भी बना देता है, यथा—आदि 'क' प्रतीक के स्थान पर 'च, त, या प' रखने पर क्रमशः प्राप्त 'चलश, तलश, या पलश' शब्द; मध्य में आए 'ल' ध्वनि-प्रतीक के स्थान पर 'र' अथवा 'व' रखने पर क्रमशः प्राप्त 'करश, कवश' शब्द; अंत्य 'श' के स्थान पर 'ब' या 'न' रखने पर क्रमशः प्राप्त 'कलब, कलन' शब्द। ये सभी अभिव्यक्तियाँ निरर्थक कहलाएँगी। स्पष्ट है, अभिव्यक्ति-स्तर पर व्यवस्था मुख्यतः दो पक्षों को अपने भीतर समेटती है—(1) ध्वनि/लिपि-प्रतीकों का चयन और (2) ध्वनि/लिपि-प्रतीकों का क्रमिक संयोजन।

शब्द-स्तर की इकाइयों के बीच पाई जानेवाली व्यवस्था के संदर्भ में भी यही स्थिति देखी जा सकती है। उदाहरण के लिए हम 'सम्मानित' या 'अशुद्धता' शब्दों को ही लें। यह कहा जा सकता है कि सम्बन्धों की व्यवस्था के रूप में इनके तीन सार्थक अंश—प्रत्यय+मूल शब्द+प्रत्यय—जुड़े हुए हैं। पूर्वप्रत्यय के रूप में 'सम्' अथवा 'अ'; मूल शब्द के रूप में 'मान' अथवा 'शुद्ध' तथा प्रत्यय के रूप में 'इत' अथवा 'ता', यथा—सम्+मान+इत अथवा अ+शुद्ध+ता। इन शब्दों में आए हुए पूर्व प्रत्यय, मूल शब्द और प्रत्यय के क्रम को अगर हम बदलकर लिखें, तो शब्द के धरातल पर वह निरर्थक हो जाता है, यथा—'इतमानसम्' समृइतमान, मानसमइत', और 'ताशुद्धअ, अताशुद्ध, शुद्धताअ'। इसी प्रकार अगर हम 'सम्' को 'अप' पूर्व प्रत्यय से परिवर्तित करें तो हमें दूसरा ही शब्द 'अपमानित' मिलेगा। यह देखा जा सकता है कि शब्द के सार्थक अंश के क्रम में परिवर्तन लाने अथवा उनके स्थानांतरण से या तो शब्द निरर्थक हो जाते हैं अथवा उससे भिन्न दूसरे शब्द बन जाते हैं।

वाक्य-स्तर पर भी इकाइयों की व्यवस्था-सम्बन्धी यही स्थिति देखी जा सकती है। उदाहरण के लिए—'मोहन ने सोहन को किताब दी' वाक्य को ले सकते हैं। इस वाक्य में हिंदी के व्याकरण से अनुमोदित सम्बन्धों की व्यवस्था दिखाई देती है, अतः यह हिंदी का स्वीकृत व्याकरण-सम्मत वाक्य है। इस वाक्य की शाब्दिक इकाइयों का क्रम बदलकर अगर हम लिखें—'दी ने को सोहन लौटा किताब मोहन' तो शाब्दिक इकाइयाँ वही रहने पर भी वाक्य निरर्थक हो जाता है, क्योंकि इकाइयों के बीच की व्यवस्था के नियम का पालन यहाँ नहीं है। इसी तरह, इस वाक्य में अगर हम 'मोहन' और 'सोहन' को क्रमशः स्थानांतरित कर दें, तो सम्प्रेष्य कथ्य बदल जाता है, यथा—'सोहन ने मोहन को किताब दी।' यहाँ सोहन गौण कर्म के स्थान पर कर्त्ता बन गया है, जिसके कारण अर्थ में परिवर्तन

आ गया है।

अर्थ के स्तर पर भी व्यवस्थापक नियम देखे जा सकते हैं। अभिव्यक्ति एवं वाक्य-रचना की दृष्टि से वाक्य शुद्ध हो सकता है पर यह सम्भव है कि अर्थ-विसंगति के कारण वह वाक्य अमान्य हो। उदाहरण के लिए हम इस उक्ति को ही लें–'वह आग से सींचता है'। यह वाक्य, अभिव्यक्ति तथा व्याकरण की दृष्टि से संगत एवं शुद्ध होने पर भी अर्थ की दृष्टि से विसंगतिपूर्ण है। वास्तव में 'सींचना' क्रिया और 'आग' के बीच अर्थ-संगति न होने से यहाँ कथ्य विसंगतिपूर्ण हो गया है। इसी प्रकार निम्नलिखित प्रयोग में भी अर्थ की विसंगति स्पष्ट है–'उसने आज वह घड़ा फोड़ दिया, जिसे कल उसे बनाना है।' अर्थ की विसंगति का कारण यहाँ मुख्य उपवाक्य (उसने आज वह घड़ा फोड़ दिया) और आश्रित उपवाक्य (जिसे कल उसे बनाना है) के बीच अर्थ-सम्बन्धी सम्बन्धों की अव्यवस्था है, क्योंकि हम यह कह सकते हैं–'उसने आज वह घड़ा फोड़ दिया जिसे कल उसे बेचना है।' ध्यान देने की बात है कि इन मुख्य और आश्रित उपवाक्यों के बीच तर्कजन्य कार्य-कारण सम्बन्धी व्यवस्था का निर्वाह हमें दूसरे वाक्य में देखने को मिलता है, पर वाक्य-रचना की दृष्टि से शुद्ध होने पर भी ऐसा निर्वाह पहले वाक्य में नहीं मिलता।

कथ्य और अभिव्यक्ति की समन्वित इकाई के रूप में भाषा का अध्ययन करते समय हमें उसके विभिन्न स्तरों पर व्यवस्थापरक नियमों को ध्यान में रखना चाहिए। ये व्यवस्थापरक नियम ही भाषिक संरचना का निर्माण करते हैं।

3

भाषा और भाषिक संरचना

भाषा-अध्ययन के दो संदर्भ हैं—प्रयोजनपरक और संरचनापरक। प्रयोजनपरक संदर्भ के विषय में कहा जा सकता है कि भाषा, सम्प्रेष्ण का एक अन्यतम उदाहरण है। भाषा के सहारे व्यक्ति न केवल अपने विचार को व्यक्त करता है बल्कि उसे दूसरे तक सम्प्रेषित भी करता है। सम्प्रेषण-व्यापार के संदर्भ में यह देखा जा सकता है कि इसके एक छोर पर वक्ता (लेखक) होता है जो किसी संदेश विशेष को भेजता है और दूसरे छोर पर श्रोता (पाठक) रहता है जो इस संदेश को ग्रहण करता है। वक्ता और श्रोता के संदेश की पृष्ठभूमि में भाषा रहती है। इसी भाषा के सहारे वक्ता अपने अव्यक्त संदेश को व्यक्त करता है और भाषा में इसी अभिव्यक्ति संदेश को श्रोता सुनकर अर्थ के रूप में ग्रहण करता है। अगर अभिव्यक्ति का माध्यम लेखन और लिपि-व्यवस्था है तो व्यक्ति उसे पढ़कर अर्थ ग्रहण करता है। अतः भाषा का प्रयोजनपरक संदर्भ सम्प्रेषण की आवश्यकता पर बल देते हुए यह संकेत देना चाहता है कि भाषा, सम्प्रेषण व्यापार का एक समर्थ साधन है। इस संदर्भ में यह भी कहा जा सकता है कि भाषा के इस सम्प्रेषण-व्यापार के सहारे ही व्यक्ति अपने भाषायी समुदाय के अन्य सदस्यों के साथ सम्बन्ध स्थापित करता है, उनके साथ विचार-विनिमय करता है और एक-दूसरे का सहयोग प्राप्त करता है।

संरचनापरक संदर्भ का सम्बन्ध भाषा की प्रकृति से रहता है। यह संदर्भ इस पक्ष पर प्रकाश डालता है कि भाषा क्या है, न कि भाषा क्या करती है। यह बात ध्यान देने की है कि भाषाशिक्षण के संदर्भ में हम जिस भाषा की बात करते हैं, वह वस्तुतः 'मानव-भाषा' का एक प्रकार है, जैसे—हिंदी, गुजराती, तमिल, तेलुगु, अंग्रेजी, फ्रेंच आदि। सम्प्रेषण-व्यवस्था के व्यापक संदर्भ में हम कभी-कभी 'भाषा' शब्द का प्रयोग अन्य संदर्भों में भी करते हैं। हम कभी 'पशु-पक्षियों' के सम्प्रेषण-व्यापार को भी 'भाषा' मान लेते हैं और आँखों से व्यक्त होनेवाले

सूचना-व्यापार को भी 'आँखों की भाषा' की संज्ञा दे बैठते हैं। वस्तुतः इन संदर्भों में हम भाषा का लाक्षणिक अर्थों में प्रयोग करते हैं अन्यथा मानव-भाषा अपनी प्रकृति में गुणात्मक स्तर पर इनसे भिन्न एक वस्तु है। यह मानव-भाषा ही है जिसके सहारे न केवल हम बोलते हैं वरन 'बातचीत करते' हैं, और यह मानव-भाषा की अपनी प्रकृति का ही परिणाम है कि हम उसके सहारे एक ओर विगत घटनाओं पर विचार कर सकते हैं और दूसरी ओर भविष्य की सम्भावित घटनाओं की कल्पना भी।

(1) भाषा का संरचनात्मक संदर्भ

ऊपर संकेत दिया जा चुका है कि भाषा का संरचनात्मक संदर्भ यह बताता है कि भाषा, 'क्या' है। इस संदर्भ में यह कहा जा सकता है कि 'भाषा, सार्थक प्रतीकों की एक व्यवस्थित कड़ी है'। यह परिभाषा भाषा की सार्थक इकाइयों को भी परिभाषित करने में समर्थ है। उदाहरण के लिए अगर हम उसकी महत्त्वपूर्ण इकाई 'वाक्य' की प्रकृति पर प्रकाश डालना चाहें, तो कह सकते हैं कि 'वाक्य, अनुशासित शब्दों की एक व्यवस्थित कड़ी है।'

हम चाहे 'भाषा' की बात करें या वाक्य, उपवाक्य, पदबंध, पद आदि, उसकी सार्थक इकाइयों की, वे सभी संरचनात्मक नियमों में बँधकर ही व्यक्त होते हैं। उदाहरण के लिए भाषा की एक महत्त्वपूर्ण इकाई के रूप में वाक्य के निम्नलिखित लक्षण देखे जा सकते हैं–

(1) वाक्य में प्रयुक्त शब्द अनुशासित होते हैं।

वाक्य अपने से छोटी इकाइयों के संयोग से बनता है। अगर हम वाक्य से छोटी इकाई के रूप में 'शब्द' को स्वीकार कर लें, तो वाक्य शब्दों के संयोग से निर्मित माना जा सकता है। पर वाक्य में प्रयुक्त शब्द, मात्र शब्द नहीं होता। वह तो 'अनुशासित शब्द' है। अनुशासित कहने का यहाँ अर्थ है–संरचना के नियमों के अनुसार अपना रूप ग्रहण करना। उदाहरण के लिए नीचे दिए गए दो प्रकार के शब्द-संयोग पर ध्यान दें–

1. *(क) लड़का बात कहा।
   (ख) लड़के ने बात कही।

(क) के शब्द-संयोग के आधार पर निर्मित वाक्य को हम हिंदी का वाक्य नहीं कह सकते, क्योंकि यहाँ हमें शब्दों का अनुशासित रूप नहीं दिखलाई देता। पर अगर हम 'लड़का' और 'कहा' के स्थान पर उनके सही शब्द रूप जैसे 'लड़के ने बात कही' के साथ व्यक्त करें, तो यह हिंदी भाषा का स्वीकृत वाक्य बन जाता है, जैसा हम ऊपर दिए (ख) उदाहरण में देखते हैं–'लड़के ने बात कही'।

(2) वाक्य में शब्द एक व्यवस्थित कड़ी के रूप में प्रयुक्त होते हैं।

यह ध्यान देने की बात है कि वाक्य न तो शब्दों का जमघट है और न शब्दों की मात्र कड़ी। यही कारण है कि वाक्य, शब्दों की कड़ी तो होता है पर शब्दों की हर कड़ी वाक्य का दर्जा नहीं पाती। उदाहरण के लिए नीचे दी गई दो शब्द-शृंखलाओं को ही लें–

2. *(क) रहा पीट है को मोहन सोहन।

(ख) मोहन सोहन को पीट रहा है।

ऊपर के दोनों वाक्यों में शब्दों की न केवल संख्या समान है किंतु शब्द भी एक जैसे हैं। पर हिंदी भाषा केवल (ख) वाक्य की शब्द-शृंखला की व्यवस्था को स्वीकार करती है। हिंदी भाषा की व्यवस्था के संदर्भ में यह कहा जा सकता है कि शब्दों की कड़ी के रूप में वाक्य (क) की व्यवस्था अस्वीकार्य है।

वस्तुतः, भाषा और उसकी सभी सार्थक इकाइयाँ; यथा–वाक्य, पदबंध, शब्द आदि–व्यवस्था-सापेक्ष होती हैं। हर व्यवस्था कुछ नियमों की अपेक्षा रखती है। जब ये नियम टूटते हैं, तब भाषा के प्रयोग 'अशुद्ध' और 'अमान्य' हो जाते हैं। ये व्यवस्थापरक नियम ही भाषिक संरचना का निर्माण करते हैं। इस तथ्य को ठीक ढंग से समझने के लिए यह ज़रूरी है कि हम जानें कि संरचना स्वयं में क्या है।

यह कहा जा सकता है कि किसी वस्तु या इकाई की संरचना उस वस्तु या इकाई के भीतर पाए जानेवाले 'सम्बन्धों की व्यवस्था' है। उदाहरण के लिए अगर हम ऊपर दिए 2 (क) और 2 (ख) वाक्यों पर ध्यान दें तो स्पष्ट हो जाता है कि 2 (क) अर्थात् 'रहा पीट है को मोहन सोहन' में सम्बन्धों की व्यवस्था नहीं है। अगर हम इस वाक्य से यह जानना चाहें कि मोहन और सोहन संज्ञा शब्दों में क्या सम्बन्ध है, पीटने क्रिया के साथ मोहन और सोहन का क्या सम्बन्ध है, या कौन, किसे पीट रहा है, तो हमें इसका उत्तर नहीं मिल पाता। इसके विपरीत अगर इन्हीं प्रश्नों के संदर्भ में 2 (ख) वाक्य (मोहन सोहन को पीट रहा है) को देखें, तो उनका उत्तर मिल जाता है। इसका कारण यही है कि इस वाक्य में 'सम्बन्धों की व्यवस्था' है, जिसके आधार पर हम सहज ही यह जान लेते हैं कि मोहन और सोहन में कौन 'पीटनेवाला' है और कौन 'पिटनेवाला'।

भाषिक संरचना की प्रकृति को ठीक से समझने के लिए नीचे दिए गए दो वाक्यों पर ध्यान दें–

3. मोहन कल आएगा।

4. सोहन आम खाएगा।

दोनों ही वाक्यों में तीन-तीन शब्द हैं और दोनों ही व्याकरण की दृष्टि से शुद्ध हैं। पर अमूर्त व्याकरणिक रूप में वाक्य (3) जहाँ (संज्ञा+क्रिया, विशेषण+क्रिया) के क्रम का निर्वाह कर रहा है, वहाँ वाक्य (4) में शब्दक्रम है

(संज्ञा+संज्ञा+क्रिया)। यहाँ यह पूछा जा सकता है कि इन दोनों वाक्यों में प्रयुक्त होनेवाले संज्ञा या क्रिया शब्दों के प्रकार्य क्या एक ही हैं, या वाक्य (4) में प्रयुक्त दो संज्ञा शब्दों के प्रकार्य क्या समान हैं ? इन दोनों वाक्यों की भाषिक संरचना पर थोड़ा और गहराई से विचार करने पर स्पष्ट हो जाता है कि इन दोनों वाक्यों की संरचना में अंतर है, क्योंकि अपने अमूर्त और प्रकार्यात्मक स्तर पर इनकी प्रकृति निम्नलिखित है–

5. (क) कर्ता+क्रियाविशेषण+अकर्मक क्रिया

6. (ख) कर्ता+कर्म+सकर्मक क्रिया

भाषिक संरचना अपने प्रकार्य के आधार पर शब्द-सम्बन्धों का एक नया आयाम खोलती है। यह आयाम किसी एक वाक्य में प्रयुक्त और व्यक्त शब्दों के साथ अप्रयुक्त और अव्यक्त उन शब्दों के सम्बन्ध का संदर्भ है जो भाषा की सम्भाव्य इकाई हैं, भले ही उनका उस वाक्य में प्रयोग न हुआ हो। उदाहरण के लिए अगर वाक्य (3) की संरचना को लें, तो 'मोहन' के स्थान पर हम 'सोहन, लड़का, वह' आदि किसी भी शब्द का प्रयोग कर सकते हैं। इसी प्रकार 'कल' और 'आएगा' के स्थान पर क्रमशः 'आज, परसों, अभी' और 'सोएगा, जाएगा, दौड़ेगा' आदि शब्दों का। पर वाक्य (3) में 'मोहन' के स्थान पर अगर भाववाची संज्ञा शब्द 'सौन्दर्य, विश्वास, दया' का प्रयोग करेंगे तो वह अशुद्ध हो जाएगा। इसी प्रकार वाक्य (4) में 'खाएगा' क्रिया शब्द के स्थान पर 'लाएगा, धोएगा, काटेगा' का प्रयोग तो सम्भव है पर अगर उनके स्थान पर हम 'आएगा, सोएगा, जाएगा' में से किसी एक का भी प्रयोग करें तो वाक्य अशुद्ध हो जाएगा।

ऊपर की विवेचना के संदर्भ में हम कह सकते हैं कि व्यवस्थापरक नियमों और व्याकरणिक प्रकार्य के आधार पर भाषिक इकाइयों के भीतर पाए जानेवाले सम्बन्धों की व्यवस्था उस इकाई की संरचना है। यह इकाई भाषा के किसी भी स्तर पर देखी जा सकती है; यथा–प्रोक्ति, वाक्य, पदबंध, शब्द आदि।

यहाँ कुछेक तथ्यों पर ध्यान देना आवश्यक है। पहला, सम्बन्धों की व्यवस्था, भाषासापेक्ष होती है। दूसरा, हर व्यवस्था कुछेक नियमों की अपेक्षा रखती है। तीसरा, व्यवस्थापरक नियमों की प्रकृति सर्जनात्मक होती है।

भाषासापेक्ष कहने का अर्थ केवल इतना है कि हर भाषा अपने ढंग से शब्दों को कड़ी के रूप में पिरोती है। हिंदी में अगर हम कर्ता+कर्म+क्रिया के क्रम का निर्वाह करते हुए बोलते हैं–'लड़का किताब पढ़ रहा है' तो अंग्रेजी में एक दूसरे ही क्रम का निर्वाह करते हैं–कर्ता+क्रिया+कर्म। इसी के साथ यह भी कहा जा सकता है कि कहीं अगर व्यवस्था है तो उसके पीछे नियम भी अवश्य होंगे। ऊपर के उदाहरण से स्पष्ट है कि शब्द-क्रम का नियम हिंदी में कर्म को क्रिया के पहले रखने का है, जबकि अंग्रेजी में उसे क्रिया के बाद।

संरचना पर आधारित ये व्यवस्थापरक नियम ही हमारे भाषाज्ञान के मूल आधार बनते हैं। भाषाज्ञान से हमारा तात्पर्य–शुद्ध वाक्यों का सूचीपत्र नहीं होता। किसी ऐसे सूचीपत्र का ज्ञान सम्भव भी नहीं जो भाषा के हर सम्भव शुद्ध वाक्य को अपने भीतर समेटता हो, क्योंकि किसी भी भाषा के सम्भाव्य वाक्य संख्यातीत होते हैं और किसी भी भाषा के सबसे लम्बे वाक्य का बोला या लिखा जाना असम्भव है। यह हमारी भाषा की सर्जनात्मक शक्ति का प्रमाण है कि हम भाषिक संरचना के आधार पर नये-नये वाक्यों की रचना करने में समर्थ हैं। इस बात पर बल देने की आवश्यकता है कि संरचनात्मक नियमों की सर्जनात्मकता और नये-नये वाक्य रचने की हमारी क्षमता ही भाषा को एक खुला आयाम देती है।

(2) संरचना और संरचनात्मक नियमों की प्रकृति

ऊपर की विवेचना के परिप्रेक्ष्य में संरचना की प्रकृति पर प्रकाश डालते हुए उसके निम्नलिखित लक्षणों की ओर संकेत दिया जा सकता है–

(1) किसी भाषिक इकाई की संरचना उस इकाई के भीतर स्थित 'सम्बन्धों की व्यवस्था' है।

उदाहरण के लिए अगर हम वाक्य (इकाई) के स्तर पर दो वाक्यों को लें–(क) मोहन कल आएगा, और (ख) मोहन आम खाएगा, तो हम देखते हैं कि दोनों वाक्यों में तीन-तीन शब्द हैं, पर इन शब्दों के आपसी सम्बन्धों की व्यवस्था के संदर्भ में ये दो भिन्न-भिन्न संरचनाओं के उदाहरण हैं।

(2) संरचना का सम्बन्ध इकाई के रूप (आकृति) के साथ रहता है न कि उसकी अभिव्यक्ति के माध्यम के साथ।

भाषा अपनी व्यवस्था में रूप है। इस रूप को भाषा-व्यवहार के संदर्भ में अभिव्यक्ति देने की आवश्यकता पड़ती है। भाषा के संदर्भ में अभिव्यक्त रूप, ध्वनि का माध्यम चुनता है या फिर 'लिपि' का। पर किसी वाक्य को हम चाहे ध्वनि के सहारे बोलकर व्यक्त करें, चाहे लिपि के सहारे लिखकर, 'रूप' के धरातल पर वाक्य वही रहता है। संरचना का सम्बन्ध 'रूप' से रहता है, अतः अभिव्यक्ति-माध्यम के भेद से उसकी संरचना नहीं बदलती।

(3) संरचना बोधात्मक यथार्थ है न कि अभिव्यक्तिपरक तथ्य।

संरचना अपनी प्रकृति में अमूर्त और संकल्पनात्मक होती है। उदाहरण के लिए अगर इकाई के रूप में हम यह वाक्य लें–'मोहन आम खाएगा', तो इसका संरचनात्मक रूप होगा–कर्ता+कर्म+सकर्मक क्रिया। इस संरचना के बोधात्मक यथार्थ के संदर्भ में 'मोहन आम

खाएगा' कथन मात्र अभिव्यक्तिपरक तथ्य समझा जाएगा, क्योंकि ऐसे अन्य कई वाक्य सम्भव हैं; यथा–सोहन फल खाएगा, शीला चिट्ठी लिखेगी, राकेश लकड़ी काटेगा, राधा खाना बनाएगी आदि। यह ध्यान देने की बात है कि संरचना के बोधात्मक यथार्थ के धरातल पर ये सभी वाक्य 'समान' हैं, जबकि अभिव्यक्तपरक तथ्य के रूप में ये वाक्य भिन्न-भिन्न माने जाएँगे।

(4) संरचनात्मक इकाई का आधार उसके अंगों के बीच पाए जानेवाले सम्बन्धों का प्रकार्य होता है।

संरचना, सम्बन्धों की व्यवस्था होती है। पर ये सम्बन्ध भाषिक इकाइयों के प्रकार्य पर आधारित होते हैं। उदाहरण के लिए दो वाक्यों को ही लें–(क) मोहन घर आएगा और (ख) पत्र घर आएगा। इन दो वाक्यों की संरचना भिन्न है, क्योंकि 'मोहन' (संज्ञा) जिस प्रकार्य की ओर संकेत दे रहा है उससे भिन्न 'पत्र' (संज्ञा)। पहले वाक्य में संज्ञा (मोहन) सजीव कर्ता है जो क्रिया (आने का काम) का सम्पादन स्वयं करनेवाला है, जबकि दूसरे वाक्य में संज्ञा (पत्र) निर्जीव है। अतः आने की क्रिया का सम्पादन वह स्वयं नहीं करनेवाला है। यह संरचनात्मक प्रकृति का ही अंतर है कि (क) संरचना के विस्तार के रूप में हम कह सकते हैं–'मोहन जान-बूझकर घर नहीं आया।' पर (ख) के संदर्भ में हम यह नहीं कह सकते–'पत्र जान-बूझकर घर नहीं आया'।

(5) संरचना-सम्बन्धी नियम अपनी संख्या में सीमित और प्रकृति में सर्जनात्मक होते हैं।

यह तथ्य महत्त्वपूर्ण है कि भाषा अपने प्रयोगगत संदर्भ में अगाध और सीमामुक्त होती है। उसके वाक्य संख्यातीत होते हैं। हम रोज नये-नये वाक्यों का प्रयोग करते हैं। यह सम्भव नहीं कि जितने वाक्य हम बोलें, उतने ही नियमों को भी याद रखें। वस्तुतः संरचनात्मक नियम अपनी संख्या में सीमित होते हैं पर उनकी प्रकृति सर्जनात्मक होती है। इन सीमित पर सर्जनात्मक नियमों के आधार पर ही हम संख्यातीत वाक्यों को व्यवहार में लाने में समर्थ हो पाते हैं।

खंड : क

4. हिंदी में अ-लोप की समस्या
5. हिंदी में अंत्य-अ ध्वनि की समस्या
6. देवनागरी के पक्ष में उसकी मात्रा-व्यवस्था का अनुशीलन
7. हिंदी की मूर्धन्य उत्क्षिप्त ध्वनियों (ड़) और (ढ़) की समस्या
8. हिंदी में 'ह' ध्वनि और महाप्राण व्यंजन-ध्वनियों की समस्या
9. हिंदी में नासिक्य, अनुस्वार और अनुनासिकता की समस्या

4

हिंदी में अ-लोप की समस्या

1.0 हिंदी की ध्वनि-व्यवस्था का एक महत्त्वपूर्ण नियम अ-लोप से सम्बद्ध है। यद्यपि इस नियम के बारे में संकेत परम्परागत व्याकरण की पुस्तकों में भी मिल जाता है पर आधुनिक दृष्टि से इस पर विचार पिछले दो दशकों में हुआ है। इस पर विचार करनेवालों में श्रीवास्तव, ब्रूस प्रे, नारंग और बेकर, मंजरी ओ हाला, भाटिया और केन्स्टोविच, पण्डित के नाम विशेष रूप से उल्लेखनीय हैं। पर इन विभिन्न विद्वानों द्वारा की गई अ-लोप सम्बन्धी नियम की विवेचना पर ध्यान दें तो स्पष्ट हो जाता है कि इस नियम की प्रकृति को लेकर अब भी अधिकारी विद्वान एकमत नहीं। दूसरा तथ्य यह भी सामने आता है कि अ-लोप सम्बन्धी नियम, स्वयं अपने में ही सिमटा नहीं है। उसका प्रभाव हिंदी की पूरी ध्वनि-व्यवस्था पर पड़ता है। यही नहीं 'अनुस्वार', 'मूर्धन्य उत्क्षिप्त ध्वनियाँ', 'महाप्राणत्व' आदि की समस्या पर बिना इस नियम का सहारा लिये गम्भीरता से विचार भी सम्भव नहीं जान पड़ता।

अतः नियम की महत्ता और ध्वनि-व्यवस्था के कई संदर्भों से जुड़ा होने के कारण अ-लोप की प्रक्रिया पर विद्वानों में मतभेद न होना ही आश्चर्य का विषय होता। नीचे अ-लोप की प्रकृति पर प्रकाश डालने का प्रयत्न किया जाएगा। विवेचना को सहज रूप में प्रस्तुत करने की बाध्यता के कारण मत-वैभिन्न्य पर प्रकाश डालने का उतना प्रयत्न नहीं होगा, जितना कि इस नियम की प्रकृति को समझने पर।

2.0 नीचे दिए गए क्रिया-रूपों पर ध्यान दें–

क-वर्ग	**ख-वर्ग**	**ग-वर्ग**
निकलना	निकलता	निकला
चमकना	चमकता	चमकेगा
समझ	समझते	समझे
सिमट	सिमटती	सिमटी

वर्तनी के स्तर पर हमें तीनों वर्गों में 'अ' की सत्ता स्थिति मिलती है, पर स्वनिक (उच्चारण) स्तर पर हम पाते हैं कि क और ख-वर्ग के शब्द-रूपों में अ-स्वनिम की सत्ता तो बनी रहती है पर ग-वर्ग के शब्द-रूपों में उसका लोप हो जाता है। अतः हम 'निकला, चमकेगा, समझे और सिमटी' का उच्चारण करते हैं निक्ला, चम्केगा, सम्झे और सिम्टी की तरह अर्थात् हम अ-का लोप कर इन शब्द-रूपों को बोलते हैं।

2.1 अ-लोप की यह प्रक्रिया मात्र क्रिया-रूपों में ही देखने को नहीं मिलती। हिंदी की ध्वनि-व्यवस्था का एक महत्त्वपूर्ण और व्यापक नियम होने के कारण इस प्रक्रिया को हम अन्य व्याकरणिक संदर्भों में लागू होते देखते हैं। चाहे हम संज्ञा के बहुवचन रूप बनाएँ और चाहे संज्ञा से विशेषण अथवा अन्य शब्द-निर्माण की प्रक्रिया लें, अ-लोप के नियम को हम सर्वत्र व्याप्त पाते हैं। उदाहरण के लिए नीचे दिए गए शब्द-रूपों पर ध्यान दें–

क-वर्ग	**ख-वर्ग**
खबर	खबरों (खब्रों)
औरत	औरतों (औरतों)
सनक	सनकी (सन्की)
वापस	वापसी (वाप्सी)
बनारस	बनारसी (बनार्सी)
चमक	चमकीला (चम्कीला)
नमक	नमकीन (नम्कीन)

2.2 ऊपर 2.0 और 2.1 में दिए गए उदाहरणों के आधार पर केलकर की पुस्तक की समीक्षा करते हुए श्रीवास्तव ने अ-लोप के नियम को निम्नलिखित नियम के रूप में रखा–

$$\partial \longrightarrow \varnothing \,/\, VC \text{ ----------- } C\,\bar{v}$$

उपर्युक्त नियम में अ-लोप की प्रक्रिया से सम्बन्धित परिवेश के बारे में निम्नलिखित तथ्य पर प्रकाश पड़ता है–

(1) यह नियम शब्द के आदि (पहले) अक्षर पर लागू नहीं होता, यथा–अभी, कभी, कबूतर, छटा, नदी आदि शब्दों के पहले अक्षर में अ-की सत्ता है और वह सत्ता उच्चारण के स्तर पर भी बनी रहती है।

(2) यह नियम उसी स्थिति में लागू होता है जब अ-पूर्व स्थिति में एक से अधिक व्यंजन न हो। अगर अ-पूर्व स्थिति में व्यंजन-गुच्छ हुआ, तब अ-स्वनिम का लोप नहीं होता, यथा–

पुस्तक	पुस्तकों
अक्षर	अक्षरों

मच्छर	मच्छरों
बंदर	बंदरों
सुंदर	सुंदरी

(3) इसी प्रकार अगर अ-पश्च स्थिति में एक से अधिक व्यंजन हुआ तो यह नियम लागू नहीं होता, यथा–

पलंग	पलंगों
दरख्त	दरख्तों
शतरंज	शतरंजों

(4) यह नियम उसी स्थिति में लागू होता है जब अ-पश्च अक्षर का स्वर दीर्घ हो अर्थात् अ-स्वनिम के बाद आनेवाले व्यंजन के बाद का स्वर दीर्घ हो, यथा–

औरत	औरतों (ओं)
सनक	सनकी (ई)
चमक	चमकेगा (ए)
निकल	निकला (आ)
नमक	नमकीन (ई)

(5) अ-लोप नियम तभी लागू हो सकता है जब उसके परिवेश में बाईं ओर कोई रूपिम सीमा न हो। उदाहरण के लिए हम नीचे दिए शब्दों को लें–

बेपढ़ा
अनकही
कनपटी

नियम के अनुसार इसे (बेपढ़ा, अनकही, अटपटी, कनपटी) उच्चरित होना चाहिए था। पर ऐसा उच्चारण नहीं किया जाता, क्योंकि इन शब्दों में हम पूर्व रूपिम सीमा का योग पाते हैं, यथा–

बे+पढ़ा
अन+कही
कन+पटी

3.0 अ-लोप नियम की उपरोक्त परिवेश सम्बन्धित स्थिति पर कुछ विद्वानों ने कुछ सवाल उठाए हैं। उनके अनुसार श्रीवास्तव ने कुछ परिवेशजन्य सीमाओं को छोड़ दिया है और कुछ सीमाओं तथा शर्तों को बंधन-रूप में रखा है, जो वस्तुतः हैं नहीं। अतः संक्षेप में ऐसे आक्षेपों पर यहाँ विचार कर लेना आवश्यक है।

3.1 पहला आक्षेप यह है कि जितने भी उदाहरण ऊपर लिए गए हैं, उनमें अ-पश्च अक्षर का दीर्घ स्वर रूपिम सीमा (+) के बाद आता है। अतः आक्षेप करनेवाले विद्वानों के अनुसार नियम को इस प्रकार होना चाहिए था–

$ə \longrightarrow Ø / VC \text{ ----------- } C + V$

यह ठीक है कि ऊपर अब तक जो भी उदाहरण दिए गए हैं, उनमें दीर्घ स्वर रूपिम सीमा के बाद आते हैं, पर नीचे के शब्दों पर ध्यान दें–

क-वर्ग	**ख-वर्ग**
लड़का	लड़कपन
लकड़ी	लकड़हारा
तबला	तबलची

क और ख-वर्ग के शब्दों पर अगर हम ध्यान दें, तो यह स्पष्ट हो जाता है कि न केवल ये आपस में सम्बद्ध हैं वरन् इनमें से ख-वर्ग के शब्द, क-वर्ग के शब्दों के व्युत्पन्न रूप हैं। पर इसके साथ हम यह भी देखते हैं कि शब्द-मूल में अ-ध्वनि की सत्ता नहीं है पर व्युत्पन्न रूप (ख-वर्ग) में अ-ध्वनि की सत्ता है। इस संदर्भ में दो स्थितियाँ संभव हैं–(1) शब्द-मूल (यथा–लड़का) में अ-ध्वनि की सत्ता है ही नहीं। इस स्थिति में व्युत्पन्न रूप (यथा–लड़कपन) में अ-ध्वनि का आगम माना जाएगा, अथवा (2) शब्द-मूल में अ-ध्वनि की सत्ता है, जिस स्थिति में यह मानना पड़ेगा कि वही अ-ध्वनि, व्युत्पन्न रूप में दिखाई पड़ता है, पर किसी नियम विशेष के कारण शब्द-मूल में लुप्त हो जाता है।

रूपिमिक विश्लेषण और हिंदी की अपनी ध्वनि-व्यवस्था के संदर्भ में सभी विद्वान इस मत के पक्ष में हैं कि लड़का-टाइप शब्दों में अ-ध्वनि की सत्ता है। अगर यह निष्कर्ष सही है तब अ-ध्वनि लोप की समस्या रूपिम के भीतर का भी नियम बनता है क्योंकि शब्द-मूल तो 'लड़का, तबला, लकड़ी' है न कि 'लड़क+आ, तबल+आ और लकड़+ई', और रूपिम के भीतर सिद्ध 'आ' या 'ई' दीर्घ स्वर के कारण अ-ध्वनि का लोप हुआ है।

3.2 दूसरा आक्षेप यह है कि हिंदी में ऐसे कई शब्द मिलते हैं, जिनमें अ-लोप की स्थिति तो रहती है पर उसके बाद का स्वर दीर्घ नहीं रहता। अतः आक्षेप करनेवाले विद्वानों के अनुसार अ-लोप का नियम निम्नलिखित होना चाहिए।

$ə \longrightarrow Ø / VC \text{ ----------- } C\bar{v}$

इस पक्ष के समर्थक तीन प्रकार के उदाहरण सामने लाते हैं। यहाँ इन दोनों प्रकार के उदाहरणों पर विचार कर लेना जरूरी है–

(अ) नारंग एवं बेकर के अनुसार अ-लोप उस स्थिति में भी हो सकता है जबकि अ-पश्च अक्षर में दीर्घ स्वर न हो। इसके पक्ष में उनका उदाहरण है–मूरत–मूर्ति का। 'मूरत' में अ-स्थित है जबकि 'मूर्ति' में उसका लोप हो गया है।

यह कहा जा सकता है कि मूल शब्द 'मूर्ति' है जो वस्तुतः तत्सम कोटि का है। हिंदी के अपने शब्दों की प्रकृति ऐसी है कि उसके अंत में ह्रस्व स्वर

आता ही नहीं; अर्थात् अगर हम व्याकरणिक शब्द 'कि, बल्कि' आदि को छोड़ दें तो हिंदी के अपने शब्दों के अंत में हम ह्रस्व स्वर को स्थित नहीं पाते। या तो उनका दीर्घीकरण हो जाता है या उनका लोप। जैसे–

धातु	धातू	धात
शांति	शांती	

एक दूसरी प्रक्रिया है–अ-आगम की। हिंदी के अपने शब्दों के अंत में शुद्ध व्यंजन-गुच्छ नहीं मिलते। इसीलिए संस्कृत या अरबी-फारसी से आगत शब्दों के व्यंजन-गुच्छ को तोड़ने के लिए हिंदी स्वरागम की प्रक्रिया को अपनाती है। यह एक स्वाभाविक प्रक्रिया है, जिसको व्यापक रूप में हिंदी में हम प्रयुक्त पाते हैं। यथा–

(1) संस्कृत से आगत शब्द :

जन्म	जनम
कर्म	करम
धर्म	धरम
भस्म	भसम

(2) अरवी-फारसी के आगत शब्द :

गर्म	गरम
क़िस्म	किसम
उम्र	उमर
बर्फ	बरफ

अगर मूरत-मूर्ति उदाहरण पर ध्यान दें तो हम पाते हैं कि मूल शब्द तत्सम रूप 'मूर्ति' है जो हिंदी के अपने नियम के अनुसार 'मूरत' बन गया है। अतः यह उदाहरण अ-लोप का न होकर, अ-आगम का है।

(आ) दूसरे तरह का उदाहरण हम 'आदमियों', लड़कियों, खिड़कियों' आदि का पाते हैं। आदमियों-टाइप के शब्दों के आधार पर कुछ विद्वानों ने यह संकेत दिया है कि मूल शब्द में अ-ध्वनि तो स्थित है, यथा–(आ+द्+अ+म्+ई) जो दीर्घ स्वर के पूर्व तो लुप्त हो ही जाता है, पर जब ह्रस्व स्वर के पहले आता है (यथा–आ+द्+अ+म्+इ+ओं) तब भी उसका लोप हो जाता है

ऐसे उदाहरणों के संदर्भ में यह संकेत दिया जा सकता है कि वस्तुतः आदमियों-टाइप के शब्दों में मूल ध्वनि-संरचना अ-पश्च अक्षर में दीर्घ स्वर की है, जो ह्रस्वीकरण-नियम के आधार पर ह्रस्व हो जाता है। हिंदी में प्रयुक्त ह्रस्वीकरण-नियम के अनुसार अगर कोई स्वर दीर्घ हो, तब दीर्घ स्वर के पूर्व वह उस समय ह्रस्व हो जाता है जब वह रूपिम संधि पर आता है, यथा–

लड़की+आँ	लड़कियाँ

देवी+आँ देवियाँ

खिड़की+आँ खिड़कियाँ

आदमी+ओं आदमियों

अतः इन उदाहरणों को भी 3.0 में दिए गए नियम के विरोध में हम नहीं पाते। इस तर्क के पक्ष में अन्य उदाहरण भी देखे जा सकते हैं। हम देखते हैं कि 'सुरभि' शब्द में अ-की सत्ता यथावत बनी रहती है। पर जब अंत्य ह्रस्व 'इ' का उच्चारण दीर्घ ई की तरह किया जाता है (यथा–सुरभी) तब अधिकांश उदाहरणों में अ-का लोप हो जाता है।

(3) मंजरी ओ हाला के अनुसार अ-लोप के लिए पुरानी हिंदी में तो अक्षर-पश्च में दीर्घ स्वर का होना आवश्यक था, पर समकालिक दृष्टि से देखने पर यह कहा जा सकता है कि दीर्घता अब आवश्यक नहीं। इसके लिए उन्होंने निम्नलिखित तीन उदाहरण दिए हैं–

चिपक्+अन → चिपूकन

धड़क्+अन → धड्कन

अरब्+इस्तान → अर्बिस्तान

रूपिमिक विश्लेषण से हम अन्यत्र अपना मतभेद व्यक्त कर चुके हैं। हिंदी में अंत्य-अ ध्वनि की समस्या के संदर्भ में यह संकेत दिया जा चुका है कि 'चिपक, धड़क' आदि शब्द व्यंजनांत न होकर स्वरांत हैं और उनके साथ जुड़नेवाला प्रत्यय (+न, +क, +त) है न कि (+अन, +अक, +अत)। इसी प्रकार (अरब+इस्तान) के स्थान पर होना चाहिए था (अरबीस्तान) , जिसमें अरबी शब्द स्वयं अरब+ई संरचना का परिणाम माना जा सकता है। इसी के वजन पर एक दूसरा शब्द है 'हिंदुस्तान' जो वस्तुतः 'हिंदू+स्तान' है। +स्तान के कारण हिंदू में दीर्घ 'ऊ' का ह्रस्वीकरण हो गया है। इसी प्रकार 'अरबी' के दीर्घ 'ई' का ह्रस्वीकरण होकर वह 'अरबिस्तान' बन गया है। अतः शब्द की मूल ध्वनि-संरचना में वस्तुतः दीर्घ-स्वर ही है, जिसके परिणामस्वरूप अ-का लोप हो जाता है।

जहाँ तक 'चिपकन, धड़कन' जैसे शब्दों में अ-लोप की स्थिति का प्रश्न है, यह कहा जा सकता है कि यहाँ अ-लोप तो है पर एक दूसरे ही नियम के आधार पर। इधर विद्वानों ने इस ओर संकेत किया है कि भाषा में एक ही 'भाव' या 'लक्ष्य' प्राप्ति के निमित्त एक से अधिक नियम सम्भव हैं पर इन सभी नियमों को प्रभाव की दृष्टि से तो एक माना जा सकता है, पर उसे एक ही नियम के दो उपखण्ड के रूप में स्वीकार करना असंगत होगा। उदाहरण के लिए हम देखते हैं कि हिंदी में शुद्ध व्यंजन-गुच्छ शब्द की आदि-स्थिति में नहीं मिलते। अतः आगत शब्दों में आनेवाले आदि-व्यंजन-गुच्छ को या तो स्वरागम के सहारे मध्य-स्थित बनाया जाता है अथवा उसको तोड़ दिया जाता है। यथा; स्नान–(अ) स्नान, स्कूल–

(इ) स्कूल और भ्रम-भरम, व्रत-वरत आदि।

'चिपकन, फिसलन' आदि शब्दों में जो अ-लोप का नियम देखने को मिलता है उसका आधार हिंदी की अक्षर-व्यवस्था है और सिद्धांत है आक्षरिक समतुल्यता का। अगर अ-ध्वनि ऐसे शब्दों में आता है जो मूल रूप में चार अक्षरों का है और जिसमें ह्रस्व स्वर का योग हो तो अंत से तीसरे अक्षर की अ-ध्वनि का लोप हो जाता है। यह देखा जा सकता है कि ऐसी स्थिति में अक्षर-संरचना Cv̄C϶Cv̄Cv̄ की रहती है, यथा–

चिपकन
बिछलन
फिसलन
तड़पन

पहले अंत्य-अ का लोप होने से अक्षर-व्यवस्था बनती है–Cv̄C∂v̄C। आक्षरिक समतुल्यता के सिद्धान्त पर अगर अ-ध्वनि (∂) का लोप कर दिया जाए तो संरचना बनती है–Cv̄C—Cv̄C। अतः हम 'चिपकन फिसलन' को 'चिप्‌कन, फिस्‌लन' के रूप में पाते हैं।

5

हिंदी में अंत्य-अ ध्वनि की समस्या

1.0 हिंदी में अंत्य-अ ध्वनि की समस्या दो निश्चित स्तरों पर देखने को मिलती है। पहले स्तर का सम्बन्ध उसके उच्चारण से सम्बद्ध होने के कारण स्वनिक है और दूसरे स्तर का सम्बन्ध उसकी मनोवैज्ञानिक और प्रकार्यात्मक सिद्धि से सम्बद्ध होने के कारण स्वनिमिक है। स्वनिक (phonetic) स्तर, ध्वनि-विशेष की उच्चारणगत सत्ता की ओर संकेत करता है, जबकि स्वनिमिक (phonemic) स्तर, ध्वनि-विशेष के प्रकार्य (function) को व्यंजित करता है।

2.0 अंत्य स्थिति में अ-ध्वनि के उच्चारण के सम्बन्ध में विद्वान एकमत नहीं। कैलाशचंद्र भाटिया ने उसके स्वनिक पक्ष पर विचार करते हुए उसके उच्चारण की तीन कोटियाँ मानी हैं–

पहली कोटि : वे शब्द जिनके अंत में तुल्यस्थानीय दो व्यंजन-ध्वनियों का गुच्छ हो, जैसे–लम्ब, अंत, अङ्ग, मंच आदि। इस कोटि के शब्दों में अंत्य-अ की स्वनिक सत्ता देखने को नहीं मिलती।

दूसरी कोटि : वे शब्द जिनके अंत में भिन्न स्थानीय व्यंजन-ध्वनियों का गुच्छ हो, जैसे–'क्षुद्र, स्वप्न, अल्प, सर्प' आदि। इस स्थिति में अंत्य-अ को उस स्थिति में सुना जा सकता है जब शब्द को सँभलकर बोला जाए। सामान्य बोलचाल की गति या क्षिप्र वेग से बोलते समय इसका अस्तित्व नहीं दिखलाई पड़ता।

तीसरी कोटि : वे शब्द जिनके अंत में अर्द्ध स्वर के साथ व्यंजन-गुच्छ हो, जैसे–'कार्य, सर्व, आर्य' आदि। कुछ विद्वानों ने इसे स्वर न मानकर स्वरवत् ध्वनि अर्थात् राग (prosodic feature) के रूप में स्वीकार किया है। इस मत को

माननेवालों में विश्वनाथ प्रसाद का नाम लिया जा सकता है

3.0 वस्तुतः अंत्य-अ ध्वनि का प्रश्न उसके उच्चारण को लेकर उतना नहीं, जितना कि उसकी वास्तविक सत्ता को लेकर है। समस्या इस बात की है कि 'लेख, पाठ, उलझ, तड़प, मार' आदि शब्द अपने स्वनिमिक रूप में व्यंजनांत हैं या स्वरांत। अगर वे व्यंजनांत हैं तब अंत्य-अ ध्वनि की वहाँ सत्ता ही नहीं मानी जा सकती। पर अगर उन्हें स्वरांत माना जाए तब अंत्य-अ की पहले स्वनिमिक सत्ता माननी पड़ेगी और फिर उसकी स्वनिक औच्चारणिक प्रकृति पर प्रकाश डालना अपेक्षित होगा, अर्थात् स्वनिमिक सत्ता स्वीकार करने के बाद उसके लोप या अनुच्चारण का नियम देना होगा।

3.1 श्रीवास्तव का यह मत रहा है कि 'लेखक, पाठ, तड़प, मार' आदि शब्द अपने मूल स्वनिमिक स्तर पर स्वरांत हैं पर उच्चारण (स्वनिक) स्तर पर इन शब्दों के अंत में आनेवाले अ-स्वनिक का लोप हो जाता है। इस मत का विरोध करनेवालों में मंजरी ओ होला, नारंग, बेकर, पण्डित आदि विद्वान हैं। मंजरी ओ हाला ने हिंदी की स्वनिक-व्यवस्था पर लिखे अपने प्रबंध में यहाँ तक संकेत दिया है कि श्रीवास्तव के अंत्य-अ स्वनिम की सत्ता न केवल विवादास्पद और सारहीन है वरन् वह मात्र देवनागरी लिपि और वर्तनी के प्रभाव से उत्पन्न संकल्पना है। चूँकि हिंदी वर्तनी में परम्परा से शब्दांत में व्यंजन को बिना 'हलंत' के लिखने की रीति है, अतः अ-स्वनिक की सत्ता न होने पर भी श्रीवास्तव उसे मानने के लिए तत्पर दीखते हैं।

इन आक्षेपों एवं टिप्पणियों के संदर्भ में यह देख लेना अनुचित न होगा कि अंत्य-अ के मानने के पक्ष में वर्तनी या लेखन-व्यवस्था के अतिरिक्त भी कोई कारण है या नहीं ?

4.0 विचार के लिए निम्नलिखित तीन वर्गों के शब्दों पर ध्यान दें—

I वर्ग	लेख	लेखक
	पाठ	पाठक
	टंक	टंकक
II वर्ग	लेख	लेखन
	मन	मनन
	टंक	टंकण
III वर्ग	जल	जलज
	नीर	नीरज

ऊपर दिए गए शब्द-युग्मों में दूसरा उदाहरण पहले का व्युत्पन्न रूप है अर्थात् लेख से लेखक, लेखन और जल से जलज का निर्माण हुआ है। स्वभावतः यह

प्रश्न उठता है कि लेखक, लेखन और जलज में व्युत्पादक रूपिम का स्वनिमिक विवरण क्या है–+क, +न और +ज अथवा +अक, +अन और +अज। जो विद्वान इन्हें स्वरांत मानते हैं उनके लिए ये रूपिम +क, +न और +ज होंगे पर जो लेख, पाठ और टंक को व्यंजनांत स्वीकार करते हैं, यथा–लेख्, पाठ् और जल्, उनके लिए रूपिम की स्वनिमिक प्रकृति +अक, +अन और +अज होगी।

उदाहरण के लिए अवधी के घोड़ा-घोड़न और घर-घरन का विश्लेषण करते हुए उदयनारायण तिवारी निम्नलिखित निष्कर्ष पर पहुँचते हैं–

एकवचन	**बहुवचन**
घोड़ा	घोड़न (घोड़ा~घोड़+न)
घर	घरन (घर्+अन्)

उपर्युक्त उदाहरण में [न्] तथा [-अन्-] का वितरण इस प्रकार से प्रकट किया जा सकता है–

[-न्] स्वरांत पुल्लिग शब्दों के साथ।

किंतु [-अन्-] व्यंजनांत पुल्लिग शब्दों के साथ।

यह विश्लेषण अपने में असंगत है, क्योंकि अगर 'घोड़ा' का सहपद 'घोड्' है तब उसे व्यंजनांत मानना चाहिए और 'घोड़न्' का विश्लेषण भी घोड्+अन होना चाहिए था।

तीनों वर्गों में +अक, +अन होना और +अज न मानने का सर्वाधिक महत्त्वपूर्ण कारण यह है कि व्युत्पन्न शब्द संस्कृत से आए तत्सम शब्द हैं और संस्कृत भाषा के ये शब्द-रूप न केवल स्वरांत हैं वरन् प्रत्यय भी क्रमशः +क +न और +ज हैं।

4.1 पर जो तर्क यहाँ संस्कृत भाषा के शब्द-निर्माण के आधार पर दिया जा रहा है उसी का सहारा लेते हुए यह भी कहा जा सकता है कि 'लेखक, लेखन, जलज' जैसे उदाहरण तो संस्कृत भाषा के हैं। हिंदी ने उन्हें यथावत् अपना लिया है, अतः उनके आधार पर यह लिपि देना उचित नहीं कि अगर संस्कृत में 'लेख, जल' आदि शब्द स्वरांत हैं तो वे हिंदी में भी स्वरांत होंगे।

पर अगर हिंदी के ही अपने शब्दों की ओर ध्यान दें, तो भी हम शब्द-निर्माण की वैसी ही प्रक्रिया पाते हैं। नीचे दिए तीन वर्गों के शब्दों पर ध्यान दें–

IV वर्ग	चाल	चालक
	भार	भारक
	तार (ना)	तारक
V वर्ग	फिसल	फिसलन
	तड़प	तड़पन
	उलझ	उलझन

VI वर्ग	तुरप	तुरपत
	पटक	पटकत
	उलझ	उलझत
	तड़प	तड़पत

ऊपर दिए गए उदाहरण से स्पष्ट हो जाता है कि चालक, फिसलन और तुरपत, क्रमशः चाल, फिसल और तुरप से व्युत्पन्न हैं। समस्या यह है कि चाल, फिसल और तुरप को हम व्यंजनांत मानें या स्वरांत। चालक में जो प्रत्यय है उसका भी रूपिमिक प्रकार्य वही है जो लेखक में +क का अर्थात् वह कर्तृवाचक प्रत्यय है जो 'करनेवाला' के भाव का द्योतन करता है। हिंदी के अपने शब्दों में प्रयुक्त यह प्रत्यय रूपिम, हिंदी का अपना नहीं, वरन् संस्कृत से ही आया है। इस स्थिति में संस्कृत के संदर्भ में इसे +क और हिंदी के संदर्भ में +अक मानना अनुचित है।

इसी प्रकार बोलियों में +त प्रत्यय (VI वर्ग) की स्थिति भी इसी ओर संकेत दे रही है कि 'पटक, उलझ' आदि शब्द, स्वरांत हैं। लेख, जल की ही भाँति चाल, फिसल भी स्वरांत शब्द हैं जिनके उच्चारण में अ-लोप इसलिए हो जाता है कि वे शब्दांत हैं, पर जब वे शब्दांत की स्थिति में नहीं होते, यथा–चालक, फिसलन, तब स्वर-अ मुखर हो उठता है।

अंत्य-अ की सत्ता को स्वीकार कर शब्दों को स्वरांत मानने के अन्य कारणों में सर्वाधिक महत्त्वपूर्ण कारण हिंदी की अपनी ध्वनि-व्यवस्था है। ध्वनि-व्यवस्था न केवल स्वनिम एवं उनके अंतस्सम्बन्धों के आधार पर बनती है, बल्कि उस भाषा में जो स्वनिमिक नियम हैं उनके द्वारा भी नियंत्रित होती है।

उदाहरण के लिए हिंदी में 'अनुस्वार' की सत्ता को ही लें। नासिक्य व्यंजनों की चर्चा करते समय अन्यत्र यह दिखलाया जा चुका है कि वितरण की दृष्टि से अनुस्वार स्वर के बाद आता है और उसका परवर्ती स्वन या तो व्यंजन होता है या शून्य, यथा–दंत, पंडित और अहं (अहम्)। आर्की-स्वनिम के स्तर की यह इकाई (अर्थात् अनुस्वार), स्वनिक (उच्चारण) स्तर पर अगले व्यंजन का तुल्यस्थानिक रूप ग्रहण करता है, यथा–(दंत और पंडित) और अगर अंत्य स्थिति में हुआ तो वह अनिवार्यतः (म्) ,के रूप में उच्चरित होता है, यथा–अहं (अहम्)। दूसरे शब्दों में यह कहा जा सकता है कि अंत्य स्थिति में आनेवाले (म्) के बाद अगर व्यंजन से प्रारंभ होनेवाला कोई दूसरा शब्द आता है तो यह (म्), उस व्यंजन के उच्चारण-स्थान के अनुरूप अपना स्वरूप ग्रहण कर लेता है, यथा–

अहम्+ ता → अहंता
अहम्+कार → अहङ्कार
अहम्+भाव → अहम्भाव

5.1 जो स्थिति 'अहं' (अहम्) की है, वही स्थिति (सम्) रूपिम की है। चूँकि यहाँ भी अंत्य स्थिति में व्यंजनांत (म्) है, वह भी अपना रूप बदल लेता है, यथा–

	ताप	संताप
	निहित	सन्निहित
सम्+	गीत	=सङ्गीत
	लाप	सन्लाप–संल्लाप
	रचना	सन्रचना–संर्रचना

पर अगर 'सम' (बराबर), 'नाम' आदि शब्दों को भी हम व्यंजनांत मान लें, तब अनुस्वार सम्बन्धी ऊपर दिए गए नियम उस पर भी घटित होने चाहिए थे। पर ऐसा होता नहीं, यथा–

	ता	समता
	तल	समतल
	तुल्य	समतुल्य
सम+	नाम	=समनाम
	कोण	समकोण
	लेख	समलेख
	रूप	समरूप

प्रश्न यह है कि क्या कारण है कि उपसर्ग 'सम्' के साथ जब 'ताप' आता है वह 'सन्' (संताप) बन जाता है पर जब 'सम' के बाद +ता या तल, तुल्य आता है वह अपना रूप नहीं बदलता। इसका कारण यही है कि एक में शब्द 'म-कारांत' है और दूसरे में स्वरांत। अनुस्वार का नियम इसीलिए 'सम', 'काम' जैसे शब्दों पर लागू नहीं होता, क्योंकि उसके अंत में 'अ' की सत्ता है।

6.0 अनुस्वार के नियम के संदर्भ में विद्वान यह कह सकते हैं कि यह नियम तो संस्कृत भाषा का है और यह मात्र तत्सम शब्दों पर लागू होता है। अतः संस्कृत के आगत तत्सम शब्दों के अंत में 'अ' की सत्ता मान ली भी जाए तब भी हिंदी के अपने शब्दों की समस्या का उससे समाधान कहाँ हो पाता है।

इस संदर्भ में हिंदी के अपने शब्दों की प्रकृति के अनुरूप एक स्वनिमिक नियम पर ध्यान दें। हिंदी की मूर्धन्य उत्क्षिप्त ध्वनियाँ (ड़) और (ढ़) की समस्या के संदर्भ में यह संकेत दिया जा चुका है कि ड-ड़ या ढ-ढ़ के लिए एक आर्की-स्वनिम की सत्ता मानना आवश्यक है। यह आर्की-स्वनिम ही एक स्थिति में (ड) या (ढ़) के रूप में प्रतिफलित होता है और दूसरी स्थिति में (ड़) या (ढ़) के रूप में। नियम के रूप में यह संकेत दिया गया था कि अगर आर्की-स्वनिम दो स्वरों के बीच हो तब वह अनुनादित उत्क्षिप्त (ड़-ढ़) का रूप लेता है अन्यथा मूर्धन्य स्पर्श ध्वनि (ड-ढ़) के रूप में उच्चरित होता है, अर्थात–

```
              → [ड़]  :  दो स्वरों के बीच
| D |  <
              → [ड]   :  अन्यत्र
```

उदाहरण के लिए ऐसे शब्द लिए जा सकते हैं–

I	बुड्ढा	बूढ़ा
	गड्ढा	गढ़ा
II	पाण्डे	पाँड़े
	भोण्डा	भोंड़ा
III	ढाई	अढ़ाई
	डूबना	बूड़ना

6.1 ऊपर तीन वर्गों में दिए गए शब्दों पर ध्यान दें तो स्पष्ट हो जाता है कि अर्थ के धरातल पर ही न केवल वे एक हैं, बल्कि ध्वनि-संरचना के धरातल पर भी एक-दूसरे से सम्बद्ध हैं। केवल मूर्धन्य ध्वनियों का वितरण परिवेश भिन्न हो गया है, जिसके कारण ऊपर निर्देशित नियम के अनुसार एक में / D / मूर्धन्य स्पर्श ध्वनि के रूप में प्रतिफलित हुआ है और दूसरे में मूर्धन्य उत्क्षिप्त ध्वनि के रूप में।

अगर इनके साथ ही हम अंत्य स्थिति में उच्चरित होनेवाले मूर्धन्य उत्क्षिप्त स्वनों को लें, यथा–

कोड़, मोड़, पेड़, आदि

तब उनकी स्थिति को स्पष्ट करने की दो विधियाँ हो सकती हैं–या तो हम अपने पूर्व संकेतित नियम में परिवर्तन करते हुए यह कहें कि आर्की-स्वनिम / D / दो स्थितियों में मूर्धन्य उत्क्षिप्त ध्वनियों में प्रतिफलित होता है–

(क) दो स्वरों के बीच की स्थिति, और

(ख) अंत्य स्थिति

अथवा यह मानें कि मूर्धन्य उत्क्षिप्त ध्वनियों में प्रतिफलित होने का नियम 'दो स्वरों के बीच' ही लागू होता है पर / D / मूर्धन्य उत्क्षिप्त ध्वनि में प्रतिफलित इसलिए होता है कि 'कोड़, मोड़, पेड़' आदि शब्द मूलरूप में स्वरांत हैं।

6.2 किसी स्वनिमिक नियम को स्वीकार करने के साथ-साथ यह भी आवश्यक है कि उस नियम की सहज और स्वाभाविक प्रकृति पर प्रकाश डाला जाए। नियमों की स्वाभाविक प्रकृति (naturalness condition) को आज बहुत महत्त्व दिया जा रहा है। किसी भी वस्तु-स्थिति की व्याख्या किसी भी तरह से कर देना ही वैज्ञानिकों का काम नहीं है, वरन् उनका यह भी दायित्व है कि व्याख्या, जिन तथ्यों एवं प्रक्रियाओं के आधार पर की गई हो उसकी सहजता और स्वाभाविकता से भी वे हमें आश्वस्त करें। अस्वाभाविक एवं अप्राकृतिक स्वनिमिक

नियमों को न केवल अब शंका की दृष्टि से देखा जाने लगा है, बल्कि उन्हें ध्वनि-व्यवस्था से निकाल बाहर करने की भी चर्चा होने लगी है।

स्वाभाविकता के संदर्भ में अगर हम मूर्धन्य उत्क्षिप्त ध्वनियों के प्रतिफलन के नियम को देखें तो यह स्पष्ट हो जाता है कि मूर्धन्य स्पर्श ध्वनि जो (ड,ढ) अपनी प्रकृति में निरनुनादित और असंगीतात्मक है, उसे अनुनादित और संगीतात्मक बनाने (अर्थात् ड़, ढ़ में परिवर्तित करने) के लिए दो स्वरों की अनुनादिता और संगीतात्मकता की आवश्यकता है। यह स्थिति 6.0 वर्ग के उदाहरण से स्पष्ट हो जाता है। 'ढाई' और 'डूबना' में 'ढ्' और 'ड्' स्पर्श ध्वनि इसलिए देखते हैं कि इसका मात्र परवर्ती परिवेश स्वरात्मक है। पूर्ववर्ती तो 'शून्य' (अर्थात् अस्वरात्मक) ही है, यथा– इनका परिवेश # ——— V है। पर मूर्धन्य ध्वनियों का परिवेश जब V ——— V हो जाता है, यथा–अढ़ाई और बूड़ना, तब वही मूर्धन्य स्पर्श स्वन (ड और ढ) अनुनादित होकर (ड़ और ढ़) बन जाता है।

अगर अंत्य स्थिति में स्वर न मानकर 'कोड़, मोड़, पेड़' को हम व्यंजनांत मानें, यथा–कोड्, मोड् और पेड्। तब स्पर्श ध्वनि को सानुनादित उत्क्षिप्त में बदलने का परिवेश बहुत कुछ वही हो जाता है जो आदि स्थिति में दिखलाई पड़ता है, अर्थात्–

आदि स्थिति : # ——— V
अंत्य स्थिति : V ——— #

स्वाभाविक है, जब आदि स्थिति में मूर्धन्य स्पर्श ध्वनि को उत्क्षिप्त बनाने की क्षमता अगर परिवेश में नहीं है, अर्थात् एक स्वर की सानुनादिकता, अनुनादिकता के लक्षण को समीकृत (assimilate) करने की स्थिति में नहीं है तब वह अंत्य स्थिति में भी समान नहीं मानी जा सकती। अतः अगर दो विकल्पों में से किसी एक को चुनने का प्रश्न आता है तब सहजता और स्वाभाविकता के संदर्भ में यही कहा जा सकता है कि 'कोड़, मोड़ और पेड़' आदि मूलरूप में स्वरांत हैं और D को सानुनादित उत्क्षिप्त स्वन में प्रतिफलित करनेवाला वातावरण दो स्वरों का परिवेश, अर्थात् V ——— V है।

6.3 यहाँ इस ओर भी संकेत किया जा सकता है कि इधर विद्वानों ने शून्य (#) को एक अनुच्चरित अघोष ध्वनि के रूप में स्वीकार किया है, क्योंकि वाक्-पूर्व मौन की स्थिति में वाक्-यंत्र का उच्चारणात्मक रूप और आकार उसी प्रकार का हो जाता है जिस प्रकार का हम अघोष ध्वनियों में पाते हैं। इस आधार पर यह भी कहा जा सकता है कि–

(क) [# ——— V] समतुल्य है [अघोष स्वन——V]

और

(ख) [V —— #] समतुल्य है [V —— अघोष स्वन]

अगर हम 'हड्डी' और 'हाड़' का एक और उदाहरण लें और दूसरी ओर 'अण्ड' और 'अड़ (ना)' का, तो ऊपर दी गई व्याख्या के आधार पर यह तभी समझाया जा सकता है कि क्यों 'हड्डी' और 'अण्ड' में तो हम मूर्धन्य स्पर्श स्वन पाते हैं जो निरनुनादित है और क्यों 'हाड़' और 'अड़' में हम मूर्धन्य उत्क्षिप्त स्वन पाते हैं जो सानुनादित है, जब हम 'हाड़' और 'अड़' को स्वरांत मानें।

7.0 अगर स्वनिम-ह् और महाप्राणत्व के वितरण पर ध्यान दें तो यह कहा जा सकता है कि व्यंजन-गुच्छ 'ह्' उन स्थानों पर आता है जहाँ महाप्राणत्व नहीं आता और यह उन्हीं व्यंजनों के साथ गुच्छ बनाता है जिनका महाप्राण रूप नहीं होता (विस्तृत विवेचना के लिए देखिए– 'हिंदी में 'ह' ध्वनिग्राम और महाप्राण व्यंजन ध्वनियों की समस्या')। यह कहा जा सकता है कि हिंदी के शब्द मूल में अगर $C_1 C_2$– संरचना है तो C_2 की स्थिति में 'ह्' स्वनिम नहीं मिलता।

7.1 लेकिन नीचे दिए गए शब्दों पर ध्यान दें–

भुतहा	(भूत+हा)
छुतहा	(छूत+हा)
कटहा	(काट+हा)

अगर हम 'भूत, छूत, काट' शब्दों की अंत्य स्थिति में अ-की सत्ता नहीं मानते, तब न केवल यह हिंदी की ध्वनि-व्यवस्था के प्रतिकूल होगा वरन् त्+ह को 'महाप्राण' व्यंजन के रूप में भी उसे परिवर्तित कर उच्चारित करना पड़ेगा। पर ऐसा होता नहीं। शब्दांत पर अ-की सत्ता के कारण ही वस्तुतः यह स्वनिक स्तर पर व्यंजन+ह् के गुच्छ-रूप में हमें अ-लोप के नियम के साथ देखने को मिलता है।

ऊपर दिए गए तथ्य यह स्वयमेव स्पष्ट कर देते हैं कि मेरी यह मान्यता कि हिंदी के लेख, पाठ, उलझ, तड़प, कोड़, मोड़ आदि शब्द स्वरांत हैं और वह इसलिए नहीं कि परम्परा से हम उन्हें बिना हलंत लिखते आए हैं, बल्कि इसलिए कि हिंदी की ध्वनि-व्यवस्था यह संकेत देती है कि उन्हें स्वरांत माना जाए।

6

'देवनागरी' के पक्ष में उसकी मात्रा-व्यवस्था का अनुशीलन

सभी वाङ्मीमांसकों तथा भाषाविदों ने सम्प्रति भारत में प्राप्त लेखन-पद्धतियों पर अपने विचार एवं तर्क प्रस्तुत किए हैं, जिनमें 'देवनागरी' भी एक है। यह भी एक उल्लेखनीय तथ्य है कि देवनागरी लिपि की लेखन-व्यवस्था ने भारतीय एवं पाश्चात्य विद्वानों को सदैव चिंतन व अध्ययन के लिए प्रेरित किया है। इनमें ऐसे विद्वानों की भी कमी नहीं है जो 'देवनागरी' को मानव-मस्तिष्क की महती उपज के रूप में रेखांकित करते हैं। मोनियर विलियम्स (1859) का तो यहाँ तक कहना है कि यदि सम्पूर्णता में देखा जाय तो यह लिपि प्रत्येक वर्ण के स्तर पर सर्वाधिक पूर्ण एवं व्यवस्थित है। यदि देवनागरी में कोई दोष है तो यह कि यह दोष-रहित है, आज के उपयोगितावादी युग में सभी व्यावहारिक प्रयोजनों के लिए यह सर्वाधिक पूर्ण लिपि है। इसी प्रकार का गौरव देते हुए लैम्बर्ट (1953) तथा पोरिज़्का (1963) देवनागरी को नियमबद्धता एवं स्पष्टता के धरातल पर विश्व की अन्य सभी उपलब्ध लिपियों की तुलना में श्रेष्ठ मानते हैं।

इस प्रकार की सराहना वास्तव में अतुलनीय है परंतु इनके साथ-साथ हमें उन आलोचनाओं को भी देखना चाहिए जिन्हें देवनागरी के संदर्भ में देशी-विदेशी विद्वानों ने प्रस्तुत किया है। इन आलोचनाओं का दायरा क्षुद्र आलोचना से लेकर अति तकनीकी आलोचना तक विस्तृत है। एडवर्ड (1858) तथा मदन गोपल (1959) को 'देवनागरी' इसलिए दोषपूर्ण लगती है कि यह लैटिन की तुलना में दुगुनी तथा पर्शियन कि तुलना में दुगुनी से भी अधिक लंबी (long) लिपि है, जिसके कारण इसे लिखने तथा पढ़ने में भी दुगुने से अधिक समय लगता है। जबकि डेफ़ (1834) इस आधार पर इसे दोषपूर्ण सिद्ध करते हैं कि इसमें रोमन लिपि की भाँति बड़े (capital) तथा छोटे (non-capital) अक्षरों की व्यवस्था तथा लिखित एवं टंकित स्तर का भेद नहीं है।

'देवनागरी' के संदर्भ में आलोचनाओं का स्तर मूलतः उसकी स्वर-प्रस्तुति पर केंद्रित रहा है, जिनका समाधान देने का प्रयत्न इस प्रपत्र द्वारा किया जाएगा। आलोचनाओं के प्रमुख प्रकार निम्नलिखित हैं–

1. व्यंजन वर्णों में अंतर्भुक्त स्वर /अ/ के लिए उपचिह्न का अभाव–इस संदर्भ में टर्नर (1931) का यह कहना है कि देवनागरी लिपि का मूल दोष यह है कि इसमें जब तक संकेतित न किया जाय तब तक प्रत्येक व्यंजन वर्ण के साथ स्वर /अ/ को संयुक्त समझा जाता है और इस प्रकार व्यंजन की मूल प्रकृति अपने स्वाभाविक लेखन से च्युत हो जाती है, जहाँ एक साधारण प्रतीक प्रकार्य की दृष्टि से भिन्न एक वाक् स्वन का प्रतिनिधित्व करता है।

2. दुहरे अभिलक्षणों की उपस्थिति–चैटर्जी (1960) ने देवनागरी लिपि की आलोचना इस धरातल पर की है कि इसके प्रत्येक स्वर-व्यंजन-लेखिम दो रूपों में विभाजित हैं–एक मूल तथा दूसरा गौण। स्वरों के मूल रूप इस लिपि में तभी प्रयुक्त होते हैं जब स्वर स्वयं एक अक्षर बनाता है या जब वह किसी पूर्ववर्ती व्यंजन से सम्बद्ध नहीं होता। इस लिपि में जब एक स्वर एक व्यंजन से संयुक्त होता है तब गौण रूप (मात्रा) का निर्माण होता है। इस प्रकार एक ही स्वन (sound) की दो प्रस्तुतियाँ अनेक विद्वानों की दृष्टि में अमितव्ययी और बोझिल सिद्ध होती हैं।

3. गौण स्वर-प्रतीकों की सार्वत्रिक सम्बद्धता–कई विद्वानों को स्वर-प्रतीकों एवं व्यंजन-गुच्छों की सम्बद्धता देवनागरी लिपि के संदर्भ में अवैज्ञानिक ही नहीं अपनी प्रकृति में विषम भी लगती है। ऊपर से नीचे तथा दायें से बायें व्यंजन-स्वरों का संयोजन इन विद्वानों की दृष्टि में लेखन-व्यवस्था सीखने में तो कठिनाई उत्पन्न करता ही है, साथ ही मुद्रण की दृष्टि से भी उन्हें यह एक जटिल व्यवस्था लगती है जो अधिक समय लेती है और अधिक खर्चीली भी है।

4. कुछ गौण स्वर-प्रतीकों का अवैज्ञानिक अनुक्रम–मोनियर विलियम्स (1859) देवनागरी में स्वर-वर्णिम <इ>=<ि> के मात्रा अनुक्रम में दोष देखते हुए यह मत प्रकट करते हैं कि यह उच्चार के धरातल पर तो /cv/ की स्थिति में रहता है जबकि देवनागरी इसे /vc/ के प्रस्तुत करती है, जैसे /ki/ का प्रस्तुतीकरण <कि> के रूप में करना।

5. मूल परंतु आवश्यक वर्णों का धारण–डफ़ (1834) का इस संदर्भ में यह तर्क है कि देवनागरी में साधारण जिह्वीय स्वर /ṛ/ के लिए <ऋ> वर्ण या जिह्वीय ऊष्म /Ṣ/ के लिए <ष> वर्ण पूर्णतः अनावश्यक हैं क्योंकि ये दोनों ही अप्रचलित या लुप्त स्वन हैं, फिर भी देवनागरी लिपि तथा आधुनिक भारतीय भाषाओं की वर्तनी में इनका अस्तित्व बना हुआ है।

इसके पहले कि उपरोक्त आलोचनाओं-प्रत्यालोचनाओं पर टिप्पणी की जाय,

देवनागरी के पक्ष में विशेष रूप से उसकी मात्रा-व्यवस्था के संदर्भ में चर्चा की जाय जो विभिन्न स्वर-वाक् उच्चारों का प्रतिनिधित्व करती है या देवनागरी में अंतर्भुक्त स्वर /अ/ के प्रयोग को व्याख्यायित किया जाय; यह अनिवार्य एवं उपयोगी लगता है कि लेखन-व्यवस्थाओं के विकास तथा वाक्, लेखन एवं भाषा के सहसम्बन्धों पर एक दृष्टि डाली जाय। सामान्य धरातल पर देखने से ही यह स्पष्ट हो जाता है कि भाषाविद् भाषायी संरचना के विश्लेषण एवं विवरण के संदर्भ में वाक् की प्रमुखता के प्रति इतने अनुरक्त रहे हैं कि उनकी दृष्टि में वाक् या भाषा की उच्चरित सिद्धि 'भाषा' का ही पर्याय बन गई है। यही कारण है कि विद्वानों में लेखन को उच्चारण द्वारा पहचानने की सामान्य प्रवृत्ति हमें सर्वदा दिखाई देती है। यह प्रवृत्ति उन उक्तियों द्वारा प्रमाणित भी होती है जिनमें यह कहा जाता है कि लेखन वाक् को लिपिबद्ध करने का एक साधन या उसे प्रस्तुत करने का एक औजार है। ब्लूमफ़ील्ड (1933) लेखन को वाक् की तुलना में इस तर्क द्वारा गौण सिद्ध करते हैं कि लेखन क्योंकि वाक् को लिपिबद्ध करने का एक साधन है अतः वह वाक् से व्युत्पन्न है। इस तथ्य के परिप्रेक्ष्य में भी कि 'कई ऐसी भाषाएँ हैं जिनकी कोई लेखन-व्यवस्था विकसित नहीं हो पाई है' इस तर्क को बल दिया जाता रहा है कि लेखन भाषा के लिए एक वैकल्पिक उपांग मात्र है। इस मत के विद्वान यह मानते हैं कि वाक् का अधिगम भी सर्वप्रथम होता है और इसका सीखना भी स्वतः एवं स्वाभाविक ढंग से होता है जबकि लेखन के साथ ऐसा नहीं है। इस मत के परिप्रेक्ष्य में भाषा तथा उसकी अभिव्यक्ति के दो माध्यमों, यथा–वाक् एवं लेखन के सम्बन्धों की प्रस्तुति निम्नांकित ढंग से की जा सकती है :

भाषा ⟷ वाक् ⟷ लेखन

उपरोक्त दृष्टिकोण वास्तविकता से कोसों दूर है, क्योंकि लेखन न तो वाक् का स्थानापन्न है और न ही यह भाषा के उच्चरित विकल्प का प्रामाणिक प्रतिनिधित्व करनेवाला है। वाक् की प्रमुखता अपनी प्रकृति में केवल व्यक्तिवृत्तात्मक (ontogenetic) है। इस ऐतिहासिक तथ्य से कभी भी इंकार नहीं किया जा सकता कि मानव जाति के इतिहास के संदर्भ में लेखन काफ़ी बाद में की गई सांस्कृतिक खोज है और यह भी एक अकाट्य तथ्य है कि मानव जीवन के इतिहास में लेखन-कौशल का विकास उच्चारण-क्षमता के बाद ही होता है। परंतु इन दोनों तथ्यों से महत्त्वपूर्ण तथ्य यह है कि लेखन-व्यवस्था की खोज के पीछे मूलधारणा लेखन द्वारा वाक् को अतिरिक्त व्यवस्था प्रदान करने की थी न कि लेखन द्वारा वाक् को प्रतिस्थापित करने की। अतः हमें अपना वैचारिक धरातल उस ओर भी ले जाना चाहिए जहाँ सामाजिक संस्थाओं के प्रगतिपरक विकास के बीच एक

समय ऐसा भी आता है जब सम्प्रेषण का मौखिक माध्यम भाषायी सम्प्रेषण की सभी माँगों को पूरा करने में असमर्थ होने लगता है (जेनेसन, 1970)। इस बात को साक्षर समाज में रहनेवाले व्यक्तियों के जीवन-इतिहास के संदर्भ में हैलिडे (1978) भी मानते हैं। यही कारण है कि किसी व्यक्ति की अनुपस्थिति में हम उसके वाक् चित्र के स्थान पर उसके हस्ताक्षर प्रस्तुत करते हैं और दूर-दूर अपने संदेश भेजने में भी हम लेखन-माध्यम को अपनाते हैं, इसीलिए अपने संदेश हम पत्रों में लिखकर भेजते हैं न कि टेपांकित करके (श्रीवास्तव, गुप्ता, 1983)।

प्रकार्य के धरातल पर आधारित लेखन के प्रति उपरोक्त दृष्टिकोण इस मत को प्रोत्साहित करता है कि उच्चरित (शब्द) एवं लिखित (शब्द) का अस्तित्व भिन्न होते हुए भी दोनों एक ही भाषिक इकाई (रूप) की अभिव्यक्तियाँ हैं। इनका सहसम्बन्ध केवल इसीलिए निर्मित नहीं होता कि ये एक-दूसरे को प्रतिबिम्बित करती हैं, बल्कि इसलिए होता है कि दोनों एक भाषिक इकाई को यथार्थता प्रदान करती हैं। इस दृष्टिकोण को रेखांकन द्वारा इस प्रकार प्रस्तुत किया जा सकता है :

यह दृष्टिकोण निम्नलिखित तथ्यों को और भी स्पष्ट करता है–

(1) लेखन किसी प्रकार के दृश्य-प्रतीक का प्रयोग नहीं है जिसका चुनाव किसी भी संदेश के सम्प्रेषण के लिए किया जाता है। जब तक ये प्रतीक चक्करदार (de-tour) भाषा की सूचनाओं को सम्प्रेषित नहीं करते, तब तक इन्हें लेखन-व्यवस्था का अंग नहीं माना जा सकता–लेखन, भाषा की समरूप-सीमारेखा (isomorph) का एक उदाहरण है (चाओ, 1968 : 194)। इसीलिए अर्थविज्ञान चित्रलेख (pictogram) एवं शब्दचिह्न (logogram : दृश्य-प्रतीक जो शब्दों के स्थान पर प्रयुक्त होते हैं) को लेखन-व्यवस्था के तत्त्व के रूप में स्वीकार करता है परंतु सड़कों पर दिए गए संकेत-संदेशों–'जहरीला' या 'खतरा' को लेखन नहीं स्वीकार करता।

(2) लेखन-व्यवस्था के विकास में हमें एक निश्चित अनुक्रम एवं क्रमबद्धता दिखाई देती है। इस विकास की दिशा अर्थसूचक लिपि (संकल्पनाओं का लेखन) से शब्दचिह्न लेखन (शब्दों या रूपिमों का लेखन) की ओर होती हुई फ़ोनोग्राफी (आक्षरिक या स्वनिमिक वर्णमाला) तक जाती है। विकास एवं दिशा की यह प्रगति इस तथ्य को भी प्रमाणित करती है कि अपनी विकास-प्रक्रिया में लेखन-व्यवस्था दृश्य-प्रतीकों के सदंर्भ में तथा उस अर्थ के संदर्भ में जिनके लिए प्रतीक प्रयुक्त होते हैं, अधिकाधिक अमूर्त होती चली गई है (गेल्व, 1952)। यह लेखन-व्यवस्था

एवं लिपि के विकास एवं दिशा का वह संदर्भ है जिसके विपरीत लेखन-व्यवस्था के इतिहास में कोई अन्य अनुक्रम नहीं मिलता।

(3) क्रम दो में उल्लिखित लेखन-व्यवस्था का नियमबद्ध विकास अमूर्त अर्थ को कम-से-कम दृश्य-प्रतीकों के द्वारा प्रस्तुत करने की क्षमता बढ़ाता है। इस तथ्य को किसी लेखन-व्यवस्था की योग्यता-अयोग्यता पर टिप्पणी करने के दृष्टिकोण से नहीं देखना चाहिए। क्षमता का यह विकास इस बात के कारण होता है कि प्रतीक-व्यवस्था के रूप में लेखन-व्यवस्था में तार्किक क्षमता होती है जिसके आधार पर उसकी उपयोगिता एवं सीखने की प्रक्रिया में सार्थक अनुपात बनता है। हमें यह भी ध्यान रखना चाहिए कि लेखन हमें वे प्रतीक प्रदान करता है जिनका घनिष्ठ सम्बन्ध प्राकृतिक भाषा की इकाइयों से होता है। विभिन्न भाषिक इकाइयों, यथा–शब्द, रूपिम, अक्षर, स्वनिम के प्रतीकों का चुनाव उस भाषा की प्रकृति एवं संरचना पर आश्रित होता है, जिसके लिए लेखन-व्यवस्था अपनाई जाती है। इस संदर्भ में उस बात की चर्चा यहाँ अतिसमीचीन होगी, जिसका उल्लेख करते हुए फर्थ (1957) कहते हैं कि "किसी भी अक्षर (letter) में ऐसा अंतर्भुक्त गुण नहीं होता जो उसे अंतर्भुक्ति के धरातल पर दूसरे अक्षर से उत्तम सिद्ध कर सके। अक्षर की योग्यता-अयोग्यता का आधार मात्र यही हो सकता है कि वह किसी भाषा-विशेष के संदर्भ में किस प्रयोजन को सिद्ध कर रहा है, और प्रत्येक भाषा अपने लिए विशिष्ट लेखन-व्यवस्था का चयन करती है।"

चर्चा के इस धरातल पर पहुँचने के बाद हमें इस बिंदु की ओर भी ध्यान देना चाहिए कि लेखिमविज्ञान (लिपि-व्यवस्था) तथा वर्तनी (मात्रा-व्यवस्था) में अनिवार्यतः भेद होता है। लेखिमविज्ञान का सम्बन्ध लेखिमों तथा उनके विकल्पों से होता है, जिसे Linearization की योजना भी कहा जा सकता है, जैस–ऊपर से नीचे, बायें से दायें, दायें से बायें इत्यादि तथा यह सुलेख (calligraphy) के प्रश्न से भी जुड़ा रहता है। जिस प्रकार उच्चरित-श्रव्य-सम्प्रेषण-व्यवस्था में कोई भी वाक् स्वन स्वयं में कोई प्रासंगिकता नहीं रखता, उसी प्रकार किसी भी लेखिम-प्रतीक की स्वयं में कोई प्रासंगिकता नहीं होती; इसकी प्रासंगिकता तभी उद्‌घाटित होती है जब यह किसी भाषा विशेष की वर्तनी-व्यवस्था का अंग बन जाता है।

सामान्यतः हम उच्चरित तथा लिखित शब्द के बीच या स्वनिम तथा लेखिम के बीच के संवादों (correspondences) पर जो चर्चा करते हैं, उसमें उस भाषा के वर्णविकासक्रमी नियमों (orthographic rules) पर बहुत ध्यान नहीं देते। यह संकेत सदैव दिया जाता रहा है कि मुख्य तीन संवादों–एक से एक (फ़िनिश), एक-से-अनेक (फ्रेंच) तथा अनेक-से-अनेक (अंग्रेजी) में से एक-से-एक का संवाद अधिक सरल एवं नियमित होता है जिसे सीखना भी अन्य संवादों की तुलना में

सहज होता है (चाओ, 1968)। इस प्रकार की चर्चा लेखिम एवं स्वनिम के बीच सामान्य संवादों के परिप्रेक्ष्य में ही प्रारम्भ हुई। लेकिन इसके अतिरिक्त भी लेखन भाषा-व्यवस्था के अनेक अन्य स्तरों पर भी कार्य करता है। उदाहरण के लिए, यह भाषा के रूपस्वनिमिक (morphophonemic) एवं रूपस्वनिमिकी (morphemic) जैसे संरचनात्मक स्तरों को भी व्यक्त कर सकता है। यदि हम अंग्रेजी भाषा की वर्तनी को वाक् तथा लेखन की समाकृति में देखें तो अंग्रेजी की मात्रा-व्यवस्था हमें अत्यंत अनियमित दिखाई देगी, जबकि चॉम्स्की तथा हाले (1968) का यह कहना है कि यदि अंग्रेजी की मात्रा-व्यवस्था को अधिक अमूर्त दृष्टि से देखते हुए (रूपस्वनिमिक क्रम के संदर्भ में) विश्लेषित किया जाय तो यह स्पष्ट हो जाता है कि वह अत्यंत नियमित एवं क्रमबद्ध है।

यहाँ हमें यह भी देखना चाहिए कि वर्तनी के धरातल पर शब्दों को दो प्रकार से प्रस्तुत किया जाता है–एक तो शाब्दिक धरातल पर और दूसरे स्वनिक धरातल पर (केरोल चॉम्स्की, 1970)। अंग्रेजी के अनेक शब्द-युग्मों, यथा–devine-divinity या read-read (भूतकालिक)- reading में लिपि सिद्धांत शाब्दिक-अस्मिता से युक्त हैं। भाषायी इकाइयों अर्थात् शब्दों को शब्दचिह्न लेखन के सिद्धांत के आधार पर लिखना कई दृष्टियों से लाभदायक है, अर्थात् वर्तनी की दृष्टि से उन समान शब्दों या रूपिमों को शब्दकोश में रखना जिनके अर्थ समान हों। यह पद्धति एक ओर तो शिक्षार्थी के लिए उस दृष्टि से उपयोगी है कि वह शब्दिम (lexeme) एवं उसके अर्थ में सहसम्बन्ध स्थापित कर पाता है और दूसरी ओर इसके द्वारा प्रयोक्ता अपने रूपस्वनिमिकी एवं ध्वन्यात्मक नियमों के ज्ञान को उच्चारण के स्तर पर सुधारता भी चलता है। अतः हमें यह सदैव ध्यान में रखना चाहिए कि लेखन मुख्यतः पाठन के लिए है, जिसका उद्देश्य छपी हुई सामग्री से अर्थ निकालना है और गौणतः सस्वर उच्चारण के लिए है, जिसका उद्देश्य छपी सामग्री को ध्वनि में डिकोड करना है। जैसाकि रोज़िन एवं ग्लीटमैन (1977) ने यह संकेतित किया है कि निरर्थक पाठ के पाठन में पाठक एक मिनट में 100 इकाइयों का मौखिक पाठन कर पाता है, जबकि वास्तविक अंग्रेजी पाठ के मौखिक पाठन में यह संख्या 250 शब्द प्रति मिनट तक पहुँच जाती है। इसका तात्पर्य यह हुआ कि भाषा रूपों में निहित अर्थवत्ता या साभिप्रायता डिकोडिंग की प्रक्रिया को गति प्रदान करती है।

दृश्य-प्रतीकों का अंकित अंगविक्षेप (inscribed gesture) के रूप में प्रकार्य हमारे भाषा-व्यवहार का मुख्य अंग है, विशेषतः लिखित-सम्प्रेषण माध्यम में इनका महत्त्व अधिक है। वास्तव में ये अंकित अंगविक्षेप उच्चरित भाषा के श्रव्य-संकेतों के समान ही प्रकार्य करते हैं। विद्वानों ने किसी भी लेखन-व्यवस्था के संदर्भ में इनकी वैकल्पिक संख्या एवं सक्रिय आकार की व्यापक चर्चा की है। इस संदर्भ

में एक और अत्यन्त महत्त्वपूर्ण प्रश्न अनुत्तरित रह गया है कि लेखन का उद्देश्य क्या है ? हम पहले ही इस बात से अपना विरोध प्रकट कर चुके हैं कि लेखन वाक् को लिपिबद्ध करने का एक साधन है। अतः हमें लिखित भाषा की इकाइयों तथा उच्चरित भाषा की इकाइयों में तत्त्वतः समानता नहीं मिल सकती। लेखन-व्यवस्था के प्राथमिक चरणों में हमें यह स्पष्ट दिखाई देता है कि लेखन को उच्चरित विकल्पों का दयनीय प्रतिबिम्ब बना दिया गया था, जबकि लेखन अपनी प्रकृति में भाषा-समरूप सीमारेखा है। अतः उसके लिए यह अनिवार्य है कि वह अपनी प्रतीक-व्यवस्था के संदर्भ में भाषिक इकाइयाँ स्वयं निर्मित करे।

विद्वानों का एक वर्ग यह मानता है कि लेखन का उद्देश्य भाषा के प्रत्येक शब्द के लिए स्पष्ट प्रतीक प्रदान करना है (एबरक्रोम्बी, 1965 : 88)। तब क्या इसका तात्पर्य यह समझा जाय कि शब्दचिह्न-लेखन अन्य लेखन-माध्यमों से इस आधार पर श्रेष्ठ है कि उसका लक्ष्य शब्दों को प्रतीकीकृत करना है ? हमें यह भी ध्यान रखना चाहिए कि लेखन संदेश-सम्प्रेषण का मात्र एक साधन है, अपने में कोई अंतिम व्यवस्था नहीं; अतः हमारे लिए लेखन की समस्याओं से सम्बद्ध उन प्रश्नों से बच पाना असम्भव है जो उसके संकेत-प्रयोग-विज्ञान (pragmatics) से जुड़े हुए हैं। वाक् के लिए दृश्य-प्रतीकों की व्यवस्था निर्मित करने में 'भविष्य के लिए सुविधा' और 'प्रयोग' ही सच्चे मार्गदर्शन सिद्ध हो सकते हैं न कि अमूर्त तार्किक-नियम (एबरक्रोम्बी, 1965 : 90)। अतः लेखन एकसाथ सिद्धांत एवं व्यवहार से जुड़ी हुई संकल्पना है।

सैद्धांतिक एवं संक्रियात्मक धरातल पर लेखन की वस्तु (object) शब्द है, क्योंकि शब्द भाषा के लघुतम सार्थक (स्वतंत्र) रूप होते हैं। लेकिन एक बार जब शब्द लेखन की वस्तु बन जाते हैं तो वे विभिन्न प्रकार की जटिलताओं के जनक बनने लगते हैं। सर्वप्रथम तो उन्हें असंख्य प्रतीकों की आवश्यकता होती है और प्रतीकों की यह संख्या उसके प्रयोक्ता की न्यून स्मृति (short term memory) पर दबाव डालने लगती है। ऐसी स्थिति में केवल एक विकल्प रह जाता है कि हम उन अधिक संचालनीय (manageable) इकाइयों/रचनाओं की ओर ही ध्यान दें जिनका प्रयोग शब्दों को पहचानने एवं प्रस्तुत करने में अधिक उर्वर सिद्ध हो सके। क्योंकि शब्दार्थ व्याकरणिक-सत्ता (lexico-grammatical entities) के रूप में शब्द को और अधिक छोटी इकाइयों में विभक्त नहीं किया जा सकता (रूपिम की स्थिति को छोड़कर, जो इस समस्या के समाधान में कतई सहायक नहीं हो सकता)। अतः यह निष्कर्ष निकाला गया कि भाषा संगठनों के अन्य स्तरों की इकाइयाँ इस दृष्टि से अधिक सुविधाजनक हैं। लेखन-व्यवस्था में शब्द-चिह्न-लेखन से लेकर फोनोग्राफ़ी तक का आंदोलन इसी संकेत-प्रयोग-विज्ञान द्वारा प्रेरित है न कि उच्चरित भाषा को लिखित भाषा के समतुल्य एवं प्रतिरूप मानने के द्वारा।

इस चर्चा में इस तथ्य से दृष्टि नहीं हटानी चाहिए कि शब्द-चिह्न-लेखन से फ़ोनोग्राफी तक की प्रक्रिया लेखन के उद्देश्य में परिवर्तन की प्रक्रिया नहीं है। लेखन की लघु इकाइयाँ मात्र वे तत्त्व हैं, जिनका प्रयोग मिश्र-शब्द-प्रतीकों की निर्माण-प्रक्रिया में एक औजार के रूप में किया जाता है। अक्षर या अन्य लेखिम स्वयं में सिद्ध नहीं होते, उनका प्रकार्य किसी भाषा के शब्दों को श्रेणीबद्ध करने एवं पहचानने में ही सिद्ध होता है। एक अन्य तथ्य को भी यहाँ रेखांकित करना अनिवार्य है। एक 'शब्द' 'भाषा' की इकाई होता है, अतः 'लिखित शब्द' उसी प्रकार लिखित-सम्प्रेषण-व्यवस्था की एक इकाई है जिस प्रकार उच्चरित-मौखिक-व्यवहार के लिए 'उच्चरित शब्द'।

स्वन प्रभावित (sound stream) लिपि (phonography) में हमें दो भिन्न प्रकार की लेखन-व्यवस्था मिलती है–अक्षरमाला तथा वर्णमाला। इन दोनों व्यवस्थाओं में स्वनिम के बराबर स्वन-प्रभाववाले प्रतीकों को अधिक विश्लेषणात्मक और किफ़ायती माना जाता है। वर्णमाला-लिपि के समर्थक विद्वानों के अनुसार लेखन-व्यवस्था के प्रत्येक चरण पर दृश्य-प्रतीकों की संख्या कम होती जाती है और वर्णमाला किसी भाषा के प्रकार्यात्मक तत्त्वों (स्वनिमों) को सही संख्या में प्रतीकबद्ध कर पाती है। किसी भी भाषा में शब्दों की संख्या अभिव्यक्त विचारों की संख्या की तुलना में सीमित होती है और क्योंकि भाषाओं में अक्षरों की संख्या उनके शब्दों की संख्या से कम होती है, अतः अर्थसूचक लिपि से शब्द-चिह्न-लेखन की प्रक्रिया और इसके बाद फ़ोनोग्राफ़ी को संकेतों की मितव्ययिता के संदर्भ में एक गुण माना गया है। फ़ोनोग्राफ़ी में वर्णमाला-लिपि को इस आधार पर श्रेष्ठ माना गया कि किसी भी भाषा में स्वरों एवं व्यंजनों को रेखांकित करनेवाले स्वनिमों की संख्या उस भाषा के अक्षरों की संख्या की तुलना में कम होती है।

उपरोक्त मतों से यह निश्चित आभास होने लगता है कि लेखन-व्यवस्था के विकासक्रम को परखते समय हम अपने तर्कों को मितव्ययिता के सिद्धांत पर अधिक आश्रित करते रहे हैं, जबकि लेखन-व्यवस्था के संदर्भ में अन्य अनेक ऐसे सहयोगी पक्ष हैं जो उसे अधिक सक्षम बनाते हैं। अतः हमें यह भी ध्यान में रखना होगा कि एक ओर जहाँ विकास के प्रत्येक स्तर पर लिपि में प्रतीकों की संख्या घटती है, वहीं दूसरी ओर प्रतीक एवं अर्थ के अमूर्त सम्बन्धों की संख्या बढ़ती भी है। यह सत्य है कि दृश्य-प्रतीकों की संख्या में कमी Long term memory के अतिरिक्त बोझ को कम करती है, परंतु यह भी सत्य है कि वह पाठ को रिकार्डिंग की जटिलता को बोध (cognition) एवं ग्रहण (perception) के धरातल पर बढ़ाती है।

यहाँ इस तथ्य पर भी बल देने की आवश्यकता है कि लेखिमविज्ञान के वास्तविक अक्षरमाला सिद्धांत (syllabary principle) का तात्पर्य ही यह है कि

उसमें प्रत्येक अक्षर के लिए भिन्न दृश्य-प्रतीक हों। यहाँ तक कि जिन भाषाओं की आक्षरिक-संरचना अति सामान्य (cv) होती है, उसमें भी प्रत्येक स्वर-व्यंजन के सम्भावित वर्ग के लिए भिन्न प्रतीक अनिवार्य हैं। वास्तविकता तो यह है कि अक्षरमाला पर आधारित लेखन-व्यवस्था में सभी सम्भावित अक्षरों के लिए पूरे प्रतीक-प्रतिनिधि मिलते ही नहीं। उदाहरण के लिए जापानी भाषा की सूची में प्रतीक के धरातल पर पचास अभिलक्षण हैं। यहूदी भाषा के अभिलक्षण वैसे तो आक्षरिक सिद्धांत पर आधारित हैं, परंतु वे व्यंजनाश्रित अधिक हैं। उदाहरण के लिए उसका **Beth** अभिलक्षण **bi, be, bu, bo, ba** आक्षरिक प्रतीकों को व्यक्त करता है जो जापानी भाषा में पाँच भिन्न-भिन्न अभिलक्षणों द्वारा अभिव्यक्त किए जाते हैं। स्वरों का अपूर्ण प्रतिनिधित्व प्रतीकों की संख्या में कमी की दृष्टि से लाभप्रद सिद्ध होता है। इस लाभ को यदि लेखन एवं पाठन कौशल से जोड़कर देखा जाय तो यह स्पष्ट होता है कि भाषा, स्वरों को बिना किसी प्रकार की द्विअर्थिता के विश्लेषण करने के लिए स्वयं प्रयत्नशील रहती है। उन स्वरों का प्रयोग सामान्य लेखन में नहीं किया जाता जो पूर्ण आक्षरिक प्रतिनिधित्व के अभाव में भी बोधगम्य होते हैं, जैसे—***ngl *sh w*b b * *nt*ll*g*bl wh*n sp*lt w*th n* th* ng b* t c* ns* n * nts** (चाओ, 1968 : 106)। इसका सामान्य अर्थ यह है कि आक्षरिक सिद्धांतों पर आधारित लेखन के दृश्य-प्रतीकों को घटाने या कम करने के अपने-अपने तरीके होते हैं।

इस बात पर भी तर्क प्रस्तुत किया जा सकता है कि क्योंकि अक्षर एवं स्वनिम दोनों ही अभिव्यक्ति (signifier) के स्तर पर भाषा संगठन की प्रकार्यात्मक इकाइयाँ होती हैं। अतः दोनों समान धरातल पर अर्थ से दूर होती हैं। यदि ऐसी स्थिति की कल्पना की जाय जिसमें लिखित प्रतीक तथा अर्थ के सम्बन्धों की अमूर्तता उन दोनों ही स्थितियों में समान हो, चाहे ये प्रतीक अक्षर के लिए प्रयुक्त हों चाहे स्वनिम के लिए तथा उस स्थिति की भी कल्पना की जाए जिसमें लिखित प्रतीकों की संख्या घटाकर स्वनिम-प्रतीकों की संख्या के बराबर कर दी गई हो, तब हम आक्षरिक और वर्णमाला में से किस लेखन-व्यवस्था के पक्ष में अपना मत देंगे ? इस प्रकार के प्रश्नों का उत्तर निश्चित ही बाह्य भाषाविज्ञान (extra linguistics) के संदर्भ में नहीं दिया जा सकता; या तो हमें यह कहना पड़ेगा कि इनमें से एक इसलिए उत्तम है क्योंकि यह स्वनिक सामग्री के धरातल पर दूसरे से अधिक मुख्य एवं प्राथमिक है। अतः लेखिम के आधार रूप में (signifier dimension) हमें इसी का पक्ष लेना चाहिए; या हमें यह कहना पड़ेगा कि इनमें से एक इकाई क्योंकि अभिव्यक्ति के धरातल पर किसी भाषा के आर्थी पक्ष को अधिक क्षमता से अभिगृहीत (capturing) एवं संगृहीत (encapsulating) करती है अतः इसे ही लेखिम-विकास के लिए अधिक उपयुक्त स्वीकार करना चाहिए।

यदि हम हिंदी के लिए निर्धारित उसके दो अक्षर प्रकारों (cv तथा v) पर उनकी बारम्बारिता के संदर्भ में एक सरसरी दृष्टि भी डालें तो यह स्पष्ट होता है कि उसमें cv (अक्षर) इकाई v (स्वनिम) इकाई की तुलना में अधिक बारम्बारिता से युक्त है, क्योंकि इसके आधार पर हिंदी में अपेक्षाकृत अधिक रूपिम एवं शब्द निर्मित होते हैं (घटगे, 1964)। नीचे दी गई सारिणी उन पाँच रूपिमों/शब्दों की बारम्बारिता को रेखांकित करती है जो अधिक प्रयुक्त होते हैं तथा जो आकृति की दृष्टि से अक्षर एवं स्वनिम के समान हैं–

(प्रस्तुत डाटा 1,00,000 शब्दों के आधार पर दिया गया है)

Cv प्रकार	बारम्बारिता	V प्रकार	बारम्वारिता
के	5963	ए	2690
में	5231	अ	2464
का	5037	आ	2078
ने	4885	उ	1435
से	4264	इ	798

सरणि : I–हिंदी के कुछ रूपिमों की बारम्वारिता सूची

उपरांकित सरणि यह प्रदर्शित करती है कि हिंदी के पाँच अति-प्रयुक्त रूपिमों में cv तथा v प्रकार की स्वन इकाइयों का प्रतिशत 68.40 की तुलना में 31.60 है।

अक्षर तथा स्वनिम में से एक को वाक् की मूलभूत इकाई मानने के संदर्भ में जो विवाद हैं, उनसे प्राप्त सामग्री भी हमें कई रोचक तथ्य प्रदान करती है। इस सामग्री में जहाँ स्वनिम को भाव-प्रतिपादन में भेदक मूल्य से युक्त माना जाता है, वहीं अक्षर को उच्चार एवं भाव-प्रतिपादन की मूलभूत इकाई स्वीकार किया जाता है। हम हिंदी के दो शब्दों 'काल' तथा 'गाल' को मूलतः स्वनिमिक सिद्धांतों के आधार पर ही अलग कर पाते हैं, क्योंकि इनमें स्वनिम /क्/ तथा /ग्/ का भेद है। परंतु जब हम इन दो शब्दों को उच्चरित करते हैं तब हम वास्तव में पूरे अक्षर को उच्चरित करते हैं और क्योंकि हम उच्चारण पूरे अक्षर का करते हैं न कि किसी विशिष्ट स्वन या स्वनिम का, अतः प्रकार्य की दृष्टि से अक्षर ही वाक् की सुसंगत इकाई है (लाइबरमैन, 1970; कूपर, 1972; कोल तथा स्कॉट, 1974)। जैसाकि पहले भी संकेत दिया गया है कि स्वनिम, भेदक-क्षमता-युक्त होते हैं और इन्हें वाक्-स्वन की लघुतम इकाई भी माना जा सकता है। लेकिन अनेक प्रयोगों ने यह भी स्पष्ट कर दिया है कि किसी पाठ में दिए गए आक्षरिक तत्त्वों (syllabic targets) को वयस्क, स्वनिमों की तुलना में अधिक त्वरित गति

से पहचान पाते हैं (सरीन तथा बेवर, 1970; वारेन, 1970) और यह भी देखा और स्पष्ट किया जा चुका है कि आक्षरिक इकाई वैयक्तिक विकास में अधिक सुलभ है तथा छोटे बच्चे भी सीखने के प्राथमिक स्तर पर आक्षरिक-लिपि को स्वनिमिक-लिपि से अधिक आसान पाते हैं (रोज़िन तथा ग्लीदमैन, 1977)। प्रयोगों ने यह भी सिद्ध कर दिया है कि बच्चे स्वनिम की तुलना में अक्षर को खंडित (segmenting) करने और पुनर्निर्मित (reconstituting) करने में अधिक सक्षम होते हैं (एलकोनिन, 1973)। इस चर्चा से यह बात स्पष्ट होती है और स्वीकार्य भी है कि वर्णमाला-सिद्धांत अत्यंत विश्लेषणात्मक इकाइयों (यथा–स्वनिमों) पर आधारित है जिसके कारण वह अपने प्रकार्य में मितव्ययी भी है और प्रतिलेखन में वैज्ञानिक भी। लेकिन वाक् उत्पादन एवं ग्रहण के धरातल पर अक्षर ही अधिक वास्तविक एक मूलभूत इकाई है। वास्तव में स्वनिम पर आधारित वार्णिक-लिपि उच्चार को लिपिबद्ध तथा विश्लेषित करने में उपयोगी है, जबकि आक्षरिक-लिपि प्रकार्य के धरातल पर पाठन-प्रक्रिया से अधिक सम्पृक्त है।

लेखन, पाठन को अपने में आलिप्त (implicates) करता है (अर्थात् छपी सामग्री को स्वन एवं अर्थ के धरातल पर डिकोड करना)। इसलिए लेखन की आक्षरिक-व्यवस्था को कुछ लोग एकाक्षरिक (mono-syllabic) भाषाओं के लिए अधिक उपयोगी भी मान सकते हैं। उदाहरण के लिए जापानी भाषा इस व्यवस्था को स्वीकार करते हुए पचास आक्षरिक-प्रतीकों[1] द्वारा दृश्य-स्तर पर प्रस्तुत की जाती है। इसके विपरीत हिंदी विभिन्न प्रकार के अक्षरों तथा उनके व्यंजन-गुच्छों की भिन्न सम्भावनाओं के साथ प्रस्तुत की जाती है, जिसके कारण हिंदी में अनेक अक्षर-प्रकार बनते हैं : V, VC, CV, VCC, VCCC, CCV, CCCV, CVC, CVCC, CVCCC, CCCVC, CCVCC, CVCCC, CCCVCC। हिंदी और अन्य भारतीय आर्यभाषाओं में कई सौ भिन्न अक्षर हैं–इस तथ्य को देखते हुए यह तर्क भी दिया जा सकता है कि इस वर्ग की भाषाओं की वर्ण-निर्माण की आक्षरिक-व्यवस्था न तो मितव्ययी है और न ही व्यावहारिक, जबकि भारतीय भाषाओं और इनकी परम्पराओं ने अपनी वार्णिक समस्याओं का समाधान बड़े ही संयोजित ढंग से किया है। क्योंकि एक ओर अपनी जटिल आक्षरिक संरचना के कारण उसकी लेखन-व्यवस्था केवल आक्षरिक-व्यवस्था पर आधारित रहकर नहीं चल सकती तथा दूसरी ओर क्योंकि उसके प्रकार्थी-रूपिम आकृति में अक्षर के बराबर हैं और उनका छंदशास्त्र आंतरिक रूप से आक्षरिक-सिद्धांतों द्वारा चालित

1. जापानी लिपि-व्यवस्था आक्षरिक सिद्धांत को पूर्णतः स्वीकार नहीं करती। वह CV अक्षरों को भिन्न प्रकार से, भिन्न स्वर-मूल्यों के साथ प्रस्तुत करती है। जैसे उसमें **ba, be, bi, bo ba** व्यंजन-समरूप अक्षरों के लिए पाँच भिन्न-भिन्न प्रतीक हैं।

है[1], अतः वह आक्षरिक-रचना को अलग भी नहीं कर सकती।

देवनागरी लेखिम विज्ञान (graphology) और हिंदी या अन्य भारतीय भाषाओं में उसका उपयोग, आक्षरिक-वार्णिक समस्या को बड़े ही सीधे-सादे ढंग से सुलझा लेता है। वह सिद्धांत जिस पर देवनागरी-लेखन-व्यवस्था आधारित है, एकसाथ आक्षरिक भी है और व्यंजनयुक्त भी। उसमें अक्षर के समान प्रमुख वर्ण दो प्रकार के हैं : स्वर-वर्ण-प्रकार, जैसे <अ इ उ>, जो V प्रकार के अक्षरों को प्रतीकीकृत करते हैं, अर्थात् जहाँ स्वर या तो स्वयं अक्षर-निर्माण करते हैं या जहाँ वे पूर्वगामी-व्यंजन से सम्बद्ध नहीं होते; तथा व्यंजन-वर्ण-प्रकार, जैसे <प, त, क >, जो CV प्रकार के अक्षरों को प्रतीकीकृत करते हैं अर्थात् जहाँ V आंतरिक एवं निरपवाद रूप से स्वर होता है। आंतरिक एवं निरपवाद स्वर के अतिरिक्त जब कोई अन्य स्वर CV निर्माण में अक्षर के अंश की भूमिका में आता है तब उस स्वर का संक्षिप्त-रूप (मात्रा) व्यंजन-गुण से जुड़ जाता है और इस प्रकार /ki/ तथा /ku/ की अभिव्यक्ति मिश्रित अभिलक्षणों के साथ क्रमशः <कि> तथा <कु> के रूप में होती है।

यहाँ यह प्रश्न उठ सकता है कि CV प्रकार को अभिव्यक्त करनेवाले व्यंजन-वर्ण, आंतरिक एवं निरपवाद स्वर के अतिरिक्त अन्य स्वर-खंडों के समीकारी (assimilate) क्यों नहीं होते ? स्वनप्रक्रियात्मक सार्वभौमिक सिद्धांतों पर रचित सामयिक साहित्य इस ओर संकेत करता है कि स्वर /अ/ बच्चों की भाषा में सर्वप्रथम व्यवहृत स्वर है (याकोब्सन, 1968 : 47) तथा यह सभी सम्भावित वाक्-स्वनों में सर्वाधिक optimal इकाई है (चॉम्स्की तथा हाले, 1986)। अब यदि हम व्यंजन-वर्णों में (जो आंतरिक स्वर के धरातल पर प्रयुक्त किये जाते हैं) बारम्बारिता के अनुपात की तुलना करें तो हमें दिखाई देगा कि हिंदी में इनका प्रतिशत कुछ विविक्त (assimilating) दृश्य-प्रतीकों की तुलना में 52.99 है।

(आगे दी गई सरणि सर्वेक्षण के उस परिणाम पर आधारित है, जिसमें देवनागरी में लिखित हिंदी पाठ में स्वनिक-आधारित बारम्बारिता को विश्लेषित करने के लिए उन विद्वानों से सम्पर्क किया गया था जो Electronic Commission of India में कार्यरत हैं।)

1. अंग्रेजी तथा रूसी भाषाएँ बलाघात-बाधित लय पर आधारित हैं, जबकि इनके ठीक विपरीत हिंदी तथा अन्य भारतीय भाषाएँ अक्षर-बाधित लय पर, अर्थात् इसमें अक्षरों की पुनरावृत्ति समय के निश्चित अंतराल में होती है। यही कारण है कि भारतीय आर्य भाषाओं की पद्यरचना अक्षर की संकल्पना को अधिकतम उभारती है और छंद को दो मुख्य वर्गों में नियोजित करती है–'वार्णिक' (अक्षरों की तुल्य संख्या) तथा 'मात्रिक' (आक्षरिक महत्त्व की तुल्य माप)।

वर्ग	उपस्थिति का प्रतिशत
1. प्रमुख व्यंजन-वर्ण	52.99
2. गौण व्यंजन-अभिलक्षण	6.30
3. प्रमुख स्वर-वर्ण	4.01
4. गौण स्वर-अभिलक्षण (मात्राएँ)	34.65
5. विराम-चिह्न	2.05
	कुल 100.00

सरणि : II–अभिलक्षणों पर आधारित बारम्बारिता का संक्षिप्त कथन

क्योंकि सार्वभौमिक धरातल पर आंतरिक एवं निरपवाद स्वर को मूलभूत माना गया है और क्योंकि भारतीय आर्यभाषाओं की CV संरचना में यह अत्यंत नैरंतर्ययुक्त स्वर है, अतः इसे आंतरिक धरातल पर देवनागरी वर्णमाला में CV प्रकार के प्राथमिक अभिलक्षणों के लिए प्रयुक्त करना सर्वथा वैज्ञानिक एवं तर्कपूर्ण है।

जैसाकि पहले भी कहीं संकेत दिया गया था कि देवनागरी के प्रमुख वर्ण, अक्षरों का प्रतिनिधित्व करते हैं, कभी CV प्रकार के वाक्-स्वन के रूप में और कभी V प्रकार के वाक्-स्वन के रूप में। फिर भी यदि हम सामान्य व्यंजन को उसके आंतरिक एवं निरपवाद स्वर से विच्छिन्न करना चाहें तो अक्षर के नीचे एक उपचिह्न (्) लगा देते हैं, जिसे 'हलंत' कहा जाता है। उस स्थिति में जहाँ दो या अधिक व्यंजन सम्बद्ध होते हैं तथा वे व्यंजन जिनके साथ स्वर नहीं होता, दृश्य-रूप में गौण-व्यंजन-अभिलक्षणों द्वारा प्रस्तुत किए जा सकते हैं। और इस प्रकार वर्तनी की दृष्टि से स्वनप्रक्रियात्मक शब्द <पन्ना>, <पन्ना> या <पन्ना> के रूप में अभिव्यक्ति पाते हैं।

गौण स्वर-अभिलक्षणों (मात्राओं) का प्रयोग तभी होता है, जब आंतरिक तथा निरपवाद स्वर के अतिरिक्त किसी स्वर को CV संरचना में प्रस्तुत कर रहे होते हैं। ये अभिलक्षण निम्नलिखित हैं–

ā <आ=ा> , i <इ=ि>
ī <ई=ी> , u <उ=ु>
ū <ऊ=ू , ṛ <ऋ=ृ>
ē <ए=े> , ɛ̄ <ऐ़=ै>
ō <ओ=ो> , ɔ̄ <औ़=ौ>

इन अभिलक्षणों में जो वाक्-स्वन आ, ओ और औ का प्रतिनिधित्व करते

हैं उन्हें मूल व्यंजन-वर्णों के बाद लिखा जाता है, जो अभिलक्षण इ के लिए प्रयुक्त होता है उसे पहले रखा जाता है, उ, ऊ, तथा ऋ के प्रतिनिधि नीचे लिखे जाते हैं तथा ए और ऐ के प्रतिनिधि ऊपर।

सरणि : II इस ओर संकेत करती है कि CV संरचना हिंदी के संदर्भ में कितनी प्रमुख है। CV जहाँ V=अ का उपस्थिति की दृष्टि से प्रतिशत 52.99 है, वहीं CV जहाँ V=अ के अतिरिक्त किसी भी अक्षर से सम्बन्धित है, का प्रतिशत 34.65 है। यदि इन दोनों को जोड़कर देखा जाए तो कुल उपस्थिति में इनका प्रतिशत 87.64 है। यदि हम स्वतंत्र स्वरों का प्रतिनिधित्व करनेवाले वर्णों की तुलना मात्राओं से करें तो यह भी स्पष्ट हो जाता है कि मात्राओं की उपस्थिति का प्रतिशत अधिक है। सरणि : III तुलनात्मक दृष्टि से मूलभूत स्वर-वर्णों एवं उनकी मात्राओं की बारम्बारिता को स्पष्ट करती है–

स्वर	मूल वर्ण	उपस्थिति का प्रतिशत	मात्राएँ	उपस्थिति का प्रतिशत
a	अ	.8977	आंतरिक (∅)	52.99
ā	आ	.5394	ा	9.6300
i	इ	.6280	ि	5.0152
i	ई	.1475	ी	4.1175
u	उ	.6870	ु	1.1969
ū	ऊ	.0126	ू	.6069
ṛ	ऋ	.0084	ृ	.1306
e	ए	.3982	े	5.1079
ɛ	ऐ	.0379	ै	1.5762
ō	ओ	.1222	ो	2.1662
ə	औ	.4509	ौ	.1264

सरणि : III –मूलभूत स्वर-वर्णों तथा मात्राओं की तुलनात्मक बारम्वारिता

यहाँ यह बिल्कुल स्पष्ट है कि मात्राओं का प्रयोग उनके मूल वर्णों की तुलना में अधिक होता है। इस तथ्य से यह भी प्रमाणित होता है कि हिंदी के लिए CV संरचना V या VC संरचना की तुलना में अधिक मूलभूत आक्षरिक संरचना है।

सामान्यतः यह कहा जाता है कि ग्रीक द्वारा विकसित वार्णिक-सिद्धांत के मूल में सर्वप्रथम आर्थी-आक्षरिक (semantic syllabaries) तत्त्व निहित हैं। इसका मूल कारण वह सांस्कृतिक विस्तार है जिसके परिणामस्वरूप इस व्यवस्था में

स्वर-प्रस्तुतीकरण के संदर्भ में कठिनाई और द्विअर्थिता आ गई। स्वरों के कारण आनेवाली व्यंजन-आक्षरिक प्रतिनिधियों की द्विअर्थिता को कम करने के लिए ही इनके अक्षरों ने बाद में स्वरों-व्यंजनों की अधिक व्यवस्थित लेखिम स्थिति निर्मित की।

सम्प्रति इस संदर्भ में संकल्पनात्मक स्तर पर जो कुछ हो रहा है, उस पर विचार करते हुए ग्लीटमैन तथा रोज़िन (1977) ने इस प्रक्रिया के संदर्भ में एक ऐसी अक्षरमाला को प्राक्कल्पना के रूप में सामने रक्खा है, जिसमें समस्त CV अक्षरों के लिए एक समन्वित प्रतीक हो। चलिए, हम इस बात को भूलकर कि उस प्रतीक में कुछ स्वर-गुण भी हैं (जैसेकि हिब्रू अभिलक्षण में Beth जो be, bi, bo तथा ba को प्रस्तुत करता है), यह मान लें कि CV के लिए यह समन्वित प्रतीक समान है और यह भी कल्पना करें कि इस व्यवस्था में समन्वित प्रतीक के साथ-साथ केवल स्वराक्षरों (V) के लिए भी प्रतीक हैं (जैसे o i u इत्यादि)। इस प्रकार यह व्यवस्था व्यंजन-बहुल आक्षरिक प्रस्तुतीकरण की सम्भावनाओं से युक्त होकर (समन्वित प्रतीक) स्वराक्षरों के लिए परिशिष्ट रूप में प्रतीक निर्धारित करके व्यंजन-आक्षरिक प्रस्तुतीकरण की द्विअर्थिता को भी समाप्त करती है।

उदाहरण के लिए यदि हम यह कल्पना करें कि हमें इस व्यवस्था के अंतर्गत /ukuki/ जैसे प्राक्कल्पित एवं बहुआक्षरिक शब्द को प्रतीकबद्ध करना है जिसके लिए हमारे पास निम्नलिखित प्रतीक हैं–

# = / Kaki, Ko, Ke, Ku / में से कोई भी अक्षर
u = केवल / u / स्वर से संबद्ध अक्षर
i = केवल / i / स्वर से संबद्ध अक्षर

प्रतीकों की यह व्यवस्था अपनी आक्षरिक प्रणाली (syllabary mode) द्वारा /u k uki / को <u - # - #> के रूप में प्रस्तुत कर सकती है। और तब भी इसके ukoki, okiku, okuka इत्यादि द्विअर्थी रूपों में अभिव्यक्त होने की सम्भावना से बचा नहीं जा सकता। इन भिन्न पाठनों की सम्भावनाओं से बचने के लिए इसमें स्वर-अक्षरों के प्रतीकों को एक अतिरिक्त भूमिका में समाविष्ट किया जा सकता है। व्यंजन-आक्षरिक-समन्वित प्रतीक में यह वाक्-ध्वन्यात्मक सम्मान (Vocalic phonetic Compliment) स्वर के मूल्य को स्वतः प्रमाणित करता है। इस प्रकार प्रस्तुतीकरण इस रूप में होगा <u - # - u - # - i> । ग्लीटमैन एवं रोज़िन (1977 : 20) के अनुसार "यदि इस वाक् स्थिति का प्रयोग प्रत्येक संदर्भ में किया जाय तब इसे स्वर के अतिरिक्त लिप्यंकन (redundant transcription) में सहयोगी माना जा सकता है।" उदाहरण के लिए यदि अक्षर /Ku/ का प्रस्तुतीकरण <#> के रूप में तथा / u / का प्रस्तुतीकरण <u> के रूप में किया जाय तब यह अनिवार्य होगा कि <#> में प्रयुक्त / u / (/ Ku /) स्वर / u /

होना चाहिए और अवशिष्ट (residue) / K / एक व्यंजन। यह < # > को / C / प्रतीक द्वारा पुनर्व्याख्यायित करेगा, इस प्रकार वार्णिक लिपि द्वारा < u # u # i > अर्थात् / ukuki / व्युत्पन्न होगा।

/ ukuki / का, < u - # - # > से < u#u#i > का यह विकास मितव्ययी, व्यवस्थित तथा विश्लेषणात्मक होते हुए भी आक्षरिक आधार को प्रथमतः नष्ट करनेवाला है (और अक्षर उच्चारण एवं ग्रहण की मूलभूत इकाई है), समन्वित आक्षरिक प्रतीक < # > को उसके व्यंजन मूल्यों के संदर्भ में निष्कासित करनेवाला है तथा आक्षरिक संरचना V और VC के बीच के स्वर-प्रभेदक मूल्यों को काटनेवाला है।

देवनागरी लिपि-व्यवस्था की यह विशिष्टता है कि इसने अपने प्रमुख अभिलक्षणों के आक्षरिक अभिविन्यास की रक्षा करते हुए वार्णिक-लेखन के समस्त लाभों से भी अपने को संयुक्त रक्खा है। इस वैज्ञानिक धरातल तक पहुँचने में इसने अपनी लेखन और पाठन व्यवस्था के संदर्भ में निम्नलिखित परिपाटी का विकास किया है–

1. व्यंजन-आक्षरिक प्रस्तुतीकरण अर्थात < # > का आक्षरिक रूप में इस प्रकार रक्षण किया गया है कि उसकी CV संरचना Ca के रूप में समझी जाय अर्थात् यहाँ V वैकल्पिक तथा तटस्थ स्वर /अ/ के लिए प्रयुक्त होता है, जैसे– <प>, <त>, <क>, इत्यादि जो / pa /,/ ta / तथा / ka / के रूप में अपना ध्वन्यात्मक मूल्य प्राप्त करते हैं।

2. ऐसी स्थिति में जहाँ केवल व्यंजन को ही प्रस्तुत करना होता है, एक उपचिह्न (हलंत) इस समन्वित अभिलक्षण के नीचे लगा दिया जाता है। इसके अतिरिक्त कुछ गौण अभिलक्षण वर्ग (जो मुख्य समन्वित प्रतीक पर आधारित होते हैं) भी इसमें विकसित किए गए हैं, जैसे–/ p / , / t / , / k / को शब्दांत में <प्>, <त्>, <क्> के रूप में तथा संयुक्त रूप में <प्‍>, <त्‍>, <क्‍> के रूप में प्रस्तुत किया जाता है।

3. व्यंजन-अक्षर के लिए प्रयुक्त समन्वित उपचिह्न-प्रतीक CV संरचना में सदैव वैकल्पिक स्वर /अ/ की उपस्थिति का द्योतन कराते हैं। जब V में /अ/ के अतिरिक्त कोई अन्य स्वर-मूल्य होता है तो उसमें मात्रा (गौण-स्वर-अभिलक्षण) जोड़ी जाती है। मात्राओं का प्रयोग अंतर्निविष्ट (inherent) स्वर के मूल्य को स्वतः तटस्थ कर देता है।

समन्वित मूल अभिलक्षण के साथ मात्राओं के इस समन्वय को अनेक प्रकार्य पूरे करने होते हैं, जैसे–यह CV अभिलक्षण को सुरक्षित रखता है, V की आक्षरिक प्रकृति को विभिन्न आकृति द्वारा CV संरचना से भिन्न करता है तथा मूल और गौण अभिलक्षणों के आधार पर उनकी अलग पहचान निर्मित करता है, जैसे–

/ u / संरचना V संरचना में सर्वथा < ु > के रूप में तथा CV संरचना में < ु > के रूप में प्रयुक्त होती है और <उं= ु > के रूप में दोनों में सीधा संवाद भी बना रहता है।

उपरोक्त आधार पर हमारे प्राक्कल्पनात्मक प्रतीक-शब्द / ukuki / <u-#-#> का प्रस्तुतीकरण / उकुकी / के रूप में किया जा सकता है और जिसे एकसाथ <u-ku-ki> तथा <ukuki> के रूप में पढ़ा भी जा सकता है। अतः जब तक हम मूल स्वर-अभिलक्षणों एवं मात्राओं में भेद नहीं करेंगे तब तक हम द्विअर्थिता अर्थात् / u-kuk-i / , / uk-u-ki / , / uk-uk-i / की सम्भावनाओं से मुक्त नहीं हो सकते।

जैसाकि पहले भी संकेत दिया गया था कि मात्राएँ अक्षरमाला के अभिलक्षणों को सुरक्षित भी रखती हैं और वर्ण के अभिलक्षणों को व्यक्त भी करती हैं तथा ऐसा करते हुए वे अविश्लेषणात्मक या अव्यवस्थित भी नहीं होतीं। परंतु इन स्वरों compliments को किस पद्धति से रक्खा जाय, यह एक महत्त्वपूर्ण प्रश्न है क्योंकि व्यंजन-आक्षरिक-लेखन-व्यवस्था में व्यंजन केंद्र में रक्खे जाते हैं। इसलिए एक चतुर्आयामी दृश्य-प्रतीक की कल्पना की गई और उसका विकास किया गया। इस प्रकार हमें दो मूल तथा दो व्युत्पन्न प्रकार के दृश्य-प्रतीक मिलते हैं–

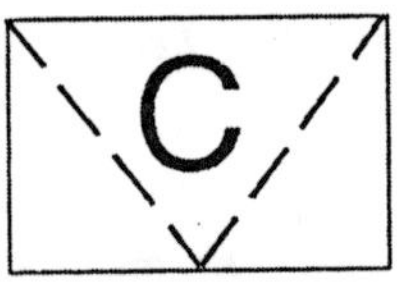

प्रकार I (मूल)
cv : v=a
(मूल व्यंजन अभिलक्षण के साथ)

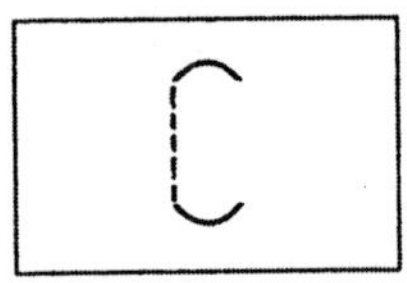

प्रकार II (व्युत्पन्न)
C (गौण व्यंजन अभिलक्षण)

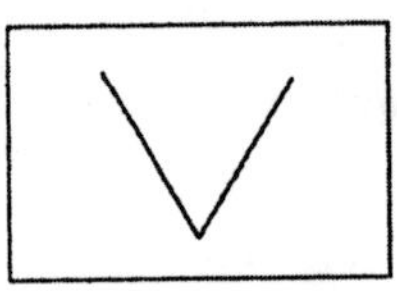

प्रकार III (मूल)
V (मूलस्वर-अभिलक्षण)

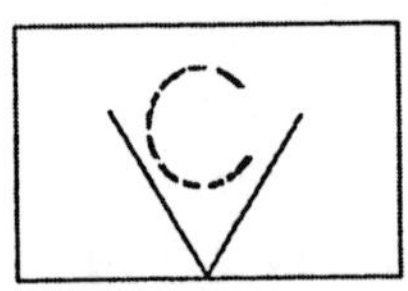

प्रकार IV (व्युत्पन्न)
CV संरचना में V (मात्रा)

CV संरचना में मात्राओं का स्थापन वर्णों को एक समन्वित अभिलक्षण से युक्त करता है। दृश्य-प्रतीकों के निर्माण में इस चतुर्आयामी अंतराल (Space) का बड़े ही उत्तम तरीके से उपयोग किया जाता है–

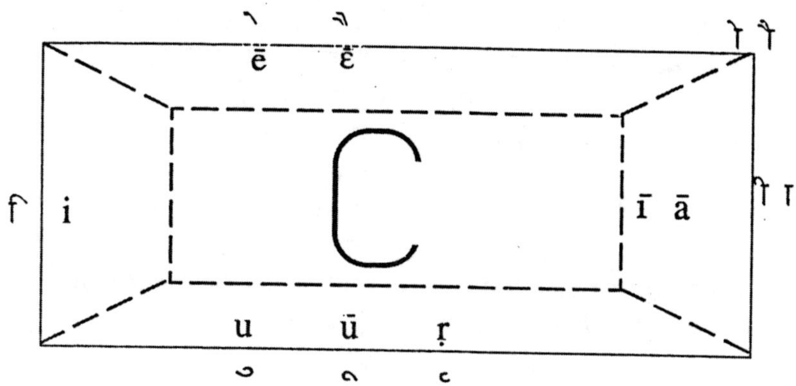

इस चर्चा में जिस बात पर निरंतर बल दिया गया, वह यह है कि अक्षरमाला के सिद्धांत पर आधारित वर्ण, स्वनिमिक सिद्धांतों पर आधारित वर्णों की तुलना में सीखने एवं प्रक्रिया के धरातल पर अधिक सहज हैं। कम-से-कम उन भाषाओं के संदर्भ में जिनकी लेखन-व्यवस्था अक्षर-बाधित लय से बँधी है और जिनमें अक्षर के आकार की अनेक प्रकार्यात्मक इकाइयाँ हैं। अक्षर-आकृतिवाले लेखिम प्रतीकों की दृष्टि से देखें तो मात्राओं के स्थापन (अर्थात् बायें से दायें, ऊपर से नीचे) की जटिलता नगण्य सिद्ध होती है क्योंकि **लेखिम-इकाइयाँ सम्पूर्ण अक्षरों को प्रतिभासित करती हैं, न कि उनके अंशों को**। यदि मात्राओं को एक अंश के रूप में देखा जाय तो वे अक्षर के ध्वनि-गुणों की पहचान निर्मित करने का एक विश्लेषणात्मक उपाय मात्र है।

अब हम सम्भवतः इस स्थिति में हैं कि लेख के प्रारम्भ में उल्लिखित आलोचनाओं के उत्तर दे सकें–

(अ) अंतर्निविष्ट स्वर /अ/ क़े लेखिम प्रतीक की व्यंजन-अक्षरों में अनुपस्थिति वर्णमाला-आधारित लेखन-व्यवस्था के लिए कोई दोष नहीं है। देवनागरी वर्णमाला क्योंकि CV संरचना को प्रमुखतः वैकल्पिक मितव्ययिता के साथ प्रतीकीकृत करती है, इसीलिए हिंदी तथा अन्य भारतीय भाषाओं की CV संरचना में अंतर्निविष्ट /अ/ के साथ 50% से भी अधिक प्रकरण मिलते हैं। और सीधे-सादे ढंग से यह मान भी लिया गया है कि CV को केवल C के रूप में अभिलक्षित करते समय /अ/ को शून्य मात्रा स्वीकार करना चाहिए।

(आ) दुहरे अभिलक्षणों अर्थात् गौण-स्वर-प्रतीकों को सर्वत्र जोड़ने और ह्रस्व स्वर प्रतीक / i / के अवैज्ञानिक अनुक्रम से सम्बद्ध प्रश्न को अक्षर पर आधारित रूप वैज्ञानिक और वर्तनी-सिद्धांतों के परिप्रेक्ष्य में देखना चाहिए। यह सिद्धांत V तथा VC संरचना को प्रस्तुतीकरण की सर्वथा मूल इकाई स्वीकार करता है, अतः

स्वर-प्रतिनिधित्व एवं ग्रहण की दृष्टि से इन्हें composite whole मानना चाहिए तथा यह भी ध्यान में रखना चाहिए कि इन स्वरप्रतीकों का आविष्कार हस्तलेखन कौशल की दृष्टि से किया गया था, न कि मुद्रण की दृष्टि से।

(इ) मूल तथा व्यर्थ वर्णों के धारण के प्रश्न को उस परिप्रेक्ष्य में देखना होगा जहाँ स्वनप्रक्रियात्मक एवं वर्णविन्यास प्रक्रियात्मक शब्दों में और वर्णों की प्रस्तुति में कोशीय एवं स्वनिक आधारों पर भेद माना जाता है। जहाँ तक 'व्यर्थ वर्ण' शब्द के प्रयोग का संदर्भ है, यहाँ यह स्पष्ट कर देना अनिवार्य हो गया है कि **कोई भी वर्ण व्यर्थ नहीं होता, क्योंकि वह शब्दकोश के स्रोत को उद्घाटित करने के साथ-साथ शब्द-समूह की परतों को श्रेणीबद्ध भी करता है।**

संदर्भ

Abrcrombie, D. 1965. Studies in phonetics and linguistics. London : Oxford University Press.

Bloomfield. L.1933. Language. New York : Henry Holt.

Chao,Y. R. 1968. Language and Symbolic Systems. Cambridge : University Press.

Chatterje, S. K. 1960. Indo-Aryan and Hindi. Calcutta (2nd. Ed.).

Chomsky, Carol. 1970. Reading, Writing and Phonology in M. Lester (ed.) Readings in applied transformational grammar. New York : Holt,Rinehart and Winston. 211-236.

Chomsky, N. and M. Halle. 1968. The Sound Pattern of English. New York : Harper and Row.

Cole, R. A. and P. Scott. 1974. Towards a thery of speech perception-Psychological Review 81. 348-374.

Cooper, F. S. 1972. How is Language conveyed in speech ? In J. F. Kavanagh and I. G. Mattingly (eds.) Language by ear and by eye : The relationships between speech and reading. Cambrige. Mass : Mit Press.

Electronic Commission of Didn. 1982. Design of Phono-graphic based keyboard layout and tele-communication codes for Devanagari paper presented at the workshop on Indian Script Standardiate Codes... Delhi (April 15-16, 1982).

Elkonin, D. P. 1973. Comparative Reading : cross-national studies of behaviour and processes in reading and writing. New York : Macmillan.

Firth, J. R. 1957. Papers in linguistics 1934-1951. London: oxford University Press.

Ghatage, A. M. (ed.). 1964. Phonemic and morphemic frequencies in Hindi. Poona : Deccan College.

Gleb, I. J. 1952. A study of writing : The foundation of grammatology.

London : Routledge and Kegan paul.
Gleitman, L. R. and P. Roon. 1977. The structure and acquisition of reading I : Relations between orthographic and the structures of language. In A. S. Reber and Don L. Scarborough (eds) Towards a pshychology of reading. Hillsdale, N. J. : Lawrence Eralbaum Associates.
Gopal, Madan. 1953. This Hind and Devanagari. Delhi.
Halliday, M. A. K. 1978. Language as Social Semiotic. London : Edward Amold.
Jenesen, H. 1970. Sign, symbol and script. London : Allen and Unwin.
Jakobson, R. 1968. Child language. aphasia and phonological Universals. The Hagne : Mouton.
Lambort, H. M. 1953. Introduction to the Devanagari Script. Oxford : University Press.
Liberman, A. M. 1970. The grammar of speech and language, Cognitive Psychology I. 301-323.
Porizka. V. 1963. Hindi language Course. Prague : State publishing House.
Rozin, P. and L. R. Gleitman. 1977. The reading and acquisition of reading II : The reading process and acquisition of the alphabetic principle. In A. S. Reber and Don L. Scarborough (eds.) Toward a psychology of reading. Hillsdale N. J. : Lawrence Eralbaum Associates.
Savin, H.B. and T. A. Bever. 1970. The non-perceptual reality of the phoneme, Journal of Verbal learning and Verbal Behaviour 9. 295-302.
Srivastava, R. N. and R. S. Gupta. 1983. A linguistic view of literacy. Journal Pragmatic 7. 533-549.
Turner, R. L. 1959. A comparative and etymological dictionary of the Nepali language. London : Kegan Paul.
Warren : R. M. 1971. Identification times for phonemic components of graded complexity and for spelling of speech. Perception and Psychophysics 9. 345-349.
Williams, M. (ed.). 1850. The history of the application of the Roman alphabet to the languages of India. London.

(अनुवादक : डॉ. दिलीप सिंह)

7

हिंदी की मूर्धन्य उत्क्षिप्त ध्वनियों (ड़) और (ढ़) की समस्या

1.0 उच्चारण की दृष्टि से (ड़) और (ढ़) ध्वनियाँ, (ड) और (ढ) की भाँति सघोष और मूर्धन्य हैं पर उच्चारणविधि में इन दो वर्गों में अंतर है। एक ओर ड़ और ढ़ उत्क्षिप्त ध्वनियाँ हैं, जबकि ड और ढ स्पर्श ध्वनियाँ और दूसरी तरफ वे (र और रु) की भाँति अनुनादित हैं जबकि ड और ढ, अन्य मौखिक, स्पर्श ध्वनियों, यथा–क, ग, त, थ, ट, ठ आदि की भाँति निरनुनादित।

1.1 विद्वानों का एक वर्ग यह मानता है कि (ड़ - ढ़) उत्क्षिप्त ध्वनियाँ, अपने प्रकार्य में स्वनिमिक नहीं। (ड - ढ) के साथ उनके वितरण पर ध्यान देते हुए इस निष्कर्ष पर पहुँचा जा सकता है कि हिंदी की ये उत्क्षिप्त अनुनादित ध्वनियाँ वस्तुतः स्पर्श मूर्धन्य स्वनिमों के मात्र संस्वन हैं। इस वर्ग के अनुसार (ड) और (ड़) तथा उनके महाप्राण युग्म (ढ) और (ढ़) परिपूरक वितरण में हैं, अतः (ड़) को स्वनिम [ड] और (ढ़) को स्वनिम (ढ) का संस्वन मान लेना चाहिए। इस मत के माननेवालों में एलिज़ारेकोवा, कैलाशचंद्र भाटिया, मसूद हुसैन खान, भोलानाथ तिवारी आदि विद्वानों का उल्लेख किया जा सकता है।

1.2 कैलाशचंद्र भाटिया ने अपने लेख 'हिंदी के ध्वनिग्राम' में (ड़) और (ढ़) को स्वनिम [ड] और [ढ] के संस्वन सदस्य के रूप में स्वीकार करते हुए वितरण सम्बन्धी अग्रांकित विवरण दिया है–

स्वनिम 1	प्रधान संस्वन 2	स्वनिम का विवरण तथा वितरण 3	उदाहरण ध्वन्यात्मक 4	अर्थ स्वनिमीय 5
/ ड् /	(ड्)	सघोष, अल्पप्राण मूर्धन्य स्पर्श **आदि मध्य अंत** सर्वत्र केवल द्वित्व तथा नासिक्य के साथ डाल अड्डा खण्ड अण्डा	/डाल/ [डाल]	पेड़ की शाखा
	(ड़)	सघोष अल्पप्राण मूर्धन्य उत्क्षिप्त **आदि मध्य अंत** उपर्युक्त स्थितियों को छोड़कर _ बड़ा अड़	[पड़ा] /पडा/	किसी स्थान पर रखा हुआ
/ ढ् /	[ढ] सर्वत्र ढाल	सघोष, महाप्राण, स्पर्श मूर्धन्य **आदि मध्य अंत** द्वित्व, नासिक्य तथा समस्थलीय ध्वनि के साथ गड्ढा ठण्ढ	(ढाल) [ढाल]	एक ओर को झुका हुआ
	[ढ़]	सघोष, महाप्राण, मूर्धन्य **आदि मध्य अंत** – उपर्युक्त स्थितियों को छोड़कर _ गढ़ा बाढ़	[बाढ्] [बाढ़]	नदी में पानी बढ़ना

1.3 भोलानाथ तिवारी भी ड-ड़ और ढ-ढ़ ध्वनि-युग्मों को एक ही स्वनिम के दो सदस्य मानने के पक्ष में हैं। अपनी पुस्तक 'हिंदी ध्वनियाँ और उनका उच्चारण' में इनके वितरण सम्बन्धी संकेत उन्होंने निम्नलिखित रूप में दिए हैं–

[ड] [ड़] मध्य में : (क) दो स्वरों के बीच (घोड़ा), किंतु

शब्द-सीमा पर या अनुनासिक स्वर (डोंडी) के बाद नहीं।
(ख) स्वर-व्यंजन के बीच किंतु संयुक्त व्यंजन के सदस्य रूप में नहीं, अपितु व्यंजन-अनुक्रम के सदस्य रूप में।
(ग) अंत में : स्वर के बाद (पहाड़)।

/ड/ अन्यत्र, अर्थात्–
आदि में : डकार, डाली
मध्य में : (क) दो स्वरों के बीच (सुडौल, बेडौल, निडर, अडिग) किंतु शब्द-सीमा पर
(ख) स्वर-व्यंजन के बीच संयुक्त व्यंजन के सदस्य रूप में (बुड्ढी, गड्ढा)
(ग) अंत में संयुक्त व्यंजन के सदस्य के रूप में (पोस्टकार्ड, गार्ड)

ढ-ढ़ ध्वनि-युग्मों के विषय में तिवारी का यह संकेत है कि उसकी व्यवस्था भी 'ड-ड़' जैसी ही है।

1.3 ड-ड़ (ḍ-ṛ) ध्वनि-युग्मों के वितरण को निम्नलिखित तालिका के आधार पर समझा जा सकता है। जो स्थिति ड-ड़ की है, वही उसके महाप्राण रूपी संवादी ध्वनि-युग्म -ढ -ढ़ (dh - rh) की भी है। अतः उसे तालिका में नहीं दिखलाया गया है।

	आदि	मध्य	अंत
ड् (ḍ)	(डर)	X	X
ड्ड्(ḍḍ)	X	(अड्डा)	X
ण्ड (ṇḍ)	X	(अण्डा)	(खण्ड)
ड़ (ṛ)	X	(जाड़ा)	(जड़)
ड़ ड़ (ṛṛ)	X	X	X
ण्ड (nr)	X	X	X

2.0 ऊपर से देखने पर ड - ड़ और ढ - ढ़ ध्वनि-युग्मों का वितरण जितना व्यवस्थित एवं सरल दिखलाई पड़ता है, उतना वस्तुतः वह है नहीं। इस कारण उनकी स्वनिमिक सत्ता को लेकर प्रायः यह प्रश्न या दुविधा मन में उठती रहती है कि आज हिंदी भाषा के समकालिक अध्ययन के संदर्भ में कहीं वे दो भिन्न स्वनिम तो नहीं। आगे ऐसे ही कुछ संदेहग्रस्त संदर्भों की चर्चा की जा रही है जो ध्वनि-वैज्ञानिक के लिए समस्या बने हुए हैं।

3.0 समस्या-1 : ऊपर संकेत दिया गया है कि मध्य-स्थिति में दो स्वरों के बीच संस्वन (ड़) आता है। ध्वनि-(ड़) को स्वनिम [ड] का संस्वन सिद्ध करने के लिए यह आवश्यक है कि वह (ड) के परिपूरक वितरण में हो अर्थात् दो स्वरों के बीच अगर ध्वनि (ड़) आती हो, तो उसी स्थिति में (ड) का प्रयोग न हो। पर यह देखा जा सकता है कि कुछ शब्दों में (ड) का प्रयोग होता है, यथा–सुडौल, बेडौल, निडर, अडिग आदि।

इस समस्या का समाधान वस्तुतः 'शब्द' को उसके सही संदर्भ में समझने के साथ जुड़ा हुआ है। स्वनिम-विज्ञान को व्याकरण के व्यापक संदर्भ के बिना नहीं समझा जा सकता। यह कहा जा सकता है कि व्यतिरेकी-युग्म के निर्धारण के लिए अथवा परिपूरक वितरण की व्यवस्था को समझने के लिए जिस शब्द-रूप को सामने लिया जाता है, वह उसका मूल रूप होता है न कि व्युत्पन्न अथवा विकारी प्रयोग। रूपांतरण व्याकरण में तो उसे रूपिम के आधार-रूप (base-form) के संदर्भ में देखा जाता है। इस संदर्भ में यह कहा जा सकता है कि ऊपर दिए समस्यापरक शब्दों का रूप क्रमशः सु+डौल, बे+डौल, नि+डर और अ+डिग है, जिसमें पहला अंश वस्तुतः उपसर्ग है। अगर शब्द के आधार-रूप (डौल, डर, डिग) पर ध्यान दें तो स्पष्ट हो जाता है कि ध्वनि (ड) अपने वितरण में आदि-स्थित है जहाँ (ड़) का प्रयोग नहीं होता। अतः ऐसे शब्द उसे स्वनिमिक सिद्ध नहीं करते।

3.1 समस्या-2 : कुछ उदाहरण ऐसे हैं, जिसमें मध्य स्थिति में अन्य व्यंजनों के साथ ड़ का प्रयोग देखने को मिलता है। व्यंजन-गुच्छ की स्थिति में सामान्यतः (ड) का प्रयोग होता है और दो स्वरों के बीच में (ड़) का। अतः नीचे दिए गए उदाहरण इस वितरण सम्बन्धी सामान्य निर्देश के विरोध में ही माने जाएँगे, यथा–

(क) लड़का [laṛkaa]
लकड़ी [lakṛii]
चुपड़ा [cupṛaa]
धड़का [dhaṛkaa]
तड़पाना [taṛpaanaa]

(ख) केकड़ा [kekṛaa]
खिड़की [khiṛkii]
फेफड़ा [phephṛaa]
लोमड़ी [lomṛii]
कपड़ा [kapṛaa]

अगर क-वर्ग के शब्दों पर थोड़ा विचार करें और उनके मूल रूप का पता लगाने का प्रयत्न करें तो स्पष्ट हो जाता है कि वस्तुतः जिस परिवेश में ड़-का

वितरण है वह वस्तुतः दो स्वरों के मध्य की स्थिति है, जिसमें मूल रूप में अ- की सत्ता है और जो किसी स्वनिमिक नियम के कारण उच्चारण के स्तर पर लुप्त हो जाता है (अ-लोप के नियम का विस्तृत विवरण अन्यत्र दिया गया है)। वस्तुतः शब्दों के विविध ध्वनि-रूपों के अध्ययन का क्षेत्र भी ध्वनि-विज्ञान के उस क्षेत्र से सम्बन्ध रखता है जो रूपविज्ञान से भी प्रभावित होता है। अगर इन शब्दों से सम्बद्ध दूसरे शब्द-रूपों पर ध्यान दें तो स्पष्ट हो जाता है कि किसी न किसी स्तर पर -ड़- दो स्वरों के बीच ही स्थित है, यथा–

लड़का - लड़कपन [laṛak-pan]
लकड़ी - लकड़हारा [lakaṛ-haraa]
चुपड़ - चुपड़ना [cupaṛ-naa]
धड़का - धड़क [dhaṛak]
तड़पाना - तड़प [taṛap]

यह भी कहा जा सकता है कि अगर वर्ग (क) के शब्दों में –ड़– का वितरण दो स्वरों के बीच का है और उसके लिए प्रमाणसिद्ध कुछ अन्य शब्द-रूप भी उपलब्ध हैं तब स्वनिमिक व्यवस्था (phonemic pattern) के सिद्धांत के आधार पर यह भी संकेत किया जा सकता है कि वर्ग-ख के शब्दों की किसी न किसी स्तर पर ध्वनि-व्यवस्था निम्नलिखित है, भले ही उससे सम्बद्ध वैसे शब्द-रूप भाषा में नहीं हैं, जैसाकि वर्ग-क के–

केकड़ा [kekaṛaa]
खिड़की [khiṛakii]
फेफड़ा [phephaṛaa]
लोमड़ी [lomaṛii]

4.0 ध्वनि-विश्लेषण के संदर्भ में यहाँ संकेत दे देना अनुचित न होगा कि उसके तीन ऐसे भिन्न स्वर देखने को मिलते हैं, जिससे सम्बद्ध तीन भिन्न इकाइयाँ होती हैं–(1) आर्की-स्वनिम का स्तर, (2) स्वनिम का स्तर और (3) संस्वन स्वन का स्तर। ये तीनों स्तर एक-दूसरे से भिन्न व्यवस्थाओं की माँग करते हैं। साथ ही एक विशेष प्रकार के नियमों के सहारे एक-दूसरे से जुड़े रहते हैं। इसे निम्नलिखित आरेख द्वारा समझा जा सकता है–

1. आर्की स्वनिम - (स्तर)

नियम 1 ↕

2. स्वनिम - (स्तर)

नियम 2 ↕

3. संस्वन - (स्तर)

4.1 यह कहा जा सकता है कि ड - ड़ (d - r) और ढ - ढ़ (ḍh - ṛh) आर्की-स्वनिम के स्तर पर क्रमशः D और DH हैं अर्थात् ड - ड़ आर्की-स्वनिम (D) के साथ जुड़े हैं और ढ-ढ़, आर्की-स्वनिम (DH) के साथ। (आर्की-स्वनिम को सामान्यतः कैपिटल अक्षर से संकेतित किया जाता है।)

4.2 वितरण के स्तर पर यह कहा जा सकता है कि D और DH , एक विशेष नियम (नियम 1) के सहारे स्वनिम-स्तर पर प्रतिफलित होते हैं, अर्थात् D के (ड - ḍ) और (ड़ - ṛ) रूप में प्रतिफलित होने के एक विशेष नियम हैं। इस नियम के अनुसार यह कहा जा सकता है कि जब कभी D, दो स्वरों के बीच आता है; वह [ड़ - ṛ] रूप ग्रहण करता है और अन्य सभी स्थितियों में वह (ड - ḍ) का रूप ग्रहण करता है। नियम-आरेख के रूप में इस तथ्य को निम्नलिखित रूप में व्यक्त किया जा सकता है–

$$D \begin{Bmatrix} \d{r} / v - v \\ \d{d} \end{Bmatrix}$$

4.3 इस नियम की सत्यता के परीक्षण के लिए भाषा से शब्दों के ऐसे भिन्न रूप या विकल्पन रूप लिए जा सकते हैं जो संरचना के साथ-साथ अर्थ के धरातल पर भी आपस में सम्बद्ध हों।

(अ) उदाहरण के लिए नीचे के शब्द-युग्म पर ध्यान दें–

ढाई - अढ़ाई

बुड्ढा - बूढ़ा

गड्ढा - गढ़ा ~ गड़हा

इसमें संदेह नहीं कि ये तीन शब्द, अपने युग्म के रूप में, न केवल शब्दार्थ के धरातल पर एक-दूसरे से सम्बद्ध हैं, बल्कि ध्वनि के धरातल पर भी एक विशेष प्रकार के नियम से बँधे हैं। अगर शब्द की आदि-स्थिति (ढाई) अथवा द्वित्व की मध्य स्थिति (बुड्ढा, गड्ढा) पर ध्यान दें तो हम DH को ढ (ḍh) रूप में पाते हैं, जबकि वहीं DH, स्वर मध्य की मध्य-स्थिति में आकर ढ़ (ṛh) रूप में प्रतिफलित मिलता है।

(आ) अगर शब्द-विकल्पन की अनुस्वार-अनुनासिक की स्थिति को ध्यान में रखें, तो हमें निम्नलिखित उदाहरण देखने को मिल सकते हैं, यथा–

पाण्डे ~ पाँड़े

हाण्डी ~ हाँड़ी

भोण्डा ~ भोंड़ा

इसमें संदेह नहीं कि एक ही मूल शब्द के ये दो विकल्पवत प्रयोग हैं। एक स्थिति में हम अनुस्वार का प्रयोग पाते हैं, अतः वितरण के अनुसार वे

-ण्ड- (-nd) की स्थिति की पुष्टि करते हैं, जबकि दूसरी स्थिति में वे अनुनासिकता के साथ प्रयुक्त मिलते हैं जो वितरण के अनुसार स्वर-मध्य की स्थिति अर्थात् V –V की पुष्टि करते हैं। यथा–

paande ~ pāāṛe
hanḍii ~ hāāṛii
bhonḍaa ~ bhōraa

ऊपर के (अ) तथा (आ) में दिए गए उदाहरण 4.2 में दिए गए आर्की-स्वनिम के सम्बद्ध नियम की ही पुष्टि करते हैं।

4.4 समस्या अंत्य स्थिति में प्रयुक्त होनेवाले -ड़- की है। नीचे दिए शब्दों पर ध्यान दें–

अकड़ [akaṛ]
जकड़ [jakaṛ]
सड़ [saṛ]

यह संदेह उठाया जा सकता है कि नियम के अनुसार आर्की-स्वनिम D, तभी [ṛ] में प्रतिफलित हो सकता है जब वह दो स्वरों के मध्य में हो। अंत्य स्थिति में तो उसे [ḍ] ही रूप में प्रतिफलित होना चाहिए था। यहाँ यह संकेत दिया जा सकता है कि इन सभी स्थितियों में शब्द-मूल में अंत्य स्थिति में 'अ' की सत्ता रहती है जो उच्चारण अथवा स्वनिम स्तर पर लुप्त हो जाता है। प्रमाणस्वरूप कहा जा सकता है कि अगर इनमें (+न) प्रत्यय को जोड़कर इनसे शब्द बनाएँ, तो अ, उच्चारण-स्तर पर दिखलाई देने लगता है; यथा–

अकड़ - अकड़न
जकड़ - जकड़न
सड़ - सड़न

अतः यह कहा जा सकता है कि आर्की-स्वनिम से सम्बद्ध ऊपर दिया नियम उचित है।

5.0 जो समस्या-रूप में शब्द हैं; वे हैं विदेशी आगत शब्द। अंग्रेजी भाषा के कुछ ऐसे आगत शब्द हैं जो ऊपर दिए गए नियमों के विरोध में आते हैं और वितरण के स्तर पर हिंदी के अपने शब्दों में पाई जानेवाली मूर्धन्य स्पर्श (ड, ढ) और मूर्धन्य अनुनादित उत्क्षिप्त (ड़, ढ़) की व्यवस्था में व्यतिक्रम डालते हैं। यथा–

पगोडा
वाडिस
सोडा
पैड
मूड
कोड

इन शब्दों को लेकर हम ऐसे व्यतिरेकी शब्द-युग्म पा सकते हैं–

कोड ≠ कोड़

मूड ≠ मूड़

पेड ≠ पेड़

बाडिस ≠ बाड़ी

इन शब्द-युग्मों के संदर्भ में एक तो यह कहा जा सकता है कि ये शब्द-समूह के एक भिन्न स्तर से सम्बद्ध हैं और दूसरा, इन शब्दों के आर्की-स्वनिम के रूप में D/DH की सत्ता नहीं है।

8

हिंदी में 'ह' ध्वनि और महाप्राण व्यंजन-ध्वनियों की समस्या

1.0 प्ररूप (typology) विज्ञान के संदर्भ में जब महाप्राण ध्वनियों की सत्ता पर विचार किया जाता है, तब यह निष्कर्षतः कहा जाता है कि महाप्राण ध्वनियाँ, इतिहास के किसी न किसी चरण पर 'ह' से सम्बन्धित रहती हैं। महाप्राण व्यंजन ध्वनियों को C+H के रूप में देखने की दृष्टि का एक यह भी महत्त्वपूर्ण कारण है। पर समकालिक (synchronic) पक्ष से विचार करते समय यह प्रश्न भी स्वभावतः उठता है कि क्या हिंदी की महाप्राण ध्वनियाँ, 'एकल स्वनिम' के उदाहरण हैं या व्यंजन-गुच्छ (व्यंजन+ह) के परिणाम।

1.1 इस प्रश्न का उठना इसलिए स्वाभाविक है क्योंकि हिंदी ध्वनि-व्यवस्था के कुछ ऐसे नियम देखने को मिलते हैं, जिनमें 'महाप्राणत्व' की सत्ता व्यंजन-गुच्छ के रूप में सिद्ध मिलती है। उदाहरण के लिए अपने लेख 'हिंदी की अपनी संधियों' में बीना श्रीवास्तव ने सोदाहरण निम्नलिखित नियम दिया है–

अब+ही = अभी
जब+ही = जभी
तब+ही = तभी
कब+ही = कभी
नियम : संरचनात्मक विवरण : - ब् अ+ ह् ई
1 2 3 4 5
1
संरचनात्मक विवरण : [महाप्राण] Ø Ø Ø 5

अर्थात् अब+ही में, ह- संयोग से ही महाप्राणत्व का जन्म होता है, यथा– ब्+ह-म। यही स्थिति 'म्ह' और 'न्ह' के महाप्राण-रूप को भी जन्म देने में समर्थ है, यथा–

तुम+ही = तुम्हीं
उन+ही =उन्हीं

इसी प्रकार कुछ शब्द विकल्पवत् भी प्रयुक्त मिलते हैं, यथा–

गदहा ~ गधा
गड़हा ~ गढ़ा
गदही ~ गधी

जो इस ओर संकेत करते हैं कि 'ह' और 'महाप्राण' में कुछ न कुछ सम्बन्ध है। एक तीसरे प्रकार का उदाहरण है, क्षिप्र गति से उच्चारण में महाप्राणत्व के प्रतिफलन का। उदाहरण के लिए अगर नीचे दिए गए पदबंधों को सामान्य और क्षिप्र गति के अंतर के साथ पढ़ें, तो सामान्य गति से पढ़े गए व्यंजन+ह का गुच्छ, महाप्राण के रूप में प्रतिफलित हो जाता है–

मन ही मन → मन्ही मन
राम ही को → राम्ही को
नहाने के लिए → न्हाने के लिए

अतः यह आवश्यक है कि हम 'ह' और 'महाप्राण' ध्वनियों का विवेचन एक-दूसरे के संदर्भ में करें। इस विवेचन को दो खंडों में विभाजित किया जा रहा है–पहले खंड में 'ह' और 'महाप्राण' की ध्वन्यात्मक प्रकृति का विवेचन है और दूसरे खंड में 'महाप्राणत्व' की स्वनिमिक सत्ता का।

1.2 हिंदी में ही नहीं, वरन् उन सभी भाषाओं में जहाँ ह्-वाक्ध्वनि, स्वनिम के रूप में अपनी सत्ता रखती है, उसका सही विश्लेषण एवं रूप-प्रकृति का वर्णन भाषाविदों के लिए एक समस्या के रूप में ही सामने आया है। यही कारण है कि सापेक्षतया अधिक विश्लेषित अंग्रेजी भाषा की ह्-वाक् ध्वनि की प्रकृति को लेकर आज भी निर्णयात्मक स्वर में कुछ कहने में भाषा-वैज्ञानिक असमर्थ हैं। उदाहरण के लिए डैनियल जोंस इसे अघोष स्वर मानते हैं। ट्रैगर और स्मिथ इसे अर्द्ध-स्वर समझते हैं; पाइक के अनुसार यह स्थानीय काकल्यघर्षण से युक्त अघोष वोकायड (vocoid) है; अंग्रेजी के here, hare, hole शब्दों में आदि व्यंजन-ह, और परवर्ती स्वरों में कोई स्पष्ट विभाजक रेखा न दिखलाई पड़ने के फलस्वरूप हेफनर और ब्रान्सटीन इसे फुसफुसाहटजनित स्वर (whispered vowel) स्वीकार करते हैं; कुरथ घर्षणतत्त्व पर अधिक बल देते हैं, अतः उनके अनुसार यह मात्र काकल्यसंघर्षी ध्वनि हैं; अपने स्पेक्ट्रोग्राफिक विश्लेषण के आधार पर इल्से लेहिस्टे ह्-ध्वनि को वायु-प्रवाह की गति-वृद्धि के संदर्भ में ही देखना उचित समझती हैं। कुछ विद्वान ह्-वाक्-ध्वनि को अपने में अलग ध्वनि की कोई 'इकाई' नहीं मानते। उनके अनुसार यह कोई वाक्-ध्वनि नहीं वरन् दूसरी ध्वनियों को अलग रूप-रंग देने की केवल एक प्रक्रिया या पद्धति है। इस दृष्टि के अनुसार यह एक 'प्रतीक'

इकाई है जिसकी उपस्थिति या अनुपस्थिति, कुछ निश्चित ध्वनि-संयोगों के संदर्भ में अर्थ-परिवर्तन का कारण बनती है।

1.3 स्पष्ट है कि अंग्रेजी की ह्-वाक् ध्वनि की रूप-प्रकृति को लेकर न तो विद्वान एकमत हैं और न उसके विवरण में ही कोई निश्चित एकरूपता मिलती है। लेकिन ध्यान देने की बात है कि यह विभिन्नता उसकी उच्चारण-प्रक्रिया या ध्वन्यात्मक प्रकृति के विवरण को ही लेकर है अन्यथा स्वनिमिक स्तर पर सभी सहमत हैं कि उसके दो संस्वन (allophone) हैं– सघोष-ह, जो दो स्वरों के बीच में आता है और अघोष-ह, जो अन्यत्र प्रयोग में आता है।

1.4 अंग्रेजी की तुलना में हिंदी की ध्वनियों का वैज्ञानिक अध्ययन नहीं के बराबर हुआ है। पिछले तीन-चार दशकों में अनेक ध्वनि-यंत्रों का निर्माण हुआ है जिनके आधार पर ध्वनियों की प्रकृति का सही विश्लेषण सम्भव है। पर हिंदी के भाषा-वैज्ञानिक विश्लेषण के लिए आज भी इनका प्रयोग कम ही किया गया है। परिणाम भी स्पष्ट है। हम आज भी निश्चित रूप से कहने में असमर्थ हैं कि हिंदी की ह्-वाक्-ध्वनि अघोष है अथवा सघोष। एक ओर तो हिंदी पर काम करनेवाले भारतीय विद्वान्, ध्वनि-शास्त्र में इस स्तर पर प्रशिक्षित नहीं कि ध्वनियों का श्रौतिक आधार पर सही-सही वर्णन कर सकें और दूसरी ओर ध्वनि-यंत्रों का सहारा न लेकर वे मात्र भावपरक ढंग से प्राप्त ध्वनि-बोध के आधार पर ही अपना अंतिम निर्णय दे बैठते हैं। अतः ऐसे निष्कर्षों की वैज्ञानिकता में संदेह होना स्वाभाविक है।

1.5 यहाँ एक तथ्य की ओर संकेत दे देना आवश्यक है। कोई वाक्-ध्वनि, स्वर, अर्द्धस्वर या व्यंजन है, इसका निर्णय उसकी ध्वन्यात्मक (phonetic) प्रकृति के आधार पर करना उचित नहीं। आधुनिक भाषाविज्ञान यह मानता है कि स्वर-व्यंजन का विभाजन वस्तुतः ध्वनिग्रामिक स्तर पर करना ही वैज्ञानिक है। हिंदी की ह्-वाक्-ध्वनि, स्वर, व्यंजन अथवा अर्द्ध-स्वर है–इसका विवेचन उसकी भाषाशास्त्रीय कार्य-सिद्धि (linguistic function) के आधार पर ही करना उचित है।

पर इसके पूर्व यह देखना अनुचित न होगा कि इस विषय में आज तक की मान्य धारणाएँ क्या हैं ?

2.0 अधिकांश भाषा-वैज्ञानिक हिंदी के ह्-स्वनिम को काकल्यसंघर्षी सघोष ध्वनि मानते हैं। इस मत को माननेवालों में आर्येंद्र शर्मा, धीरेंद्र वर्मा, उदयनारायण तिवारी, किशोरीदास वाजपेयी आदि विद्वान हैं जो ह्-स्वनिम के आदि, मध्य और अंत–तीनों स्थितियों में उसके सघोष होने पर बल देते हैं, अर्थात् उनकी दृष्टि में–हाथी, साहूकार और वह, शब्दों के ह्-स्वनिम सघोषसंघर्षी ध्वनि है। इस मत को स्वीकार करनेवालों में रूसी विदुषी कतेनिना, अनेक भारतीय भाषाओं के ज्ञाता

रूदिन और चेक विद्वान् परिझका भी हैं।

2.1 विद्वानों का एक दूसरा वर्ग आदि और अंत्य ह्-स्वनिम में विभेद रखता है। डॉ. कादिरी आदि 'ह' को संघोष मानते हैं और डॉ. सक्सेना शब्दांत में स्थित ह्-स्वनिम को सघोष स्वीकार करते हैं। बाबू श्यामसुंदर दास दो स्वरों के मध्य में 'ह' को तो सघोष मानते हैं पर आदि और अंत दोनों ही स्थितियों में वह उसे अघोष स्वीकार करते हैं। डॉ. भोलानाथ तिवारी आदि-'ह' को अघोष तथा मध्य और अंत्य को सघोष मानते हैं। डॉ. जायसवाल के मतानुसार अंत्य ह, सदा अघोष रहता है।

2.2 एक समुदाय ऐसा भी है जो स्पष्ट रूप से यह संकेत नहीं देता कि हिंदी का ह्-स्वनिम सघोष है अथवा अघोष। उसके मतानुसार हिंदी ह्-स्वनिम की ध्वन्यात्मक प्रकृति ठीक वैसी है जैसी अंग्रेजी के ह्-स्वनिम की। इस वर्ग में श्कालबर्ग, हार्ले और बेली का नाम लिया जा सकता है। इसका अर्थ यह हुआ कि ह्-स्वनिम मूलतः अघोष, संघर्षी ध्वनि है पर दो स्वरों के मध्य की स्थिति में उसकी प्रकृति सघोष होती है।

2.3 जिस प्रकार ह्-स्वनिम के अघोष-सघोष होने में विद्वानों के बीच मतभेद है, उसी प्रकार 'विसर्ग' को लेकर भी विद्वान एकमत नहीं। अधिकांश विद्वान, संस्कृत भाषा के वर्णित ध्वनि के आधार पर इसे अघोष मानते हैं और कुछ विद्वान्, हिंदी में इसकी कोई अलग स्वनिमिक सत्ता न स्वीकार कर, ह्-स्वनिम के अनुरूप ही उसकी ध्वन्यात्मक प्रकृति भी मानते हैं अर्थात् कभी सघोष और कभी अघोष। इस संदर्भ में अघोष-सघोष की चर्चा न उठाकर श्कालबर्ग विसर्ग को अर्द्ध-ह् कहना अधिक उचित समझते हैं। परिझका और डॉ. भोलानाथ तिवारी इसे सघोष ध्वनि के रूप में स्वीकार करते हैं।

कहने का तात्पर्य यह कि हिंदी के ह्-स्वनिम एवं विसर्ग की ध्वन्यात्मक प्रकृति के विषय में अभी तक मतभेद बना हुआ है और यह मत-वैभिन्न्य इतना अधिक है कि सामान्य पाठक के लिए यह ज्ञात कर पाना असम्भव-सा है कि उसकी वास्तविक प्रकृति है क्या ? हिंदी की भाषा-विज्ञान सम्बन्धी पुस्तकों में इतने विभिन्न मत सम्भवतः ही किसी और ध्वनि को लेकर देखने में मिलते हैं।

3.0 आदि, मध्य और अंत्य–इन तीन स्थितियों को ध्यान में रखकर मैंने हिंदी के 50 ऐसे शब्दों को टेप किया जहाँ ह्-स्वनिम का प्रयोग हुआ है। साथ में 8 ऐसे शब्दों को लिया जिससे विसर्ग की वास्तविक प्रकृति का विश्लेषण सम्भव हो। सूचक (informants) के रूप में तीन ऐसे भारतीय चुने गये जिनकी मातृभाषा हिंदी है। इन शब्दों के आसिलोग्राफिक और स्पेक्ट्रोग्राफिक चित्र के आधार पर ह् ध्वनि का विश्लेषण सम्पन्न किया गया। ये प्रयोग लेनिनग्राद विश्वविद्यालय के प्रयोगात्मक ध्वनि-विज्ञान विभाग में किये गए। ध्वनि-सम्बन्धी कुछेक निष्कर्ष

निश्चय ही प्रचलित कई धारणाओं के विरुद्ध हैं और कुछ कई विवादपरक विवरण से उत्पन्न भ्रम को दूर करने में समर्थ हैं।

3.1 इन प्रयोगों के आधार पर निष्कर्ष रूप में यह कहा जा सकता है कि हिंदी के ह्-स्वनिम के दो संस्वन हैं–सघोष-ह और अघोष-ह। आदि स्थिति में सदा अघोष-ह का प्रयोग होता है और अन्यत्र, सघोष-ह का। तीनों सूचकों की बोली और सभी शब्दों में यह वितरण अपवादरहित है।

3.2 जहाँ तक विसर्ग का प्रश्न है, हिंदी की ह-ध्वनि से वह भिन्न नहीं। वह भी सदा सघोष रहता है क्योंकि विसर्ग का वितरण आदि स्थिति में है ही नहीं। यह बात दूसरी है कि बोलचाल की भाषा में मध्य स्थिति में आनेवाला विसर्ग उच्चरित नहीं होता। उस स्थिति में परवर्ती-व्यंजन को दीर्घ करके बोला जाता है।

3.3 हाल में प्रकाशित अपनी पुस्तक 'भाषा-शास्त्र की रूपरेखा' में डॉ. तिवारी भी यह मानते हैं कि ह-स्वनिम के दो संस्वन हैं–"इसका एक संस्वन (ह्) है जो कि काकल्यसघोष व्यंजन है। यह शब्द के अंत तथा दो स्वरों के मध्य में आता है।" पर आश्चर्य है कि इसके विपरीत भी वे स्वनिम के रूप में (ह) को अघोष व्यंजन के रूप में स्वीकार करते हैं।

वस्तुतः जो संस्वन वितरण में सबसे कम सीमित होता है, वही स्वनिम का प्रतिनिधि-संस्वन (टाइप-ध्वनिग्राम) के रूप में मान्य होता है। उसी की ध्वनि के अनुरूप उस भाषा में बोलनेवाले व्यक्ति, उस स्वनिम के अन्य संस्वनों को सुनते हैं। हिंदी में सघोष-ह ही वितरण में सर्वाधिक कम सीमित है, अतः स्वनिम के टाइप-संस्वन के रूप में उसी को स्वीकार करना चाहिए। इसका प्रमाण है कि बावजूद इसके आदि स्थिति में–हवा, ह्रस्व, हल आदि शब्दों में, यह अघोष के रूप में उच्चरित किया जाता है पर स्वतंत्र रूप से जब कभी इसका उच्चारण होता है, तो उसको सदा सघोष ध्वनि के रूप में उच्चरित किया जाता है और हिंदी भाषा-भाषी आदि स्थिति में उच्चरित होनेवाले अघोष-ह को भी सघोष के रूप में ही सुनते हैं।

अतः निष्कर्ष-रूप में यह कहा जा सकता है कि हिंदी में विसर्ग और ह-वाक् ध्वनि की ध्वन्यात्मक प्रकृति में कोई अंतर नहीं तथा ह-स्वनिम के दो संस्वन हैं–

[ह] -सघोष, काकल्यसंघर्षी

(ह) आदि स्थिति में

(ह) अन्यत्र

4.0 अगर ह-ध्वनिग्राम के संयोग से बने व्यंजन-गुच्छों का पता लगाया जाय तो एक अत्यंत दिलचस्प स्थिति सामने आती है (व व स व व) के अनुरूप शब्दों को ध्यान में रखकर व और व के स्थान पर आनेवाले ह्-स्वनिम का पता

लगाने का प्रयत्न किया गया। यह तथ्य महत्त्वपूर्ण है कि आदि-स्थिति में ह-स्वनिम केवल $व_2$ [$व_2$ $व_1$ स -] और अंत्य स्थिति में केवल $व_1$ (-स $व_1$ $व_2$) के स्थान पर मिलता है।

4.1 दूसरा महत्त्वपूर्ण तथ्य यह है कि ह-स्वनिम केवल [र], [य], और [व] के साथ ही सच्चे अर्थों में गुच्छ का निर्माण करता है। और यह ध्यान देने की बात है कि संघर्षी ध्वनियों (जिनके महाप्राण-रूप का प्रश्न ही नहीं उठता) को छोड़कर हिंदी के मात्र ये ही वे व्यंजन-स्वनिम हैं जिनका महाप्राणरूप, स्वनिम के स्तर पर नहीं है।

4.2.0 कुछ विद्वान [र], [य], और [व] के अतिरिक्त [म] और [न] ध्वनिग्रामों का भी निर्देश देते हैं जिनके साथ [ह], व्यंजन-गुच्छ का निर्माण करता है। डॉ. तिवारी इनके अतिरिक्त-ह् स, ह् य, ह् क, ह् श व्यंजन-गुच्छों की सत्ता भी स्वीकार करते हैं।

4.2.1 इस स्थिति को स्पष्ट करने के लिए कुछ और प्रयोग किए गए। जलसा-सहसा, बनता-बहता, बसना-बहना, कमरा-पहरा आदि ऐसे बीस शब्दों की जोड़ी बनाई गई और उसे तीनों सूचकों की धीमी और तीव्र गति से पढ़ने को दिया गया। टेप पर लिखने के बाद उसका आसिलोग्राफिक चित्र लिया गया। उसके विश्लेषण से दो एक अत्यंत महत्त्वपूर्ण तथ्य सामने आये। सहसा [स्+अ+ह्+(अ)+स+आ], बहता [ब्+अ+ह्+(अ)+त+आ], बहना [व्+अ्+ह+(अ)+न+आ], पहरा [प्+अ+ह्+(अ)+र+आ] का संक्षिप्त (reduced) 'अ' हर स्थिति में बना रहा, जिसे आसिलोग्राफिक चित्र में असंदिग्ध रूप से पहचाना जा सकता है, पर जलसा [ज्+अ+ल्+(अ)+स+आ], बनता [ब्+अ+न्+(अ)+त+आ], बसना [ब्+अ+स्+(अ)+न+आ], कमरा [क्+अ+म्+(अ)+र+आ] का संक्षिप्त 'अ', तीव्र गति से बोले गए शब्दों में तो 100 प्रतिशत स्थिति में लुप्त हो गए और धीमी गति से उच्चरित शब्दों में मात्र 18 प्रतिशत स्थिति में ही उसकी उपस्थिति देखने को मिली।

इससे स्पष्ट है कि जब जलसा, बनता, बसना, कमरा आदि शब्दों के बीच, व्यंजन-गुच्छ की स्थिति स्वीकार की जा सकती है वहाँ सहसा, वहता, वहना, पहरा में उसे व्यंजन-गुच्छ के रूप में नहीं माना जा सकता।

4.2.2 ब्रह्म, आह्लाद ऐसे शब्दों में एक दूसरी ही स्थिति देखने को मिलती है। तीनों सूचकों को ये दोनों शब्द तीन विभिन्न संदर्भों में तीन वार बोलने को दिये गए। इन दोनों शब्दों के 9 आसिलोग्राफिक चित्र के विश्लेपण से स्पष्ट है कि 8 घटनाओं में ब्रह्म (व्+र+अ+ह्+म्) को तो उन्होंने [म] के महाप्राण के रूप में उच्चारण किया है अर्थात् उसका उच्चारण ब्रह्म (व्+र+अ+म्ह) के समान है। इसी प्रकार आह्लाद (आ+ह्+ल्+आ+द) शब्द की 7 घटनाओं में उन्होंने [ल]

महाप्राण-रूप के साथ उच्चारण किया, अर्थात् उसका उच्चारण-आल्हाद (आ+ल्ह+आ+द) के समान है। ब्रह्म और आह्लाद के जो क्रमशः एक और दो–दूसरे रूप मिलते हैं जिसमें [म] अथवा [ल] का महाप्राण के साथ उच्चारण नहीं दिखलाई पड़ता, पर वहाँ ह+म और ह+ल के बीच संक्षिप्त 'अ' का आगम हो गया है अर्थात् उच्चारण में वे [ब्+र्+अ+ह्+(अ)+म] और [आ+ह्+(अ)+ल्+आ+द्] के रूप में बोले गये हैं।

4.3 इन तथ्यों के आधार पर–अर्थात् व्यंजन-गुच्छ में 'ह' उन स्थानों पर आता है जहाँ महाप्राणत्व नहीं आता (व्यंजन-गुच्छों में 'ह' हमेशा पहला व्यंजन होता है) और यह उन्हीं व्यंजनों के साथ गुच्छ बनाता है जिसका महाप्राण रूप नहीं होता–यह कहा जा सकता है कि हिंदी व्यंजनस्वनिमों के महाप्राण रूप और ह-संयुक्त व्यंजन-गुच्छ, परिपूरक वितरण (complimentary distribution) में हैं।

5.0 जहाँ तक सापेक्षिक दीर्घता का सम्बन्ध है, उसमें ह-स्वनिम की प्रकृति अन्य संघर्षी ध्वनियों की प्रकृति से भिन्न है। अगर हम गुच्छ-रहित 'ह' अर्थात् (व स-) की स्थिति में उसकी दीर्घता का माप लें और फिर उसकी तुलना [र] और [व] ध्वनिग्राम के साथ उसकी गुच्छ अर्थात् (व व स -) की स्थिति के माप से करें, तो स्पष्ट हो जाता है कि गुच्छ की स्थिति में उसकी दीर्घता, गुच्छरहित स्थिति की तुलना में हमेशा कम हो जाती है।

नीचे तालिका में तीन सूचकों द्वारा बोले शब्दों में [ह] की दीर्घता को मिलीसेकंड के माप के रूप में दिया जा रहा है :

	पहला सूचक	दूसरा सूचक	तीसरा सूचक
ह-(व स-)	105	70	90
(व व स-)			
ह् र्-	95	40	75
ह् व्-	90	60	70

5.1 लेकिन नीचे दी गई तालिका से स्पष्ट हो जाता है कि हिंदी की अन्य संघर्षी ध्वनियों अर्थात् फ़्, स्, श्, की स्थिति ठीक इसके विपरीत है। गुच्छ की स्थिति की उनकी दीर्घता हमेशा गुच्छरहित स्थिति की दीर्घता से अधिक है।

	पहला सूचक	दूसरा सूचक	तीसरा सूचक
फ्-	70	120	110
प्र्	80	135	130

	पहला सूचक	दूसरा सूचक	तीसरा सूचक
स्-	140	080	120
स् र्-	175	095	140
स् व्-	155	100	135
श्-	140	075	105
श् र्-	155	115	125
श् व्-	150	125	135

6.0 कुछ भाषा- वैज्ञानिकों ने यह स्वीकार किया है कि सभी, तभी, जभी आदि अव्यय, सब+ही, तब+ही, जब+ही के संयोग के परिणाम हैं। इस आधार पर यह भी कहा जा सकता है कि सभी, तभी, जभी आदि शब्दों में पाया जानेवाला महाप्राणत्व और कुछ नहीं, ह-स्वनिम का ही एक रूप है। रूप के स्तर पर यह परिवर्तन (morphophonemic alternation) सही हो सकता है। पर यहाँ एक तथ्य पर विशेष ध्यान देने की आवश्यकता है।

6.1 ह-ध्वनि, जब (र) या (व) के साथ व्यंजन-गुच्छ बनाती है तब उसकी दीर्घता तो कम हो जाती है पर र और व ध्वनियाँ ठीक उसी प्रकार संगीतात्मक (musical) और स्वरात्मक (sonorous) बनी रहती हैं, जैसे–'रस' और 'वे' शब्दों में। कहने का तात्पर्य यह कि 'ह्रस्व' अथवा 'ह्वेल' शब्दों के आसिलोग्राफिक चित्रों में दिखलाई पड़नेवाला 'र' और 'व' अपने पूर्ववर्ती ह-ध्वनि के प्रभाव से असंगीतात्मक और अस्वरात्मक नहीं बनते और उनकी प्रकृति ठीक वैसी ही दिखलाई पड़ती है जैसी 'रस' और 'वे' शब्दों के चित्रों में मिलती है।

6.2 पर महाप्राण ध्वनियों की स्थिति इससे भिन्न है, क्योंकि जब ये 'र' और 'व' के साथ व्यंजन-गुच्छों का निर्माण करते हैं (जैसे–भ्रष्ट, ध्वस्त) तब न केवल उनकी दीर्घता कम हो जाती है वरन् उसके साथ-ही-साथ 'र' और 'व' ध्वनियाँ असंगीतात्मक और अस्वरात्मक भी हो उठती हैं। 'भ्रष्ट' और 'ध्वस्त' में पाये जानेवाले 'र' और 'व' ध्वनियों की प्रकृति ठीक वैसी ही नहीं मिलती जैसी 'रस' और 'वन' शब्दों के आसिलोग्राफिक चित्रों में 'र' और 'व' की है। वे निश्चित रूप में इनकी तुलना में अधिक अस्वरात्मक हैं।

6.3 यह भी महत्त्वपूर्ण तथ्य है कि व्यंजन-गुच्छ की स्थिति में महाप्राण ध्वनियों की दीर्घता में जो न्यूनता आती है वह उसके स्पर्श भाग के फलस्वरूप नहीं आती। वस्तुतः वह उसके महाप्राणत्व भाग की न्यूनता होती है। कहने के लिए यह कहा जा सकता है कि व्यंजन-गुच्छ की स्थिति में ह–ध्वनिग्राम और महाप्राण व्यंजन–दोनों की ही दीर्घता कम हो जाती है, अतः इन दोनों की ध्वन्यात्मक

प्रकृति में कुछ समरूपता है। पर किंचित भी गहराई पर यह धारणा भ्रामक सिद्ध हो जाती है।

6.4 उदाहरण के लिए 'भर' और 'भ्रष्ट' शब्दों के 'भ' की दीर्घता को ही लें–

	ब	महाप्राण -	म -
भर	65	65	130
भ्रष्ट	65	30	95

ऊपर की तालिका से स्पष्ट है कि व्यंजन-गुच्छ की स्थिति में भ की दीर्घता, गुच्छरहित स्थिति की तुलना में कम है। लेकिन इस तालिका से यह भी स्पष्ट है कि [भ] का स्पर्श भाग अर्थात् ब- की दीर्वता अप्रभावित है और दोनों ही स्थितियों में उसका माप 65 ही है। लेकिन महाप्राण-भाग की दीर्घता, व्यंजन-गुच्छ की स्थिति में कम हो जाती है। यहाँ तक तो स्थिति ठीक वैसी ही है जैसी ह-ध्वनिग्राम की [र] ध्वनिग्राम के संयोग की है। पर 'भ्रष्ट' के चित्र में प्राप्त [र] का असंगीतात्मक और अस्वरात्मक तत्त्व इस तथ्य की ओर भी संकेत करता है कि वस्तुतः इस शब्द में महाप्राण की दीर्घता कम नहीं हुई है, अपितु महाप्राणत्व-तत्त्व का प्रसार [र] तक हो गया है। ध्यान देने की बात है कि जहाँ कहीं भी ऐसे व्यंजन-गुच्छों में महाप्राणत्व की दीर्वता कम होती है वहाँ उसका परवर्ती संगीतात्मक और स्वरात्मक व्यंजन, एक सीमा तक, असंगीतात्मक और अस्वरात्मक हो उठता है। पर यह स्थिति ह्रस्व, हृदय आदि शब्दों में देखने को नहीं मिलती।

इससे स्पष्ट है कि ह-स्वनिम की प्रकृति, महाप्राण की ध्वन्यात्मक प्रकृति से भिन्न है।

7.0 महाप्राण की स्वनिमिक सत्ता के निर्धारण का आधार स्वनिमिक नियमों को भी बनाना सम्भव है। स्वनिम, वस्तुतः भाषा की स्वनिमिक व्यवस्था की इकाई के रूप में ही सिद्ध करते हैं, अतः उस व्यवस्था से सम्बद्ध नियम उनकी प्रकृति के उद्‌घाटन में सहायक माने जा सकते हैं।

उदाहरण के लिए हिंदी में स्वनिमिक व्यवस्था से सम्बद्ध एक अ-लोप का नियम है। इस नियम के अनुसार अ-लोप तभी हो सकता है, जबकि उसका पूर्ववर्ती या परवर्ती व्यंजन, एकलरूप हो अर्थात् व्यंजन-गुच्छ में न हो। उदाहरण के लिए–

पलक [palak] – पलकों [palkō]
औरत [orat] – औरतें [ortē]
सनक [sanak] – सनकी [sankī]

पलकों, औरतें और सनकी में अ-लोप का नियम लागू दिखाई देता है, क्योंकि इन शब्दों में अ-स्वर का पूर्ववर्ती और परवर्ती व्यंजन किसी गुच्छ-रूप

में न होकर एकल रूप में है। पर इसके विपरीत खंड 'क' और 'ख' के शब्दों पर ध्यान दें–

(क) पुस्तक [pustak] – पुस्तकों [pustakō]
दर्पण [darpan] – दर्पणों [darpanō]
सुंदर [sundar] – सुंदरी [sundarī]
(ख) पलंग [palang] – पलंगों [palangō]
शतरंज [shatranj] – शतरंजों [shatranjō]
दरख़्त [daraxt] – दरख़्तों [daraxtō]

खंड-'क' के शब्दों में अ-पूर्व स्थिति में व्यंजन-गुच्छ हैं और खंड-'ख' में अ-पश्च स्थिति में। व्यंजन-गुच्छ स्थिति में होने के कारण इन शब्दों में 'अ' का लोप नहीं हुआ, जैसाकि 'पलकों, औरतें, सनकी' शब्दों में देखने को मिलता है।

7.1 अ-लोप के इस नियम को महाप्राण व्यंजन-ध्वनियों के संदर्भ में भी यह पता लगाने के लिए लागू किया जा सकता है कि उनकी प्रकृति एकल स्वनिम की है या व्यंजन-गुच्छ की। अगर वे एकल-स्वनिम है तो अ-का लोप उसी प्रकार हो जाना चाहिए जैसाकि 'पलकों, औरतें और सनकी' में। और अगर वे व्यंजन-गुच्छ हैं तो अ-लोप का नियम उसी प्रकार इन शब्दों पर भी नहीं लागू होना चाहिए, जिस प्रकार 'पुस्तकों और पलंगों' पर नहीं लागू होता !

7.2 पुस्तक-टाइप (vchəc)

उथल (uthal) – उथला (uthlā)
उछल (uchhal) – उछला (uchhlā)
बैठक (beithak) – बैठकों (bɛthkō)

पलँग-टाइप (palang)

उलझ (ulajh) – उलझा (uljha)
समझ (samajh) – समझा (samjha)
परख (parakh) – परखा (parkha)

इन उदाहरणों से स्पष्ट है कि महाप्राण ध्वनियाँ, व्यंजन-गुच्छ के रूप में सिद्ध नहीं हैं। अगर वे व्यंजन-गुच्छ के रूप में सिद्ध रहतीं तो उन्हें 'पुस्तक' या 'पलँग'-टाइप के शब्दों की भाँति अ-लोप के नियम को लागू नहीं होने देना चाहिए था। पर वस्तुस्थिति इसके विपरीत है। 'उथला' और 'उलझा'–दोनों ही स्थितियों में अ-लोप उसी प्रकार होता है, जैसाकि 'पलकों' और 'सनकी' में। अतः निष्कर्ष रूप में कहा जा सकता है कि स्वनिमिक धरातल पर हिंदी की महाप्राण व्यंजन-ध्वनियाँ, व्यंजन-गुच्छ नहीं हैं।

9

हिंदी में नासिक्य, अनुस्वार और अनुनासिकता की समस्या

1.0 हिंदी में नासा-विवर का सार्थक उपयोग करनेवाली ध्वनियों को तीन वर्गों में विभाजित करना सम्भव है। संस्कृत के आचार्यों ने इन तीन वर्गों के लिए तीन नाम दिए हैं–नासिक्य, अनुस्वार और अनुनासिक। इन तीन वर्गों के अंतर्गत आनेवाली ध्वनियों पर जितनी गम्भीरता से विचार करना अपेक्षित है, उतना अभी विचार नहीं किया गया है। अभी भी इनसे सम्बन्धित कुछ ऐसी समस्याएँ और प्रश्न हैं जिन पर विद्वान एकमत नहीं दिखते। अतः यह आवश्यक है कि इन पर अलग-अलग विचार कर लिया जाए।

पर इन पर विचार करते समय यह ध्यान देना आवश्यक है कि नासिक्य, अनुस्वार और अनुनासिकता एक स्तर पर एक-दूसरे से सम्बद्ध संकल्पनाएँ भी हैं अर्थात् एक संकल्पना को उसकी पूरी सार्थकता के साथ समझने के लिए दूसरी की अपेक्षा बनी रहती है। अतः हिंदी में इनकी स्थिति को समझने के पहले यह आवश्यक हो जाता है कि हम तीनों के तात्पर्यबोध को ठीक से समझ लें।

1.1 **नासिक्य :** नासिक्य शब्द का प्रयोग के धरातल पर दो अर्थ हैं–व्यापक और सीमित। अपने व्यापक अर्थ में यह एक अभिलक्षण (feature) है जो यह संकेत देता है कि किसी ध्वनि के उच्चारण में वायु-प्रवाह नासा-विवर से होकर भी निकला है। इस अर्थ में यह शब्द मौखिक (oral) का विलोम/विपरीतार्थक माना जा सकता है, अर्थात् [प, ब] ध्वनियाँ अगर मौखिक हैं तो [म] उसका संवादी नासिक्य, इसी प्रकार [त, द] अथवा [क, ग] मौखिक ध्वनियों की संवादी नासिक्य, ध्वनियाँ क्रमशः [न] और [ङ] हैं। स्वरों के संदर्भ में [अ, आ, उ, ऊ] आदि मौखिक ध्वनियों की संवादी नासिक्य ध्वनियाँ [अँ, आँ, उँ, ऊँ] मानी जा सकती हैं।

अपने सीमित अर्थ में नासिक्य, अनाश्रित नासिक्य व्यंजन हैं। इस संदर्भ में यह उन नासिक्य स्पर्श व्यंजनों की ओर संकेत करता है, जिसकी उच्चारणात्मक

प्रकृति, अपने परिवेश की अन्य ध्वनियों पर आश्रित नहीं होती अर्थात् उच्चारण सम्बन्धी अभिलक्षणों में ये स्वतंत्र (अनाश्रित) होते हैं। अनाश्रित होने के कारण ये अनुमेय-रहित (unpredictable) होते हैं। उदाहरण के लिए 'मत, नत, रण' में [म्, न् और ण्] ध्वनियों को ही लें। ये स्वतंत्र और अनाश्रित इस संदर्भ में कही जा सकती हैं कि उनकी उच्चारणात्मक प्रकृति को कोई अन्य ध्वनि नियंत्रित नहीं करती। अतः अनाश्रित होने के कारण ये अनुमेयरहित हैं। यही स्थिति 'हम' में 'म्' की है।

पर अगर 'हम' की 'म्' ध्वनि की तुलना 'अहम्' शब्द की 'म्' ध्वनि से करें, तो एक और स्थिति सामने आती है। 'हम' का 'म्' हमको, हमसे, हमने आदि में 'म्' ध्वनि रूप में ही बना रहता है पर 'अहम्' का 'म्' परवर्ती व्यंजन-ध्वनियों के अनुरूप बदल जाता है, यथा–

अहम्+ता–अहन्ता~अहंता
अहम्+कार–अहङ्कार~अहंकार
अहम्+भाव–अहम्भाव~अहंभाव

नासिक्य शब्द के सीमित अर्थ के संदर्भ में 'मत, नत, रण, हम' में प्रयुक्त अनाश्रित ध्वनियाँ, यथा–म, न, ण ही आनी चाहिए न कि 'अहम्' में प्रयुक्त आश्रित ध्वनि [म]। ऐसी आश्रित ध्वनियों के वर्ग को अनुस्वार कहा जाता है।

1.1 हिंदी में अनाश्रित नासिक्य ध्वनियाँ मूलतः तीन हैं–न्, म् और ण्। इन तीनों को व्यतिरेकी वितरण में देखा जा सकता है। अतः हिंदी में इन तीनों की स्वनिमिक सत्ता है। अपने वितरण में न् और म् तो आदि या दो स्वरों के बीच आ सकती हैं पर ण् का प्रयोग आदि स्थिति में नहीं मिलता। साथ ही यह भी कहा जा सकता है कि 'ण्' का प्रयोग तत्सम शब्दों तक ही सीमित है। बोलचाल के रूप में यह ध्वनि 'न्' के रूप में परिवर्तित हो जाती है–

कण~कन
कोण~कोन
लवण~लवन
गणना~गनना
वाण~बान

हिंदी ध्वनियों के विकास के संदर्भ में यह संकेत दिया जाता है कि 'म्' और 'न्' के अब महाप्राण रूप 'म्ह' और 'न्ह' भी मिलने लगे हैं, यथा–कुम्हार, कुम्हड़ा, तुम्हें, और कन्हाई, उन्हें। कुछ स्थितियों में इनके व्यतिरेकी युग्म भी देखे जा सकते हैं, यथा–

कुमार # कुम्हार
कान # कान्ह

ऐतिहासिक विकास के संदर्भ में यह संकेत देना अनुचित नहीं कि हिंदी में ही नहीं वरन् सामान्यतः सभी भाषाओं में नासिक्य ध्वनियों के महाप्राण-रूप का आविर्भाव उस व्यंजन-गुच्छ का ही परिणाम होता है, जिसे N+(C)h अथवा N+S के रूप में पाते हैं। उदाहरण–

कुम्भकार > कुम्भार > कुम्हार

कुष्माण्डक > कुम्हड़ा

कृष्ण > कान्ह

2.0 **अनुस्वार :** उन नासिक्य व्यंजन-ध्वनियों के वर्ग को कहते हैं जो अपनी उच्चारणात्मक प्रकृति में अपने परिवेश पर आश्रित होती हैं। स्वनिमिक व्यवस्था के संदर्भ में इसकी प्रकृति आर्की-स्वनिम /N*/ की होती है। अगर आर्की-स्वनिम के रूप में अनुस्वार की सत्ता मानी जाए और उसके साथ यह कहा जाए कि उसकी उच्चारणात्मक प्रकृति, परिवेश द्वारा नियंत्रित है, अर्थात् जैसा 1.1 में दिखलाया गया है, विभिन्न परिवेश में वह विभिन्न रूपों (न्, म्, ण्, ञ्, ङ्) में प्रतिफलित होने के लिए बाध्य है तब पहली आवश्यकता उसके परिवेश को परिभाषित करने की बनती है।

* [देवनागरी लिपि में अनुस्वार बिन्दु (ं) द्वारा संकेतित करने का विधान है।]

2.1 अनुस्वार के वितरण के संदर्भ में दो परिवेश हिंदी में मिलते हैं–

(क) व्यंजन पूर्व अर्थात् V–C

(ख) शब्दांत अर्थात् V–#

दोनों ही स्थितियों में इसकी पूर्ववर्ती ध्वनि स्वर है।

आर्की-स्वनिम के रूप में अनुस्वार (N*) के स्वन रूप में प्रतिफलित होने के नियम भी तदनुरूप दो हैं–

(क) व्यंजन पूर्व अर्थात् V–C में N* अपना रूप परवर्ती व्यंजन के अनुरूप ग्रहण करता है अर्थात् उच्चारण-स्थान की दृष्टि से उसकी प्रकृति परवर्ती व्यंजन की सवर्णी अर्थात् तुल्यस्थानीय (hom-organic) होती है।

उदाहरण के लिए अगर 'पण्डित, कम्पन, दन्त' आदि शब्दों में 'ण्, म् और न्' को अनुस्वार (N*) माना जाता है तो यह अनुस्वार (N)* 'पण्डित' में मूर्धन्य ध्वनि (ड्) के कारण मूर्धन्य नासिक्य [ण्] 'कम्पन' में द्वयोष्ठ्य [प] के कारण द्वयोष्ठ्य नासिक्य (म्) और 'दन्त' में वर्त्स्य नासिक्य (त्) के कारण वर्त्स्य (न्) के रूप में प्रतिफलित माना जा सकता है।

(ख) शब्दांत अर्थात् V–# परिवेश में N*, (म्) के एक निश्चित रूप में प्रतिफलित होता है, यथा–अहम्, सम्+।

ऊपर दिए गए नियमों को निम्नलिखित नियम द्वारा समझाया जा सकता है–

$$\text{अनुस्वार (N*)} \left\{ \begin{array}{ll} \begin{bmatrix} \text{नासिक्य} \\ \text{+तुल्यस्थानीय।} \end{bmatrix} & /\text{स्वर}-[\text{व्यंजन}_1] \\ \begin{bmatrix} \text{नासिक्य} \\ \text{द्वयोष्ठ} \end{bmatrix} & /\text{स्वर}-\# \end{array} \right\} \begin{array}{l} \text{(क)} \\ \text{(ख)} \end{array}$$

2.2 अनुस्वार सम्बन्धी ये नियम, रूपिम के भीतर भी प्रयुक्त हो सकते हैं और रूपिम के बाहर भी, जिन्हें क्रमशः अंतर्-रूपिम (Intra-morphemic) और अन्तरा-रूपिम (Inter-morphemic) कहा जा सकता है।

अन्तरा-रूपिम के निम्नलिखित उदाहरण देखे जा सकते हैं–

दंत	–	दन्त
कंप	–	कम्प
भंग	–	भङ्ग
पंडित	–	पण्डित
अंडा	–	अण्डा
कंचन	–	कञ्चन
अहं	–	अहम्

अन्तरा रूपिम के निम्नलिखित उदाहरण दिए जा सकते हैं–

(1) सं (सम्) /saN*/+	ताप	सन्ताप
	चय	सञ्चय
	बोधन	सम्बोधन
	मान	सम्मान
	गीत	सङ्गीत
(2) अहं (अहम्) /ahaN*/ +	ता	अहन्ता
	कार	अहङ्कार
	भाव	अहम्भाव

(ग) [य, व, र, ल,] ध्वनियों के पूर्व अनुस्वार की उच्चारणात्मक विशेषताओं के संदर्भ में यह संकेत दिया जा सकता है कि वह उनके अनुनासिक रूप में भी प्रतिफलित हो सकता है और (य, र, और ल) के पूर्व तुल्यस्थानीय व्यंजन-रूप में भी। यथा–

	योग	सँय्योग
सं (सम्) saN*/+	याद	सँव्वाद
	रचना	सँर्रचना
	लाप	सँल्लाप

टिप्पणी : (केवल 'राज' धातु के पूर्व अनुस्वार 'म्' रूप ग्रहण करता है, यथा–सम्राट, साम्राज्य आदि)।

3.0 ऊपर दिए गए अनुस्वार सम्बन्धी विवरण पर कुछ विद्वानों ने शंका उठाई है जिनमें पंडित, कार्डोना, केलकर का नाम विशेष रूप से लिया जा सकता है। इन विद्वानों के अनुसार 'अनुस्वार' की विवरण-स्थिति में अनाश्रित नासिक्य ध्वनियाँ भी प्रयुक्त मिलती हैं, अतः अनुस्वार और नासिक्य ध्वनियों को व्यतिरेकी माना जा सकता है। उदाहरण के रूप में उन्होंने निम्नलिखित शब्दों को सामने रखा है–

(क)	चम्का	बनाम	चंगा
	सन्की	बनाम	शंका
	जान्की	बनाम	जंघा

चमका, सनकी और जानकी के उच्चारणात्मक स्वरूप को वे [चम्का, सन्की और जान्की] मानते हैं।

(ख)	चिन्मय	वाङ्मय
	सन्मति	दिङ्नाद

(ख) वर्ग में दिए गए उदाहरणों के आधार पर उनकी यह आपत्ति है कि व्यंजन-पूर्व स्थिति में मात्र तुल्यस्थानीय नासिक्य ही नहीं आते, वरन् विषमस्थानीय नासिक्य का भी प्रयोग मिलता है। अतः अनुस्वार की वितरण-सम्बन्धी मान्यताएँ [अर्थात् V–C] उसी तक सीमित नहीं।

3.1 अगर ध्यानपूर्वक देखा जाए तो वर्ग (क) में दिए गए शब्दों का मूल रूप [चम्का, सन्की, जान्की] नहीं वरन् (चमका, सनकी, जानकी) है, अर्थात् नासिक्य व्यंजन और उसके परवर्ती व्यंजन के बीच 'अ' स्वर की सत्ता है। यह तथ्य इस बात से सिद्ध हो सकता है कि वे जिन मूल शब्दों के व्युत्पन्न रूप हैं, वे हैं (चमक, सनक और जनक), जिनमें 'अ' स्वर की सत्ता निर्विवाद रूप से बनी हुई है। अगर 'अ' स्वर की सत्ता इनके मूल रूप में है तब निश्चय ही ये उदाहरण (चंगा, शंका और जंघा) से भिन्न हैं जिनमें अनुस्वार और परवर्ती व्यंजन के बीच कोई स्वर नहीं है।

(ख) वर्ग के उदाहरण के संदर्भ में यह कहा जा सकता है कि इनके मूल रूप में तो नासिक्य व्यंजन की सत्ता ही नहीं अर्थात् वे विशेष स्वनिमिक नियम

के प्रयोग के परिणाम हैं। संस्कृत भाषा के संधि-नियम के अनुसार स्पर्शव्यंजन, नासिक्य रूप तब ग्रहण कर लेते हैं जब वे रूपिम संधि पर हों और उनके बाद नासिक्य ध्वनि हो, यथा–

चित्+मय → चिन्मय
सत्+मति → सन्मति
वाक्+मय → वाङ्मय
दिक्+नाद → दिङ्नाद

4.0 **अनुनासिकता**–अनुनासिकता, नासिक्यरंजित स्वर का अभिलक्षण है। स्वरों को दो वर्गों में विभाजित करना सम्भव है–(1) मौखिक (oral), जिसके उच्चारण में वायुप्रवाह मात्र मुख-विवर से होकर अव्याहत भाव से निकलता है। मौखिक स्वरों के उच्चारण में कौआ ऊपर की ओर उठा रहता है जिसके कारण नासा-विवर का मार्ग बन्द रहता है। (2) नासिक्यरंजित, जिसके उच्चारण में वायुप्रवाह मुख-विवर के साथ-साथ नासा-विवर के मार्ग से भी प्रवाहित होता रहता है। इसके उच्चारण के समय कौआ नीचे झुका होता है जिसके कारण नासा-विवर का मार्ग खुला रहता है।

4.1 हिंदी के सभी स्वर, सानुनासिक हो सकते हैं, यथा–

अ–अँ	:	हँस	ऊ–ऊँ	:	ऊँट
आ–आँ	:	आँख	ए–एँ	:	सेंक
इ–इँ	:	सिंचाई	ऐ–ऐं	:	भैंस
ई–ईं	:	खींच	ओ–ओं	:	गोंद
उ–उँ	:	उँगली	औ–औं	:	चौंक

टिप्पणी : लिपि-चिह्न के रूप में अनुनासिकता को चंद्रबिंदु के माध्यम से व्यक्त किया जाता है। पर जब स्वर पर मात्रा हो, तो चंद्रबिंदु के स्थान पर मात्र बिंदु लगाने की रीति है। उदाहरण के लिए अँ पर ओं, एँ पर ऐं।

4.2 हिंदी में अनुनासिकता के तीन संदर्भ देखे जा सकते हैं–

(क) विभक्तिपरक संदर्भ,
(ख) स्वनिमिक संदर्भ,
(ग) स्वनिक संदर्भ।

4.2 (क) **विभक्तिपरक संदर्भ**–इस संवर्ग की अनुनासिकता का सम्बन्ध व्याकरणिक प्रकार्य के साथ रहता है। बहुवचन के रूप में एक ओर यह संज्ञापदों में देखने को मिलता है तो दूसरी ओर क्रियापदों के शब्द-रूप में।

संज्ञापद के उदाहरण–चिड़िया : चिड़ियाँ

राजाओ (सम्बोधन) : राजाओं (तिर्यक् बहुवचन)

बच्चो : बच्चों

यह देखा जा सकता है कि सामान्य बहुवचन के रूप में +आँ (नदी-नदियाँ) और +एँ (बहू-बहुएँ) और तिर्यक् बहुवचन के रूप में +ओं (नदी-नदियों, बहू-बहुओं) हमेशा सानुनासिक स्वर के रूप में ही प्रयुक्त होते हैं।

क्रियापद के उदाहरण–है : हैं　　　उठी : उठीं

थी : थीं　　　उठे : उठें

(ख) **स्वनिमिक संदर्भ**–हिंदी में मौखिक और अनुनासिक स्वरों के व्यतिरेकी ऐसे युग्म मिल जाते हैं जो अनुनासिक स्वरों को स्वनिमिक सिद्ध करने में समर्थ हैं। उदाहरण के लिए–

सास # साँस　　　चौक # चौंक

आधी # आँधी　　　पूछ # पूँछ

गोद # गोंद

(ग) 1.**स्वनिक संदर्भ**–नासिक्य व्यंजनों के परिवेश में मूल मौखिक स्वर उच्चारण के स्तर पर सानुनासिक हो जाते हैं, यथा–

मान–(माँन)　　　कान–(काँन)

नाम–(नाँम)　　　नाक–(नाँक)

(ग) 2. अनुनासिकता के स्वनिक संदर्भ के कुछ अन्य तथ्यों की ओर भी ध्यान देना आवश्यक है। हिंदी की यह उच्चारणगत विशेषता है कि दीर्घ अनुनासिक ध्वनि के बाद अगर सघोष स्पर्श या संघर्षीव्यंजन ध्वनि आए, तो स्वर और व्यंजन के बीच एक तुल्यस्थानीय नासिक्य का आगम हो जाता है। इसे नियम के रूप में इस प्रकार व्यक्त किया जा सकता है–

संरचनात्मक विवरण : [स्वर, दीर्घ, सानुनासिक] [स्पर्श, सघोष]

1　　　2

संरचनात्मक परिवर्तन : 1 [नासिक्य, तुल्यस्थानीय] [स्पर्श, सघोष]

2

आसिलोग्राफ के माध्यम से यह भी सिद्ध हो चुका है कि तुल्यस्थानीय नासिक्य का आगम उसी स्थिति में होता है जबकि दीर्घ सानुनासिक स्वर के बाद

का स्पर्श व्यंजन सघोष हो। अगर व्यंजन अघोष है तब यह नियम लागू नहीं होता, अतः–

दाँत, साँप, काँटा, काँच

लेकिन,

चाँद , पूँजी
गेंद , भाँजा
सींग , गूँगा
ताँबा ,

5.0 हिंदी के अधिकांश शब्दों में अनुनासिकता के विकास का एक ऐतिहासिक संदर्भ है। प्राचीन हिंदी के विकास के साथ एक विशेष स्वनिमिक परिवर्तन के नियम के आधार पर हम अनुनासिकता की सत्ता पाते हैं। प्राचीन आर्यभाषा (OIA) से मध्यकालीन आर्यभाषा (MIA) के परिवर्तन के समय शब्द-मध्य में स्थित व्यंजन-गुच्छों (-cc-) का सरलीकरण हुआ अर्थात् व्यंजन-गुच्छ, एक विशेष नियम के आधार पर एकल-रूप में दिखाई देने लगे। व्यंजन-गुच्छ के एकल रूप में परिवर्तन का प्रभाव उसके पूर्ववर्ती ह्रस्व स्वरों पर भी पड़ा। वे प्रतिपूरक दीर्घीकरण (compensatory lengthening) के सिद्धांत के आधार पर दीर्घ हो गए, यथा–सप्त > सत्त > सात। यदि शब्द की ध्वनि-संरचना में व्यंजन-गुच्छ में एक व्यंजन, अनुस्वार हुआ, तो पूर्ववर्ती-स्वर दीर्घ होने के साथ-साथ नासिक्यरंजित (अनुनासिक) भी हो जाता है।

प्राचीन आर्यभाषाओं की आधुनिक आर्यभाषाओं (NIA) तक की इस स्वनिमिक परिवर्तन को नीचे तालिकाबद्ध उदाहरण के साथ दिखलाया गया है–

OIA	सप्त	कर्म	जन्म	दंत
प्राचीन आ० भाषा	↓	↓	↓	↓
MIA	सत्त	कम्म	जम्म	दंत
मध्य आ० भाषा	↓	↓	↓	↓
NIA आ० आ० भाषा	सात	काम	जाम	दाँत

5.1 यहाँ विशेष रूप से जिस तथ्य की ओर ध्यान देना आवश्यक है वह यह है कि ऐतिहासिक विकास की इस प्रक्रिया में केवल उन्हीं शब्दों में हम अनुनासिकता के अभिलक्षण सिद्ध पाते हैं जिसके मूल में 'अनुस्वार' की स्थिति रही हो। यथा–दंत > दाँत, कंप > काँप, भंग > भाँग, चंद्र > चाँद आदि। पर प्राचीन आर्यभाषा (संस्कृत) के शब्दों में अगर अनुस्वार की स्थिति नहीं है और मध्यकालीन आर्यभाषाओं (पालि, प्राकृत) में वे किसी स्वनिमिक परिवर्तन के नियम से नासिक्य गुच्छ-रूप में सिद्ध भी हो जाएँ, तब भी उनमें हम अनुनासिकता के अभिलक्षण

नहीं पाते। 'कर्म' और 'जन्म' शब्द इसके उदाहरण हैं जो पालि में आकर 'कम्म' और 'जम्म' तो हो गए, पर हिंदी या उसकी बोलियों में स्व नेमिक स्तर पर सानुनासिक नहीं माने जा सकते। इसके विपरीत 'दंत' शब्द को लें जिसके मूल रूप में अनुस्वार की सत्ता है और इस कारण हिंदी में वह सानुनासिक 'दाँत' शब्द के रूप में प्रतिफलित है।

6.0 इधर समस्या इस बात को लेकर उठाई गई है कि हिंदी में अनुस्वार और अनुनासिक शब्दों के जिन दो वर्गों को जन्म देते हैं उन्हें मूल रूप से दो भिन्न-भिन्न शब्द माना जाय अथवा एक ही शब्द के भिन्न-भिन्न रूप : उदाहरण के लिए नीचे दिए गए 'क' वर्ग और 'ख' वर्ग के शब्दों पर ध्यान दें–

क–वर्ग (अनुस्वार)		ख–वर्ग (अनुनासिक)
दंत	~	दाँत
कंप	~	काँप
भंग	~	भाँग
सिंच (न)	~	सींच(ना)

मंजरी और हाला का मत है कि इन्हें दो भिन्न-भिन्न शब्द मानना चाहिए। दो भिन्न शब्द माननेवालों के लिए यह अनिवार्य हो जाता है कि वे अनुनासिकता को भी मूल रूप में स्वीकार करें न कि अनुस्वार से व्युत्पन्न एक स्वनिमिक लक्षण के रूप में। इसके समर्थन में जो दो तथ्य हिंदी से लाए जाते हैं वे निम्नलिखित हैं–

(क) स्वतः अनुनासिकता (spontaneous nasalization) अर्थात् कुछ शब्दों में अनुनासिकता, अनुस्वार के परिवर्तित रूप में देखने को नहीं मिलती। वे स्वतः विकसित हैं, अतः ऐसे शब्दों के लिए अनुस्वार की संकल्पना निरर्थक है, यथा–

श्वास > साँस   हास्य > हँसी

अश्रु > आँसू   सर्प > साँप

प्राचीन आर्यभाषा (संस्कृत) के शब्द 'सर्प' को ही लें। पालि में 'सप्प' हो गया और हिंदी में 'साँप'। 5.0 में दिए गए नियम के अनुसार इसे 'साप' होना चाहिए था, पर हिंदी में वह सानुनासिक स्वर के साथ 'साँप' के शब्द-रूप में मिलता है।

(ख) हिंदी में कुछ शब्द ऐसे मिलते हैं जिनके मूल में कभी नासिक्य ध्वनि भले ही रही हो पर जिनके दंत-दाँत जैसे युग्म नहीं मिलते। अतः उन्हें अनुस्वार से जोड़ना उचित नहीं। यथा–धुआँ, भौंरा, बयाँ।

इसके विरोध में नारंग-बेकर और मेरा मत है, जो अनुनासिकता को आर्की-स्वनिम (N*) से जोड़कर देखने के पक्ष में है। मेरे अनुसार दंत और दाँत

एक ही शब्द के दो भिन्न रूप हैं। अगर ऐसा न होता तो हम न केवल दंत-दाँत, कंप-काँप, भंग-भाँग की ध्वन्यात्मक-प्रकृति को ठीक से समझ सकते हैं और न ही नीचे दिए शब्द-युग्मों को–पाण्डे-पाँड़े, हाण्डी-हाँड़ी, भोण्डा-भोंड़ा।

(**टिप्पणी**–इन शब्दों की चर्चा विस्तार के साथ अन्यत्र उत्क्षिप्त मूर्धन्य ध्वनियों के प्रसंग में की गई है। यहाँ केवल इतना संकेत देना अनुचित न होगा कि उच्चारण में 'पाण्डे, हाण्डी, भोण्डा' शब्द 'पाँड़े, हाँड़ी और भोंड़ा' हो जाते हैं। पर इन शब्दों में आनेवाली अनुनासिकता का कारण, नासिक्य व्यंजनों का स्वनिक संदर्भ है जिसे 4.2 में बताया गया है।)

खंड : ख

10. 'शब्द' की परिभाषा तथा उसके अर्थ-प्रतिपादन का परिप्रेक्ष्य : हिंदी के विशिष्ट संदर्भ में
11. कारक और विभक्ति
12. कारक चिह्न (परसर्ग) 'से'
13. क्रिया और क्रिया-भेद
14. क्रिया व्युत्पन्न प्रातिपदिक : कुछ रूपवैज्ञानिक प्रश्न

10

'शब्द' की परिभाषा तथा उसके अर्थ-प्रतिपादन का परिप्रेक्ष्य : हिंदी के विशिष्ट संदर्भ में

एक भाषिक इकाई के संदर्भ में 'शब्द' को सामान्यतः बहुआयामी कार्य के रूप में देखा जाता रहा है (Chao,1966)। एक ओर परम्परागत व्याकरणिक सिद्धांत 'शब्द' को सर्वोपरि इकाई स्वीकार करता है, तो दूसरी ओर आधुनिक भाषाविज्ञान इसे द्विअर्थक एवं विरोधाभासी स्थितियों में रखकर देखता है (Lyons, 1968, Mathews, 1974)। भाषा अध्ययन के परम्परागत दृष्टिकोण के आधार पर 'शब्द' को व्याकरण की सैद्धांतिक एवं संक्रियात्मक इकाई मानते हुए रूपविज्ञान एवं वाक्यविज्ञान के स्तर पर स्वीकार किया गया; अर्थात् रूपवैज्ञानिक धरातल पर इसे बाह्य शब्द-संरचना या शब्द रूप से जोड़ा गया और वाक्यीय धरातल पर अंतर शब्द-घटना के रूप में इसे भाषा संगठना का प्रमुख तत्त्व माना गया। पारदर्शी एवं बोधन-क्षमता से जुड़े रूपिम सिद्धांत में शब्द को व्युत्पन्न माना गया। इतना ही नहीं, भाषाविज्ञान में इसे 'रचना' माना गया और समाज भाषाविज्ञान में इसे पदावनत किया गया (Greenberg, 1957 : 27)। इसीलिए विभिन्न विद्वान 'शब्द' की संकल्पना को उसकी प्रकृति में विविधरूपी मानते हुए भाषायी विश्लेषण की दृष्टि से इसे पूर्णतः अनुपयुक्त सिद्ध करते हैं (Wells, 1947)। इस संदर्भ में यह एक रोचक तथ्य है कि भाषायी रचना की दृष्टि से 'रूपिम' को शब्द का उचित विकल्प नहीं माना गया है। यहाँ लायन्स (1970 : 22) के विचार द्रष्टव्य हैं कि भाषाविज्ञान में 'रूपिम' का प्रयोग व्यापक स्तर पर होने के साथ-साथ अधिकांशतः भ्रमपूर्ण ही है। यहाँ पर भी ध्यान देने योग्य तथ्य है कि रूपवैज्ञानिक एवं वाक्यवैज्ञानिक तथ्यों की चर्चा करते समय परम्परागत वैयाकरण भाषाविश्लेषण के लिए शब्द-सापेक्ष दृष्टि का ही निर्वाह करते रहे। आधुनिक भाषाविज्ञान में प्रशिक्षित अनेक विद्वान हिंदी संरचना विश्लेषण के समय, रूपिम या वाक्य के आधार को प्राथमिकता देते देखे जा सकते हैं। यही कारण है कि किशोरीदास वाजपेयी

का 'शब्दानुशासन' व्याकरण की व्यापक संकल्पना का पर्याय बन गया है (Vajpeyi, 1966), और काचरू के आलेखों में भी 'शब्द' को कोई निश्चित प्रतिष्ठा देने का प्रयत्न नहीं दिखाई देता। यहाँ शब्द की परम्परागत संकल्पना पर संक्षेप में विचार कर लेना असमीचीन न होगा, क्योंकि एक ओर हिंदी वैयाकरणों की पुरानी पीढ़ी व्याकरण की इसी परम्परागत संकल्पना की देन थी, इस तथ्य की जानकारी हमें मिलती है, और दूसरे इस संदर्भ में हम शब्द की प्रकृति एवं प्रकार्य पर हुई विचारोत्तेजक चर्चाओं से भी सीधे जुड़ पाते हैं।

भारतीय व्याकरण सिद्धांत में 'शब्द' को मुख्य एवं सर्वोपरि इकाई के रूप में स्वीकार किया गया है। इस धारणा के परिप्रेक्ष्य में ही भाषा के सिद्धांत, व्याकरण एवं शब्दकोश निर्मित किए गए हैं। यहाँ यह भी स्वीकार किया गया है कि भाषा की सर्जनात्मक बुनावट में शब्द ही आधार हैं तथा शब्द भाषा के वे पूर्वनिर्मित तत्त्व हैं, जिनके आधार पर क्रमशः बड़े भाषिक खंड, जैसे पदबंध, उपवाक्य, वाक्य इत्यादि निर्मित होते हैं। व्याकरण इन खंडों की व्याकरणिक संरचना के अध्ययन का ही नाम है। इसी संदर्भ में 'शब्द' की संज्ञा आई तथा इसकी सम्पूर्ण विकास-सूची को किसी भाषा का 'शब्दकोश' कहा गया। यह भी एक महत्त्वपूर्ण तथ्य है कि 'शब्दकोश' में प्रयुक्त 'शब्द' तथा वाक्य में प्रयुक्त शब्द (पद) प्रकार्य के धरातल पर सर्वथा भिन्न हैं। इसलिए पद वे शब्दरूप हैं, जो रूप-वाक्यात्मक गुणों से युक्त होते हैं। इस संदर्भ में निम्नलिखित चारों वाक्यों में 'लड़का' कोशीय इकाई की दृष्टि से एक है, परंतु चार भिन्न अभिव्यक्ति के रूप में ये चार भिन्न पदों के रूप में दिखाई देते हैं–

(1) लड़का बोल रहा है। (एकवचन कर्ता कारक)
(2) लड़के बोल रहे हैं। (बहुवचन कर्ता कारक)
(3) लड़के को बुलाओ। (एकवचन कर्म कारक)
(4) लड़कों को बुलाओ। (बहुवचन कर्म कारक)

यह कहना कि 'लड़का', 'लड़के', 'लड़के को', 'लड़कों को' एक ही मूल शब्द के चार भिन्न रूप-वाक्यात्मक रूप हैं और 'लड़की' अपनी रूपात्मक संरचना में एक भिन्न शब्द है, शब्द को अमूर्त रूप से परिभाषित करना है। इस अमूर्त अर्थ में 'शब्द' का अभिप्राय आधुनिक संकल्पना 'शब्दिम' के समतुल्य हो जाता है, क्योंकि 'शब्दिम' विभिन्न रूपांतरित 'रूपों' (पदों) के माध्यम से रूप-वाक्यात्मक नियमों के अनुसार वाक्यों का निर्माण करते हैं।

'शब्द' शब्दिम के रूप में तथा पद के रूप में 'उक्ति' के अंग नहीं माने गए हैं : ये कुछ भाषायी प्रक्रिया के परिणाम हैं, उदाहरण के लिए कुछ निम्नलिखित उदाहरण देखे जा सकते हैं–

(5) लड़का जाता है।

(6) लड़का जा रहा है।

(7) लड़का गया।

उपरोक्त वाक्यों में ध्वन्यात्मक भेद तथा वाक्यात्मक प्रकटीकरण का भेद होते हुए भी तीनों वाक्यों में शब्दिम 'जाना' (to go) को समान माना जा सकता है, जबकि वाक्यात्मक इकाई (पद) के धरातल पर तीनों ('जाता', 'जा रहा' और 'गया') भिन्न इकाइयाँ (items) हैं। इस संदर्भ में उदाहरणस्वरूप वाक्य-6 को देखा जा सकता है, जिसमें शब्दिम 'जा रहा' ध्वनि तथा वर्तनी के धरातल पर तो दो भिन्न इकाइयों 'जा' और 'रहा' द्वारा संघटित है, जबकि 'पद' के रूप में यह एक ही इकाई है।

(5^1) # # जा+पक्ष (स्वाभाविक)+संज्ञा पद संकेतक # काल #

(6^1) # # जा+पक्ष (सातत्य)+ संज्ञा पद संकेतक # काल #

(7^1) # # जा+पक्ष (पूर्णता)+संज्ञा पद संकेतक # काल #

(+ =रूपिम सीमा, # = वर्तनी की दृष्टि से शब्द की सीमा; # # = पद की सीमा; वाक्य (7) 'गया' 'जा' क्रिया का सर्वादेशी रूप है)

इस उदाहरण की भाँति ही 'लड़का' शब्द के समस्त पदरूप यथा–'लड़के', 'लड़के का', 'लड़के के लिए', 'लड़के के बारे में' आदि कोशीय धरातल पर एक होते हुए भी पद के धरातल पर भिन्न इकाइयाँ हैं। और वर्तनी के धरातल पर 'लड़के के बारे में' चार भिन्न शब्दों में लिखा गया है, और साथ ही एक ही पद के ये चार घटक माने जाते हैं। गुरु (1920 : 54) ने शब्द-सीमा के प्रश्न पर विचार करते हुए यह प्रतिपादित किया है कि पद की सीमा प्रत्यय की सीमा के अनुरूप होती है, अर्थात् उस प्रत्यय के अनुरूप जिसके उपरान्त कोई प्रत्यय नहीं जोड़ा जा सकता।

यदि अभिव्यक्ति के परिप्रेक्ष्य में देखा जाय तो यह कहा जा सकता है कि शब्द किसी भाषा की पूर्व संरचित इकाई है और पद-संरचना प्रक्रिया के उपरांत प्रजनित होता है। यदि शब्द की संकल्पना को भाषा के पूर्ण परिप्रेक्ष्य में देखा जाय (मूल रूप से कोशविज्ञान की दृष्टि से) तो शब्द में संरचित इकाई के कुछ तत्त्व निश्चित रूप से विद्यमान रहते हैं। समस्त पूर्व संरचित शब्दों को 'अ-व्युत्पन्न शब्द' के रूप में परिभाषित किया गया है, जिन्हें 'रूढ़' की संज्ञा दी गई है। उदाहरण के लिए 'लड़का', 'नाक', 'पीला' आदि शब्द इसी श्रेणी के हैं। इसके विपरीत जो शब्द किसी-न-किसी संरचना-प्रक्रिया के परिणामस्वरूप निर्मित होते हैं, उन्हें 'यौगिक' की श्रेणी में रखा जाता है। यौगिक शब्दों को शब्द-निर्माण की प्रक्रिया के स्तर पर दो भागों में बाँटा जा सकता है : व्युत्पन्न शब्द और सामासिक शब्द। पहली प्रक्रिया व्युत्पन्न शब्दों को प्रजनित करती है और दूसरी सामासिक शब्दों को। पहली प्रक्रिया रूढ़ शब्दों द्वारा नए शब्द-निर्माण तक सीमित है, जैसे–पीलापन

= # पीला+पन #; लड़कपन = # लड़क+पन #, जबकि दूसरी प्रक्रिया उन सभी प्रकारों को अपने भीतर समेटती है, जिनमें दो या दो से अधिक शब्दों के सामंजस्य से नया शब्द बनता है, जैसे–रसोईघर = # रसोई+घर # , घुड़सवार = # घोड़ा+सवार # आदि।

व्युत्पन्न एवं सामासिक शब्दों की कोशीय स्थिति के विषय में हिंदी वैयाकरणों के विचार भी यहाँ असमीचीन न होंगे। इन विचारों पर चर्चा करने से पहले शब्दकोश एवं व्याकरण के परिप्रेक्ष्यों पर भी चर्चा कर लेनी चाहिए। मूलतः सम्पूर्ण भाषा-क्षेत्र को दो धरातलों पर विभाजित किया गया है–शब्दकोश और व्याकरण। 'शब्दकोश' विचारों की स्वायत्त वस्तुओं का विशेष विवरण है और व्याकरण वस्तुओं के बीच के सम्बन्धों की अभिव्यक्ति है। शब्द भाषा की इकाई है और संक्रिया के धरातल पर इसके दो भिन्न पक्ष हैं–कोशीय शब्द (शब्दिम) और व्याकरणिक शब्द (प्रकार्यात्मक शब्द); अतः भाषा के समस्त सहायक शब्द (auxiliary), यथा– परसर्ग, संयोजक, कोप्यूला, सर्वनाम आदि शब्द मात्र व्याकरणिक शब्द के रूप में स्वीकृति पाते हैं, अतः इन्हें शब्दकोश अपने भीतर नहीं समेटता। हिंदी के संदर्भ में यह एक ध्यातव्य तथ्य है कि उसका एक ही शब्द स्वप्न-प्रक्रियात्मक दृष्टि से एक संदर्भ में कोशीय तो दूसरे में व्याकरणिक भी होता है–

(8) लड़का घर जाता है।

(9) लड़के से खाया नहीं जाता।

वाक्य (8) में हिंदी शब्द 'जा' की कोशीय स्थिति 'जाना' के अर्थ में स्वीकृत है, जबकि वाक्य (9) में यह शब्द निष्क्रिय चिह्नक (passive marker) बनकर पूर्णतः व्याकरणिक बन जाता है। इस संदर्भ में बेस्क्रोव्नी (1960) का विवेचन देखा जा सकता है जिसमें वे 'रह' (ना) की तीन भिन्न परिणतियाँ स्थापित करते हैं : कोशीय धरातल पर to live के अर्थ में; व्याकरणिक धरातल पर अपूर्ण कालिक पक्ष चिह्नक के रूप में तथा सामासिक धरातल पर स्थिति के नैरंतर्य के संदर्भ को अभिप्रेरित करने के अर्थ में।

इस प्रकार कोशीय इकाई के रूप में शब्द सदैव अर्थीय संक्रिया से बँधा होता है। शब्द की यह अर्थीय परिभाषा ही उसे विचारों की स्वायत्त इकाई के रूप में स्थापित करती है। इसीलिए शब्दों के बहुवचन साधितों, को 'लड़का', 'घोड़ा' के संदर्भ में एक ही कोशीय एकक (item) के दो रूप माना जाता है, जबकि इन्हीं के स्त्रीलिंगबोधक साधितों, यथा–'लड़की', 'घोड़ी' को दो भिन्न कोशीय इकाइयों के रूप में स्वीकृत किया जाता है। इस पक्ष को निम्नलिखित (10) और (11) में दिए गए युग्मों के संदर्भ में देखा जा सकता है–

(10) चाम + आर (व्यवसायसूचक प्रत्यय) = चमार
लोहा + आर (व्यवसायसूचक प्रत्यय) = लुहार
सोना + आर (व्यवसायसूचक प्रत्यय) = सुनार

(11) आम + इया (अल्पार्थक प्रत्यय) = अमिया
खाट + इया (अल्पार्थक प्रत्यय) = खटिया
पुल + इया (अल्पार्थक प्रत्यय) = पुलिया

जैसाकि श्रीवास्तव और गुप्ता (1968) ने विवेचित किया है कि दोनों युग्मों के व्युत्पन्न शब्दों की कोशीय स्थितियाँ भिन्न-भिन्न हैं। प्रकार (10) में दिए गए शब्द युग्म दो भिन्न कोशीय एकक हैं, क्योंकि दोनों दो भिन्न स्वायत्त विचारों को व्यक्त करते हैं और प्रकार (11) के युग्म एक ही कोशीय इकाई के दो विकल्प हैं। शब्द की अर्थीय परिभाषा बहुअर्थक (polysemous) और समस्वनिक (homophonous) शब्दों को भिन्न शब्द मानती है न कि विभिन्न आर्थी एवं प्रकार्यी एककोशीय इकाई। परिवर्णी शब्द (acronyms) तथा यौगिक शब्द शब्द ही हैं, यद्यपि वे अर्थीय हो सकते हैं। परिवर्णी शब्द उस सृजन-प्रक्रिया के परिणाम हैं जिसमें दो या दो से अधिक शब्दों का संक्षिप्तीकरण होता है। प्रत्येक परिवर्णी शब्द के साथ दो या दो से अधिक शब्दों का एक पदबंध रहता है जैसाकि श्रीवास्तव एवं चोपड़ा (1983) ने दिखाने का प्रयत्न किया है कि जब एक परिवर्णी शब्द का सृजन व मानकीकरण हो जाता है तो उसे एक स्वायत्त-स्वतंत्र शब्द का स्थान मिल जाता है। उदाहरण के लिए हिंदी में हमारे पास आंसुका (आंतरिक सुरक्षा कानून), भालोद (भारतीय लोक दल) आदि परिवर्णी शब्द हैं जो अपने रूप व प्रकार्य में वास्तविक शब्द की भाँति ही हैं, जबकि इनके साथ पदबंधीय व्याख्या भी सम्भव है। इसी प्रकार हिंदी के यौगिक शब्दों को जो सामान्यतः समास-प्रक्रिया द्वारा निर्मित होते हैं उन्हें बाह्य रूप-प्रकार्य के आधार पर ही शब्द माना जाता है। साधारणतया ये वाक् (parole) की ही इकाइयाँ हैं जिन्हें सम्बन्धित भी कहा जा सकता है। इस प्रकार 'सुख-दुख', 'चर-अचर', 'देशभक्ति' जैसे यौगिक शब्द तथा संधि-प्रक्रिया द्वारा निर्मित शब्द, यथा–'सूर्यास्त' (सूर्य+अस्त), 'शुभेच्छु' (शुभ+इच्छु) , 'यही' (यह+ही) आदि वाक् प्रक्रिया के अंग हैं और इसीलिए ये 'लांग' के अंतर्गत नहीं रखे जाते।

यह एक रोचक तथ्य है कि यौगिक शब्दों में विचारों की स्वायत्त इकाई के रूप में कार्य करने की क्षमता होती है। इस प्रकार की क्षमता से युक्त शब्दों को गुरु ने योगरूढ़ शब्द कहा है अर्थात् वे शब्द जो वितरण द्वारा यौगिक शब्द बनते हैं या संकेत (sign) वर्णन द्वारा, परंतु अपने कोशीय प्रकार्य के संदर्भ में ये सरल (simplex) होते हैं (गुरु, 1920)। उदाहरण के लिए हिंदी के 'जलवायु', 'आबोहवा', 'कामदेव', 'कालीमिर्च' आदि। इस प्रकार के कुछ यौगिक शब्द अपने संघटकों के अर्थ से अतिक्रमण भी करते हैं, जैसे–'दालचीनी।'

यौगिक शब्द एक ओर तो योजक चिह्नों द्वारा व्यक्त होते हैं और दूसरी ओर इन्हें एक ही शब्द के रूप में समन्वित माना जाता है। प्रस्तुत अध्ययन में इस प्रकार के यौगिक शब्दों में प्रयोग की दृष्टि से कई विकल्प देखे गए हैं। उदाहरण के लिए यदि (क) प्रतिव्यक्ति; (ख) प्रतिदिन; और (ग) प्रतिबिम्ब–इन तीन शब्दों को ही देखा जाय तो इन्हें शर्मा (1958 : 182) यौगिक शब्द मानते हैं। दिल्ली विश्वविद्यालय के कुछ छात्रों से किए गए सर्वेक्षण से यह तथ्य प्राप्त हुआ कि वे (क) एवं (ग) को क्रमशः द्विशब्द एवं एकशब्द मानते हैं और (ख) के उनके प्रयोग में पर्याप्त विविधता देखने को मिली है, क्योंकि कुछ इसे एक शब्द के रूप में लिखते हैं, और कुछ द्विशब्द के रूप में। इसका मूल कारण मानकीकरण के अभाव को माना जा सकता है, क्योंकि हमारे परीक्षण में वाक्-व्यवहार के धरातल पर भी इनमें अस्थिरता मिली।

इस संदर्भ में दो बिंदुओं पर और भी चर्चा कर लेना समीचीन होगा। उदाहरण (क) को अन्य दो उदाहरणों से इस आधार पर भिन्न माना जा सकता है कि किसी अन्य शब्द को इस यौगिक शब्द के दोनों तत्त्वों के बीच जोड़ा जा सकता है, जैसे 'प्रति दो व्यक्ति'। यह प्रक्रिया (ख) (ग) के संदर्भ में लागू नहीं की जा सकती। दूसरी बात यह भी है कि उदाहरण (ग) ने 'सक्षम शब्द' का स्थान प्राप्त कर लिया है और उदाहरण (ख) इस स्थान को प्राप्त करने के प्रयत्न में है। हमारे सर्वेक्षण में यह भी तथ्य उभरकर सामने आया कि 'प्रत्यक्ष यौगिक' (apparent compound) शब्दों के 'सक्षम शब्द' में बदलने की प्रक्रिया जो रूपात्मक घेरा बनाती है उसे निम्नांकित रेखांकन द्वारा भी समझा जा सकता है–

'यौगिक' ⟷ 'सक्षम'

	↓ प्रति व्यक्ति ↓	↓ प्रति क्षण ↓	↓ प्रति दिन ↓	↓ प्रति शत ↓	↓ प्रतिबिंब ↓
एक शब्द	1	6	11	16	20
द्विशब्द	19	14	9	4	–

(प्रत्येक उदाहरण की कुल उपस्थिति की संख्या : 20)

यहाँ यह तथ्य भी ध्यान देने योग्य है कि 'आब-ओ-हवा' में –ओ–'और' अर्थ का द्योतक है और इस योगरूढ़ शब्द में इसका प्रकार्य संयुक्त स्वर की भाँति है। इस प्रकार के योगरूढ़ शब्द एक इकाई मात्र इस कारण से नहीं है कि वे अर्थीय धरातल पर स्वायत्त विचार की इकाई हैं, बल्कि इसलिए भी हैं कि वे रूपवैज्ञानिक

प्रकार्य के धरातल पर मिश्र और अविभाज्य (composite whole) के समान हैं।

हिंदी वैयाकरणों ने उन सभी पक्षों पर विचार प्रस्तुत किया है जिनके आधार पर सक्षम शब्द और पदबंधीय इकाइयों में भेद किया जा सके (वाजपेयी, 1966; श्रीवास्तव, 1968, 1973)। जिन यौगिक शब्दों में इस प्रश्न को नामिक संयुक्त रूप से व्याकरण की पदबंधीय इकाई बनाते हैं वहाँ परसर्ग या विशेषण लिंग, वचन या पक्ष पहले तत्त्व के अनुसार संचारित होते हैं। इसके ठीक विपरीत इकाई जहाँ शब्दकोश का मिश्रित इकाई या 'सक्षम शब्द' की भाँति प्रकार्य करती है, वहाँ विशेषण और परसर्ग द्वितीय तत्त्व के लिंग, वचन और पक्ष के अनुसार संचालित होते हैं। इन दोनों प्रक्रियाओं को इस प्रकार समझा जा सकता है–

(1) पदबंधीय इकाई : परसर्ग # # नामिक$_1$ # # नामिक$_2$ # #

(2) यौगिक शब्द : परसर्ग # # नामिक$_1$ –नामिक$_2$ # #

इस प्रकार 'आब-ओ-हवा' तथा 'जलवायु' कोश की भिन्न इकाइयाँ हैं जिनका प्रयोग हिंदुस्तान की आब-ओ-हवा/जलवायु जैसा पदबंधीय रचनाओं में देखा जा सकता है, जिसमें नामिक ही वह कारण है जिसके आधार पर सम्बन्धकारक 'का' परिवर्तन उसके स्त्रीलिंग रूप 'की' में हो जाता है।

पदबंधीय यौगिक, यथा–काली मिर्च (# # नामिक$_1$ # # नामिक$_2$ # #) तथा सक्षम शब्द 'काली मिर्च' (# # नामिक$_1$ –नामिक$_2$ # #) में जो भेद है उससे वे दो आयाम पर उभरकर सामने आते हैं, जिसके आधार पर भाषिक प्रतीक के रूप में शब्द के दो स्वरूप परिभाषित होते हैं : कथ्य (signified) और अभिव्यक्ति (signifier)।

अन्य भाषिक इकाइयों की भाँति ही शब्द भी एक भाषिक प्रतीक के रूप में दो भिन्न अभिव्यक्ति-माध्यमों द्वारा व्यक्त होता है : स्वनिम माध्यम एवं लेख माध्यम। इस प्रकार हमें शब्द की दो अन्य परिभाषाएँ भी प्राप्त होती हैं : स्वनिक/स्वन-प्रक्रियात्मक तथा लेख/वर्णविन्यास। स्वन-प्रक्रियात्मक शब्द हम उन्हें कहते हैं जिनमें उच्चार के बीच दो विराम रहते हैं जबकि वर्ण-विन्यासात्मक शब्द दो निश्चित विरामों के बीच लिखे जाते हैं। इस संदर्भ में दो प्रमुख तथ्यों पर विचार आवश्यक है। एक तो यह कि शब्द किन्हीं उच्चस्तरीय एवं विशिष्ट भाषिक दृष्टिकोणों के माध्यम से आकार ग्रहण करते हैं (Palmer, 1976 : 9)। उदाहरणस्वरूप देखा जाय तो मौखिक-सम्प्रेषण में निरंतरता पार्थक्यता का स्थान लेती है। शब्दों या शब्दों के समुच्चय के उच्चार में उच्चारण की ही भाँति ध्वनि-तरंगें सातत्यक (continuum) होती हैं। और शब्द की एक पृथक् इकाई के रूप में पहचान श्रोता द्वारा कुछ भाषायी व्याख्या के आधार पर ही हो पाती है। वास्तव में शब्द क्या है इस प्रश्न पर सबकी भिन्न धारणाएँ होती हैं, जिनके आधार पर वह उसकी पहचान प्रयोग के समय पहले या बाद में विराम देकर करता है। जैसे–जब हम धीमी गति में बोलते हैं तो हम प्रत्येक स्वन-प्रक्रियात्मक शब्द की

सीमा पर एक विराम लगाते हैं। इसी प्रकार प्रत्येक प्रयोक्ता स्वन-प्रक्रियात्मक दृष्टि से परिभाषित शब्द के स्वनिक विकल्पों की अपनी भिन्न पहचान करता है, जैसे–'बहन', 'बहिन'। हिंदी में हमें एक ही उपसर्ग से दो भिन्न शब्द संरचित मिलते हैं। उदाहरण के लिए–सह उपसर्ग जब एक ही शब्द 'अनुभूति' के साथ जुड़ता है तो एक ओर तो 'सह-अनुभूति' शब्द संरचित होता है और दूसरी ओर 'सहानुभूति।' इस प्रकार यौगिक शब्द एवं समास पद्धति द्वारा निर्मित शब्द में पर्याप्त भिन्नता है। हिंदी में स्वन और स्वन-प्रक्रियात्मक शब्दों के धरातल पर भी स्पष्ट भेद दिखायी देते हैं। जैसे–'जनता'>'जन्ता' ; 'लड़का'>'लड्का' आदि। इसी प्रकार हिंदी के एक ही लिखित शब्द के दो उपरूपों में भी विकल्प दिखाई देता है, जैसे–'सन्गीत'>संगीत (क्योंकि हिंदी में नासिक्य स्वनिम को स्वर के ऊपर अनुस्वार के रूप में या नासिकता के मूल्य के साथ वर्ण के रूप में लिखा जा सकता है)।

उपरोक्त चर्चाओं के धरातल पर यह कहा जा सकता है कि भाषा की एक इकाई के रूप में शब्द को सबसे पहले भाषिक प्रतीक के रूप में देखना चाहिए और तत्पश्चात् उसे अभिव्यक्ति और कथ्य के संदर्भ में देखना चाहिए। इस प्रकार देखने पर हमें विभिन्न विशिष्टताओं के संयोजन, यथा–अभिव्यक्ति एवं कथ्य मिलेंगे जो अपने प्रकार्य में द्विचर और आयाम में द्विविध हैं। इस संदर्भ में हमें शब्दों के ये प्रकार मिलते हैं--एक शब्द (रूढ़ शब्द); सक्षम शब्द (योगरूढ़); यौगिक शब्द या सम्बन्धिम (समस्त पद) तथा द्वि या बहु शब्द–

← अभिव्यक्ति का आयाम

कथ्य का आयाम		+	–
	+	एक शब्द	सक्षम शब्द
	–	सम्बन्धिम	द्विशब्द

शब्द-प्रकार

'शब्द' को परिभाषित करने के सम्बन्ध में सबसे बड़ी कठिनाई यही है कि यह एक बहुसंयोजक (multivalent) शब्द है और जिसके कारण इस भाषायी तत्त्व की कोई एक निश्चित परिभाषा दे पाना सम्भव नहीं है। कम-से-कम तीन भिन्न धारणाएँ 'शब्द' के संदर्भ में सर्वाधिक प्रचलित हैं। एक के अनुसार इसे कोशविज्ञान की इकाई माना जाता है जिसके आधार पर कोशीय शब्द की संकल्पना उभरती है, दूसरी धारणा शब्द को व्याकरणिक इकाई के रूप में स्वीकृत करती है जिसके आधार पर वाक्यात्मक एवं व्याकरणिक शब्दों की व्याख्या होती है और तीसरी धारणा शब्द को अभिव्यक्ति की इकाई के रूप में मान्यता देता है, जिसके आधार पर स्वन-प्रक्रियात्मक एवं वर्ण-विन्यासात्मक शब्द विवेचित किए जाते हैं। यदि

भाषिक प्रतीक के परिप्रेक्ष्य में देखा जाय तो कोशीय शब्दों को संकेतितों (signified) की इकाई माना जा सकता है, स्वन-प्रक्रियात्मक एवं वर्ण-विन्यासात्मक शब्दों को संकेतकों (signifier) की इकाई माना जा सकता है और वाक्यात्मक एवं व्याकरणिक शब्दों को संकेतन प्रकार्य की इकाई माना जा सकता है। 'इकाई' से यहाँ तात्पर्य विश्लेषण की दृष्टि से चुने गए उस लघुतम प्रकार्यात्मक रचना से है, जिसमें व्याख्या के पक्षों के समस्त मूलभूत गुण समाहित रहते हैं, जिसकी वह इकाई है (Srivastava, 1982)। इस प्रकार शब्द भाषिक रचना के धरातल पर क्योंकि बहुस्तरीय होता है, इसलिए स्वाभाविक है कि इसका अर्थ द्विअर्थिता से सम्पृक्त रहता है। द्विअर्थिता से बचने का मार्ग यही है कि सबसे पहले हम व्याख्या के उन पक्षों को विश्लेषित करें, जिनके आधार पर हम शब्द को एक प्रकार्यात्मक पद (term) के रूप में स्थापित करना चाहते हैं। 'शब्द' पर वैचारिक परिप्रेक्ष्य में विचार करने के पीछे केवल यह कारण नहीं है कि उसकी कोई निश्चित परिभाषा प्राप्त नहीं है बल्कि उसके पीछे वे तथ्य प्रभावी हैं जिनके कारण आज विभिन्न पक्षों एवं परिप्रेक्ष्यों को इसकी परिभाषा का आधार बनाया जा रहा है। इसी से सम्बद्ध एक और तथ्य भी है, जो 'शब्द' पर पुनर्विचार करने को उद्यत करता है और वह यह है कि विभिन्न पक्षों के आधार शब्द की विभिन्न परिभाषाएँ दी गई हैं, और जब हम एक ही सामग्री (DATA) पर इनमें से किन्हीं दो परिभाषाओं को लागू करके देखते हैं तो परिणाम विरोधी निकलते हैं।

यहाँ हमें शब्द की विभिन्न परिभाषाओं और उनके कारण उपजी असंगति पर व्यापक चर्चा कर लेनी चाहिए। वाक्यात्मक शब्द के रूप में 'उसे' और 'उसको' एक ही शब्द के दो विकल्प हैं, क्योंकि दोनों एक ही रूप वर्ग के शब्द हैं, जिनका सार्वनामिक अर्थ भी समान है, इसीलिए निम्नांकित दो वाक्यों को समानार्थी माना जाता है–

(12) उसे किताब दे दो।

(13) उसको किताब दे दो।

परन्तु स्वन-प्रक्रियात्मक शब्द के धरातल पर ये भिन्न हैं। वाक्य (12) में जहाँ विभक्ति '-ए' लगी है, वहीं वाक्य (13) में '-को' परसर्ग जुड़ा हुआ है। वर्ण-विन्यासात्मक शब्द के रूप में दोनों एक इकाई (mono-unit) हैं, क्योंकि दोनों ही वाक्यों में सार्वनामिक इकाइयों, विभक्तियों के बीच कोई विराम या स्थान (space) नहीं है। परंतु हमारी लेखन-व्यवस्था ऐसी है कि एक ओर तो यह सर्वनाम+को (उसको) को एक शब्द बनाती है, दूसरी ओर संज्ञा+को (राम को) को दो भिन्न वाक्यात्मक शब्द मानती है। हिंदी में वर्तमान एवं भूतकाल को संकेतित करनेवाली सहायक क्रियाएँ लेखन के धरातल पर भिन्न शब्द के रूप में चिह्नित की जाती हैं, जबकि भविष्यत् काल संकेतक क्रिया के साथ ऐसा नहीं होता :

खाता है/खाता था और खाएगा। यदि हम इनके घटकों की व्याकरणिक इकाई को वर्तनी के नियमों से जोड़कर देखें तो हमें इन दोनों संरचनाओं में सम्बद्धता भी दिखाई देती है–

वर्तमान/भूत : # # धातु+पक्ष+संज्ञापद # काल सहायक+ संज्ञापद/ वचन-लिंग # #

भविष्य : # # धातु+संज्ञापद+काल सहायक+वचन-लिंग # #

हिंदी के एक प्रख्यात वैयाकरण ने इस असंगति से बचने के लिए यह सुझाव दिया कि भविष्यत् काल सहायक क्रिया को लिखते समय 'काल सहायक+गा' के रूप में उसी प्रकार लिखा जाय जैसे वर्तमान भूत को # है # # था # के रूप में लिखा जाता है, परंतु इस प्रयत्न में उन्हें सफलता न मिल सकी (वाजपेयी, 1966)। कई भाषा-वैज्ञानिक तथ्यों के आधार पर वाजपेयी के उपरोक्त सुझाव को अस्वीकृत किया जा सकता है। हिंदी की इस प्रकृति से हम भली भाँति परिचित हैं कि उसमें दो शब्दों के बीच सन्निविष्ट करने का प्रचलन है। इस प्रकृति को हम इस संदर्भ में भी देख सकते हैं कि भविष्यत् काल सहायक+गा दो शब्दों की अभिव्यक्ति के स्थान पर एक ही शब्द है। नीचे दिए गए उदाहरणों को देखें–

(14 अ) तुम सोते थे।
(14 आ) तुम सोते भी थे।
*(14 इ) तुम सो भी ते थे।
(15 अ) तुम सो रहे थे।
(15 आ) तुम सो भी रहे थे (और जाग भी)
(16 अ) तुम सोओगे भी।
*(16 आ) तुम सोओ भी गे।

इस लेख का समापन मैं 'शब्द' की प्रकृति और स्थिति पर अपनी कुछ टिप्पणियों के साथ करना चाहूँगा, जिसके लिए मूलतः हिंदी के उदाहरणों को आधार बनाया गया है। इस भाषायी तत्त्व के प्रति हमारी भ्रांतियाँ केवल इस कारण नहीं हैं कि इसके बहुसंयोजक अर्थ एवं प्रकार्य हैं, वरन इसलिए भी हैं कि हम 'शब्द' को 'वस्तुगत भाषा' की इकाई मानकर उसका अध्ययन निरूपक भाषा (metalanguage) के अविभाज्य रूप में करना चाहते हैं। वस्तुगत भाषा की इकाई के रूप में शब्द को कभी भी सम्प्रेषणपरक मूल के रूप में नहीं रखा जा सकता; क्योंकि सम्प्रेषणपरक धरातल पर वाक्य या वाक्य से बड़ी इकाइयों को ही रखा जा सकता है। इस संदर्भ में हम कह सकते हैं कि यह कहना गलत है कि वाक्य शब्दों द्वारा रूप प्राप्त करते हैं, बल्कि इसकी जगह यह कहना अधिक उपयुक्त होगा कि विश्लेषण प्रक्रिया के माध्यम से वाक्यों द्वारा शब्द जन्म लेते हैं। तभी हम 'शब्द' के सम्बन्ध में यह भी कह सकते हैं कि उसका अपना मनोभाषा-वैज्ञानिक आधार

है। इस प्रकार वस्तुगत भाषा की इकाई के रूप में 'शब्द' विशिष्ट भाषिक प्रक्रिया का परिणाम है।

हमारे परम्परागत वैयाकरणों ने वस्तुगत भाषा की इस इकाई को अपने भाषिक सिद्धांतों का रूप ग्रहण कराने का प्रयत्न किया (जैसेकि निरूपक भाषा)। वास्तविक व्यवहार में एक ही शब्द का वाक्य भी हो सकता है, एक स्वनिमिक शब्द भी है। उदाहरणार्थ–'(तू) आ' जैसे वाक्य में शब्द 'आ' स्वनिम भी है और वाक्य भी। अपने विशिष्ट स्थान के साथ इस प्रकार की संक्रियात्मक युक्ति (device) को ही विचारों का स्वायत्त कर्म (autonomous object or thought) कहा गया है। कई गम्भीर भारतीय वैयाकरणों ने इस मूलभूत सैद्धांतिक इकाई 'शब्द' को भाषाविश्लेषण का आधार बनाया और इस प्रकार वाक्य को 'शब्दों का समूह' मान लिया गया और शब्द-भेद (part of speech) को 'शब्द वर्गों' के रूप में परिभाषित किया गया। वास्तव में समस्त व्याकरण को उन नियमों का पर्याय मान लिया गया था जो शब्दों को एक वाक्य या उक्ति में नियंत्रित (regulate) करते हैं (जैसे शब्दानुशासन)। परम्परावादी वैयाकरणों ने शब्द को उक्ति के पूर्णनिर्मित अवयव के रूप में उस दशा में भी देखा जब वे किसी विशिष्ट भाषिक प्रक्रिया के परिणाम के रूप में सामने आते हैं। इस प्रकार देखने का कारण केवल इतना है कि वे शब्द को मात्र शब्दकोश के तत्त्व के रूप में देखते हैं(अमूर्त शब्दकोश), जो व्याकरण से नितांत भिन्न है। सैद्धांतिक धरातल पर भाषा को दो अनिवार्य और परस्पर आश्रित घटकों के रूप में देखा गया और दोनों घटकों को 'शब्दकोश' एवं 'शब्दानुशासन' की संज्ञा दी गई। यदि इस चिंतन की तुलना ट्रैगर (1949 : 5) के उस मत से की जाय जिसमें वे कहते हैं कि शब्दकोशविज्ञान सामान्यतः भाषाविज्ञान के क्षेत्र से निकलकर निरूपक भाषाविज्ञान के क्षेत्र में प्रवेश करता है और ब्लूमफील्ड (1933 : 274) का मत है कि शब्दकोश वास्तव में व्याकरण का परिशिष्ट है।

निष्कर्ष स्वरूप निम्नलिखित टिप्पणियाँ इस संदर्भ में दी जा सकती हैं–

(क) 'शब्द' एक बहुसंयोजक स्थिति है जिसका प्रयोग एकाधिक अभिप्रायों में किया जाता है, अतः शब्द की कोई एक परिभाषा सम्भव नहीं है।

(ख) शब्द को भाषिक प्रतीक माननेवाले तीन पक्षों पर आधारित तीन अभिप्रायों, यथा–कथ्य (अर्थवैज्ञानिक), अभिव्यक्ति (स्वन-प्रक्रियात्मक एवं लेख) तथा संकेतन (वाक्यीय एवं व्याकरणिक) के अतिरिक्त 'शब्द' को शब्दकोश की प्रकार्यी इकाई के रूप में भी देखा जाता है (जैसे–शब्दिम)। शब्दिम स्वनिम की भाँति ही मनोवैज्ञानिक वास्तविक सत्तायुक्त रहता है, और भाषिक रूढ़ि के रूप में भी। कई सिद्धांत इन विभिन्न विचारों, अभिप्रायों में भेद कर पाने में सदैव सक्षम नहीं होते, जिनमें 'शब्द' का प्रयोग किया गया है।

(ग) विभिन्न अभिप्रायों में 'शब्द' को परिभाषित करने के जो मानदंड प्रस्तुत किए गए हैं, वे संगत परिणामों की प्राप्ति में उपयोगी सिद्ध नहीं होते।

संदर्भ

Beskrovny, V. M. 1960. O socetanijax glagol'nyx osnov xindi RAHANA (On combinations of Hindi verbal stems with rahana). Istoriyai filologiya. 81-103 Leningrod.

Bloomfield, L. 1933. Language. New york : Holt, Rinehart and Winston.

Chao, Y. R. 1968. Language and Symbolic systems. Cambridge : University press.

Greenberg, J. H. 1957. Essays in linguistics. Chicago : The University of Chicago Press.

Guru, K. P. 1920. Hindi vyakarana. Banaras : Kashi Nagari pracharini Sabha. seventh Edition 1962.

Lyons, J. 1968. Introduction to theoritical linguistics. Cambridge : University Press.

Lyons, J. 1970. Introduction, In New Horizons in linguistics. ed. by J. Lyons. Penguin Books.

Mathews, P. H. 1974. Morphology : An introduction to the theory of word-structure. Cambridge : University Press.

Palmer, F. R. 1976. Semantics : A new outline. Cambridge : University Press.

Sharma, A. 1958. A basic grammar of modern Hindi, Delhi : Central Hindi Directorate.

Srivastava, R. N. 1968. Review of : An Urdu newspaper word count. Linguistics 107. 64-73.

Srivastava, R. N. 1982. On the cross-conceptual diversity of linguistic terms. Paper presented in the International Seminar on : In Search of terminology (Jan. 19-23, 1982), CIIL, Mysore.

Srivastava, R. N. and R. S. Gupta. 1968. Principles and problems in lexicology and lexicography as developed in the Soviet Union. Indian Linguistics 29. 113-132.

Srivastava, R. N. and S. K. Chopra 1983. Abbreviations and acronyms in Indian setting. I J D L XII. 2. 345-365.

Vajpeyi, K. D. 1966. Hindi Sabdanushasana, Banaras : Kashi Nagari pracharini Sabha.

Wells, R. S. 1947. Immediate constituents. Language 23. 81-117.

11

कारक और विभक्ति

व्याकरण की दृष्टि से भाषा की महत्तम इकाई वाक्य है। वाक्य का मूलभूत अंश आख्यात माना गया है। आख्यात ही अव्यय, कारक, विशेषण, क्रियाविशेषण से संयुक्त होकर वाक्य बनता है। 'आख्यातं साव्ययकारक विशेषण वाक्यं'—वार्तिक, महाभाष्य (2/1/1) आख्यात शब्द का मूल केंद्र क्रिया है। अतः वाक्य में क्रियापद की केंद्रमुखी सत्ता सिद्ध मानी गई है। यहाँ तक कि वाक्य में क्रियापद की प्रमुखता के कारण क्रिया को ही वाक्य-संरचना का नियंत्रक भी स्वीकार किया गया है। क्रियारहित वाक्य सम्भव ही नहीं। यह बात दूसरी है कि व्यवहार में क्रियापद श्रूयमाण (व्यक्त) भी हो सकता है और अनुमेय (अव्यक्त) भी। पर दोनों ही स्थितियों में क्रियापद का अस्तित्व सिद्ध रहता है, क्योंकि वाक्य में क्रिया ही साध्य होती है, दोनों ही स्थितियों में वाक्यार्थ की स्पष्टता के लिए क्रिया की सिद्धि अपरिहार्य है। (तस्तात् श्रूयमाण क्रियापदम् अनुमीयमान क्रियापदं वा वाक्यमेव सर्वव्यवहारेषुप्रपदद्यत इति—वाक्यपदीप) वाक्य के मूल में अंतःक्रिया ही आधारभूत रूप में सिद्ध रहती है। उसके बिना वाक्य की सत्ता सम्भव ही नहीं। (वाक्य तदपि मन्यते यत्पदं चरितक्रियम्—वाक्यपदीय)।

वाक्य में संकेतित पदार्थ क्रिया के संदर्भ के बिना अपने अस्तित्व का सही परिचय देने में सक्षम नहीं है। क्रियापद के उपसंहार द्वारा ही उनके यथार्थ का बोध सम्भव है। (क्रियापदोपसंहारे तु सत्यासत्यभावेन प्रतिपत्तृषु, व्यवहारोअवतिष्ठते—वाक्यपदीय) पर यह तथ्य भी ध्यान देने योग्य है कि वाक्य में प्रयुक्त क्रिया सदा साकांक्ष उसमें गर्भस्थ रहती है। जिन संज्ञापदों की आकांक्षा से वह संयुक्त रहती है उनकी शक्तियों की धारणकर्मी भी क्रिया ही है। क्रिया संज्ञापदों के अर्थ का स्वयं वाक्य में प्रक्षेपण करती है। इस दृष्टि से क्रिया को संज्ञापदों का अभिधायक माना जा सकता है। इस संदर्भ में यह कहा जा सकता है कि अकर्मक क्रियाओं (यथा—बस, दौड़) का कारक-साँचा 'कर्ता' और सकर्मक क्रियाओं (यथा—पी, देख) का 'कर्म+कर्ता' है। इसी प्रकार क्रिया 'दे' का कारक-साँचा 'सम्प्रदान+कर्म+कर्ता'

और क्रिया 'ले' का 'अपादान+कर्म+कर्ता' है।

1. अ–मोहन चल रहा है।
आ–शीला दौड़ रही है। { –कर्ता }

2. अ–मोहन दूध पी रहा है।
आ–शीला आम खा रही है। { –कर्म+कर्ता }

3. मोहन शीला को किताब दे रहा है। (–सम्प्रदान+कर्म+कर्ता)

4. शीला मोहन से किताब ले रही है। (–अपादान+कर्म+कर्ता)

इस दृष्टि से कारक वे संज्ञापद (द्रव्य शक्ति) हैं जो क्रिया की निष्पत्ति में साधन रूप होते हैं। वे क्रिया की अभ्यन्तर प्रकृति का उद्‌घाटन भी करते हैं। यही कारण है कि महाभाष्यकार ने क्रिया को कारकों की प्रवृत्ति विशेष के रूप में भी परिभाषित किया है। (कारकार्था प्रवृत्तिविशेष क्रिया–महाभाष्य 1/3/1, 5/3/2) क्रिया को कारकों के प्रवृत्तिविशेष के रूप में देखने का कारण यही है कि कारक, साँचा, क्रिया की अभ्यन्तर प्रकृति का उद्‌घाटन करने में समर्थ है, अन्यथा कारक तो क्रिया की निष्पत्ति के साधनमात्र हैं। मूल तो स्वयं क्रिया है जो साध्य है, कारकों के सभी व्यापार का अभिधायक है।

क्रिया वस्तुतः भाव है। भाव अप्रत्यक्ष होता है। अप्रत्यक्ष भाव को प्रत्यक्ष करानेवाला क्रिया में अंतर्भुक्त चेष्टामय व्यापार होता है। इस चेष्टामय व्यापार के आधार पर क्रिया का मूल भाव अनुमानित किया जाता है। इसीलिए क्रिया को अनुमेय बताया गया है। वह चेष्टामय व्यापार के आधार पर अनुमान से जानी-पहचानी जाती है। पर चेष्टामय व्यापार के अनुमान पर क्रिया को जानने के लिए उस व्यापार के साधनों (कारक) की प्रवृत्ति की जानकारी भी आवश्यक है। क्रिया अगर भावपरक है, भावपरक अप्रत्यक्ष होने के कारण अनुमेय है तब अनुमान का आधार क्रिया-सम्बन्धी व्यापार के साधनों की प्रवृत्ति ही हो सकती है। निष्कर्ष रूप में यह कहा जा सकता है कि कारक वस्तुतः अनुमेय क्रिया की प्रकृति को जानने के साधन रूप में सिद्ध हैं। (यहाँ पर यह भी ध्यान देने योग्य है कि व्याकरण में प्रयुक्त तीनों प्रमुख शब्द, क्रिया, कर्ता और कर्म, कृ-धातु से व्युत्पन्न हैं और क्रिया के साधन के रूप में गृहीत 'कारक' भी कृ-धातु से सम्बद्ध हैं। पर प्रश्न है–कारक है क्या ? कारक को परिभाषित कैसे किया जाय ? संस्कृत व्याकरण की दृष्टि से क्रिया के साथ संज्ञापदों के अन्वय को कारक कहा गया है। (क्रियान्वयित्वं कारकत्वम्) क्रिया और संज्ञापदों के अन्वय (सम्बन्ध) की प्रकृति छह प्रकार की मानी गई है और उस प्रकृति के आधार पर कर्ता, कर्म, करण, सम्प्रदान, अपादान और अधिकरण संज्ञापदों के लिए कारक नाम रखे गए हैं। कारकों की इस संकल्पना का स्तर वही है जो पाश्चात्य व्याकरणों में 'लौकिक कर्ता' (logical subject) या 'लौकिक कर्म' (logical object) का है अथवा रूपांतर

व्याकरण में अभ्यन्तर अभिव्यक्ति (underlying representation) का है। यही कारण है कि वाक्य में अभिव्यक्ति-भेद के आधार पर संज्ञापदों और क्रिया के सम्बन्धों की प्रकृति नहीं बदलती। मूल वाक्य में इनके बीच के सम्बन्धों की जो प्रकृति (कारक) रहती है, वही रूपांतरित वाक्य में भी बनी रहती है।

उदाहरण के लिए नीचे दिए गए वाक्यों को लें–

5. अ–लड़के ने इस चाबी से ताले को खोल दिया।
   ब–इस चाबी ने ताले को खोल दिया।
   स–इस चाबी से ताला खोल दिया गया।
6. अ–मोहन ने संदूक में किताबें भर दीं।
   ब–संदूक किताबों से भर दिया गया।
   स–मोहन से संदूक में किताबें नहीं भरी गईं।

वाक्य 5 (अ), (ब) और (स) में क्रिया 'खोल' है, जिसका कारक-साँचा करण+कर्म+कर्ता है। वाक्य 5 (अ) में तीन संज्ञा हैं–लड़का, चाबी और ताला जो क्रिया के साथ क्रमशः उसके कर्ता, करण (साधकतम) और कर्म (कर्ता की ईप्सिततम वस्तु) के रूप में सिद्ध हैं। 5 (ब) और (स) वाक्य में केवल दो संज्ञाएँ हैं पर क्रिया के साथ इनके सम्बन्ध की प्रकृति वही है जो वाक्य 5 (अ) में है, अर्थात् इनमें भी क्रिया-सम्पादन के साधन के रूप में 'चाबी' और कर्म के रूप में 'ताला' है। इसी प्रकार वाक्य 6 (अ), (ब) और (स) में क्रिया का मूल रूप-भर है, जिसका कारक साँचा 'अधिकरण+कर्म+कर्ता' है। 6 (अ) में मोहन कर्ता, किताब कर्म और संदूक अधिकरण कारक है। (6) ब और स में इन कारकों की प्रकृति नहीं बदली, यद्यपि उनमें अभिव्यक्ति-भेद अवश्य दिखलाई पड़ता है।

अगर कारक की संकल्पना प्रकार्यात्मक (functional) है और उसका स्तर संज्ञा और क्रिया के सम्बन्धों की अभ्यन्तर प्रकृति से सम्बद्ध है तो विभक्ति की संकल्पना रूपात्मक है और उसका स्तर संज्ञा और क्रिया के सम्बन्धों की बाह्य अभिव्यक्ति से जुड़ा है। क्रिया के साथ अपने संदर्भों के आधार पर संज्ञा अपने जिस पद रूप में व्यक्त होती है उस पद में जो प्रत्यय जोड़े जाते हैं, उनको विभक्ति कहा जाता है। संस्कृत व्याकरण में छह कारक और सात विभक्तियों का निर्देश है। विभक्तियों का स्तर रूपात्मक होने के कारण उनका नाम भी रूपपरक है, यथा–प्रथमा, द्वितीया, तृतीया, सप्तमी।

पाणिनि की अष्टाध्यायी में कारक-प्रसंग में दो निश्चित प्रकार की परिभाषाएँ और निर्देश मिलते हैं–

1. (अ) जो क्रिया के सम्पादन में स्वतंत्र है, वह कर्ता है।

(स्वतंत्रः कर्ता–1-4-54)

(ब) कर्ता की सर्वाधिक ईप्सित वस्तु कर्म है।

(कर्तुरीप्सिततम कर्म)

(स) जो क्रिया सम्पादन का सक्षमतम साधन है, वह करण है।

(साधकतमूकरणम् 1-4-45)

(द) जो क्रिया का आधार है, वह अधिकरण है ।

(आधारोअधिकरणम् 1-4-45)

2. (अ) अनभिहित अवस्था में, कर्म द्वितीया में व्यक्त होता है।

(कर्मणि द्वितीया (अनभिहिते) 2-3-12)

(ब) अनभिहित अवस्था में सम्प्रदान, चतुर्थी में व्यक्त होता है।

(चतुर्थी सम्प्रदाने (अनभिहिते) 2-3-13)

(स) अनभिहित अवस्था में अधिकरण सप्तमी में व्यक्त होता है।

(सप्तमी अधिकरणे च (अनभिहिते) 2-3-36)

(द) अनभिहित अवस्था में अपादान, पंचमी में व्यक्त होता है।

(अपादाने पंचमी (अनभिहिते) 2-3-38)

कारकों की प्रकार्यात्मक परिभाषा और उनकी अभिव्यक्ति सम्बन्धी निर्देश (2-अ-द) से स्पष्ट हो जाता है कि कारक और विभक्ति की संकल्पनाएँ भिन्न हैं।

एक का सम्बन्ध जब क्रिया और संज्ञा के मूल सम्बन्धों की अभ्यन्तर प्रकृति से है तो दूसरे का अभिव्यक्ति रूप से। अतः यह सम्भव है कि एक ही कारक, विभिन्न रूपांतरण-प्रक्रिया के प्रतिफलन के फलस्वरूप विभिन्न विभक्तियों में व्यक्त हो। उदाहरण के लिए 5 (अ) में क्रिया के सम्पादन में जो संज्ञा स्वतंत्र है, वह है लड़का। अतः लड़का कर्ता कारक है और उसके साथ विभक्ति प्रत्यय लगा है 'ने'। खोलने की क्रिया का उपकरण जिस संज्ञा से व्यक्त होता है, वह है चाबी। अतः चाबी करण कारक है और उसके साथ विभक्ति प्रत्यय लगा है 'से'। वाक्य 5 (ब) में यद्यपि 'चाबी' के साथ 'ने' विभक्ति प्रत्यय लगा है, पर उसे कर्ता कारक नहीं माना जा सकता, क्योंकि किसी भी अवस्था में वह खोलने की क्रिया का सम्पादन करने में स्वतंत्र नहीं है। खोलने की क्रिया जिस लौकिक कर्ता की आकांक्षा रखती है, उसकी द्रव्य शक्ति चाबी संज्ञा में नहीं। चाबी तो ताला खोलने का साधन मात्र है। अतः जो विभक्ति प्रत्यय मूलतः कर्ता कारक के लिए प्रयुक्त होता है उससे संयुक्त होकर भी वह करण कारक में ही मानी जाएगी, क्योंकि अपनी प्रकार्यात्मक परिभाषा के फलस्वरूप वह अंततः क्रिया का साधन ही है।

कारक और विभक्ति के इस भेद को समझने से पूर्व यह आवश्यक है कि पहले हम विभक्ति-प्रसंग में प्रयुक्त—'अभिहित' और 'अनभिहित' शब्दों का सही प्रयोजन जान लें, कारक-प्रसंग में जैसा 2 (अ-द) में संकेतित है।

कर्म द्वितीया विभक्ति, करण तृतीया विभक्ति, सम्प्रदान चतुर्थी विभक्ति, अपादान पंचमी विभक्ति और अधिकरण सप्तमी विभक्ति में तभी व्यक्त होता है जब इनकी स्थिति अनभिहित की हो। प्रश्न है, अनभिहित से पाणिनि का तात्पर्य क्या है ? जब यह कहा जाता है कि अनभिहित अवस्था में कर्म कारक, द्वितीया विभक्ति में व्यक्त होता है, तब उस स्थिति में 'अनभिहित अवस्था' है क्या ? अगर अनभिहित अवस्था न हो तो कर्म कारक क्या अन्य विभक्तियों में व्यक्त हो सकता है ?

अनभिहित अवस्था का अर्थ है, कारक की धारणा पहले से ही व्यक्त न हो। कारक की संकल्पना वस्तुतः क्रिया और संज्ञापदों के अन्वय को लेकर है, अतः यद्यपि कारक, संज्ञापदों के रूप (विभक्ति) द्वारा व्यक्त होता है पर वह क्रिया के रूप द्वारा भी व्यक्त हो सकता है। यह पहले ही संकेत दिया जा चुका है कि वाक्य में क्रिया ही प्रधान होती है, अतः कारक की अभिव्यक्ति को संज्ञापदों में ढूँढ़ने के पूर्व यह देख लेना भी आवश्यक है कि वह कहीं क्रियापद द्वारा पहले ही व्यक्त (अभिहित) तो नहीं हो चुका है। अगर क्रियापद द्वारा वह पहले ही व्यक्त हो चुका है तो कारक (क्रिया और संज्ञा के अन्वय की प्रकृति) को विभक्ति प्रत्यय द्वारा अभिहित करने का दुहरा प्रयास व्यर्थ और असंगत है।

कहने का तात्पर्य यह है कि कारक, संज्ञापदों द्वारा भी व्यक्त हो सकता है और क्रियापदों द्वारा भी। क्रियापद द्वारा व्यक्त कर्म कारक की स्थिति का एक उदाहरण स्वयं अष्टाध्यायी से लिया जा सकता है। पाणिनि के अनुसार अगर कर्म कारक को व्यक्त करना हो तो क्रिया में यक् प्रत्यय जोड़ा जाना चाहिए (3-1-67)। उदाहरण के लिए यह वाक्य लें–'कुम्भं करोति' (वह घड़ा बनाता है)। यहाँ क्रिया में कर्म कारक अनभिहित है, अतः संज्ञा (कुम्भ) में द्वितीया विभक्ति (+अम्) का संयोग है और संज्ञा 'कुम्भम्' के रूप में प्रतिफलित है। लेकिन धातु 'कृ' (बनाना) में 'यक्' प्रत्यय लगाएँ तो क्रिया रूप बनता है 'क्रियते' और वाक्य सिद्ध होता है 'कुम्भः क्रियते' (घड़ा बनाया जाता है)। इस वाक्य में कर्म कारक की अभिव्यक्ति 'क्रियते' क्रियापद द्वारा ही हो गई है, क्योंकि उसमें 'यक्' प्रत्यय का संयोग है। अतः संज्ञा, कर्म कारक की विभक्ति द्वितीया न लेकर प्रथमा विभक्ति में व्यक्त है क्योंकि पाणिनि के सूत्र 2-3-46 के अनुसार प्रथमा विभक्ति का प्रयोग उस स्थिति में होता है जबकि प्रातिपदिक के अर्थ की अभिव्यक्ति में वचन और लिंग के अतिरिक्त और कुछ व्यक्त करना अपेक्षित न हो। (प्रातिपदिकार्थ लिंगपरिमाणवचनमात्रे प्रथमा (अनभिहिते)।

ऊपर यह संकेत दिया जा चुका है कि एक ही कारक बाह्य रूपांतरण अथवा संदर्भ-भेद के कारण विभिन्न विभक्तियों द्वारा व्यक्त किया जा सकता है। कर्मकारक जिन विभक्तियों द्वारा व्यक्त होता है, उसके कुछ प्रमुख उदाहरण

नीचे दिए गए हैं–

7. अ–दरवाजा खुल रहा है। (प्रथमा विभक्ति)
   ब–लकड़ी कट रही है।
8. अ–मोहन दरवाजा खोल रहा है। (द्वितीया विभक्ति)
   ब–लड़का लकड़ी काट रहा है।
9. अ–मोहन दरवाजा खोलने के लिए जा रहा है। (चतुर्थी विभक्ति)
   ब–लड़का लकड़ी के लिए जा रहा है।
10. अ–उसे माँ की याद आ रही है। (षष्ठी विभक्ति)
   ब–बन्दरों द्वारा समुद्र का बाँधना कितना अद्भुत है।

वाक्य 7 (अ) और (ब) में कर्म, अभिहित है अर्थात् क्रिया के आत्मने प्रयोग के फलस्वरूप कर्मकारक की अभिव्यक्ति स्वयं क्रियापद में ही हो गई है। पूर्ण पक्ष रहित वाक्य प्रथमा विभक्ति में सदा शून्य विभक्ति से संयुक्त होता है। द्वितीया विभक्ति का प्रत्यय या तो शून्य होता है अथवा 'को'। जहाँ वह शून्य होता है, वहाँ विकल्प से (अगर बल देना हो) 'को' का प्रयोग किया जा सकता है। जैसे वाक्य 8 (अ) और (ब) द्वितीया विभक्ति के शून्य प्रत्यय से संयुक्त है, पर नीचे के दो वाक्य भी संभव हैं–

8. (अ) मोहन दरवाज़े को खोल रहा है।
   (ब) लड़का लकड़ी को काट रहा है।

स्पष्ट है कि जहाँ द्वितीया विभक्ति का शून्य प्रत्यय लगता है वहाँ विकल्प से 'को' का भी प्रयोग सम्भव है पर वाक्य 7 (अ) और (ब) में इस 'को' विभक्ति प्रत्यय का प्रयोग सम्भव नहीं है।

7. (अ) * दरवाज़े को खुल रहा है।
   (ब) * लकड़ी को कट रही है।

वाक्य 7 (अ) और (ब) में कर्मकारक, द्वितीया के विभक्ति प्रत्यय 'को' को धारण नहीं कर सकता क्योंकि कारक, स्वयं आत्मने प्रयोग (अर्थात् मूल सकर्मक क्रिया के व्युत्पन्न अकर्मक रूपांतरण) द्वारा क्रिया में ही अभिहित है और अभिहित अवस्था में कारक, सदा प्रथमा विभक्ति में व्यक्त होता है।

कर्म जब क्रियार्थक संज्ञा के साथ संयुक्त होकर आता है तब विकल्प से वह चतुर्थी विभक्ति में व्यक्त होता है। उदाहरण के लिए वाक्य 9 (अ) में खोलना, क्रियार्थक संज्ञा है, जिसके साथ संयुक्त होकर मूलकर्म 'दरवाजा' प्रयुक्त हुआ है। इसलिए विकल्प से वह चतुर्थी में व्यक्त हो सकता है। चतुर्थी का विभक्ति प्रत्यय 'के लिए' और 'को' है।

9. (अ) मोहन दरवाज़ा खोलने के लिए जा रहा है।
   (ब) मोहन दरवाज़ा खोलने जा रहा है।

इसी प्रकार जब मूल क्रिया जा (गत्यर्थक) हो तब उसका कर्म, चतुर्थी में व्यक्त होता है। यथा, वाक्य 9 (ब)।

स्मरण, याद आदि क्रियाओं का कर्म विकल्प से षष्ठी विभक्ति में व्यक्त हो सकता है, अतः इस वाक्य 'उसे माँ याद आती है' को वाक्य 10 (अ) (उसे माँ की याद आ रही है) के रूप में भी व्यक्त किया जा सकता है। इसी प्रकार षष्ठी विभक्ति का उदाहरण वाक्य 10 (ब) है अन्यथा उसका मूल रूप है–'यह कितना अद्भुत है कि बंदर समुद्र को बाँधते हैं। जब किसी उपवाक्य को संज्ञा पदबंध में रूपांतरित किया जाता है तब उस उपवाक्य में कर्ता और कर्म दोनों ही षष्ठी विभक्ति में व्यक्त हो सकते हैं। यथा–वाक्य (11) और (12) दोनों ही व्याकरणसम्मत वाक्य हैं–

(11) बंदरों का बाँधना कितना अद्भुत है।

(12) समुद्र को बाँधना कितना अद्भुत है।

वाक्य (11) द्विअर्थक है, एक जिसमें बंदर कर्ता और कर्म अव्यक्त और दूसरे में कर्म और कर्ता अव्यक्त। ये दोनों ही अर्थ नीचे के दोनों वाक्य 11 (अ) और (ब) द्वारा स्पष्ट हो जाते हैं–

11. (अ) बंदरों द्वारा बाँधा जाना कितना अद्भुत है।

(ब) समुद्र का बाँधा जाना कितना अद्भुत है।

जब एक ही वाक्य में कर्ता और कर्म दोनों ही षष्ठी विभक्ति में व्यक्त होने की स्थिति में हो तो कर्ता तृतीया विभक्ति (विभक्ति प्रत्यय 'के द्वारा') और कर्म षष्ठी विभक्ति में व्यक्त होता है, यथा–वाक्य 10 (ब)।

यद्यपि विभक्ति के रूप में षष्ठी का निर्देश है पर कारक रूप में 'सम्बन्ध कारक' को अधिकांश आचार्यों ने कारक नहीं माना है। इसका मूलभूत कारण यह है कि सम्बन्धकारक वस्तुतः संज्ञापद के संज्ञापद से सम्बन्ध को व्यक्त करता है, जबकि कारक की संकल्पना वस्तुतः क्रिया के संज्ञापद के साथ सम्बन्ध पर आधारित है। सम्बन्धकारक, क्रिया की आकांक्षा की पूर्ति का साधन नहीं हो सकता। अतः उसे कारक का पद देना वांछनीय नहीं है।

12

कारक चिह्न (परसर्ग) 'से'

हिंदी में संज्ञा शब्द जब 'पद' बनते हैं तब रूप की दृष्टि से वे या तो अविकारी (nominative direct form) होते हैं या विकारी (non-nominative, oblique)। अविकारी रूप में उनके साथ कोई विभक्ति-चिह्न नहीं लगता और उनके शब्द-रूप में वचन-लिंग प्रत्यय छोड़कर कोई अन्य व्याकरणिक रूपिम का योग नहीं होता। विकारी रूप में संज्ञा और क्रिया के सम्बन्धों के आधार पर 'कारक चिह्न' का योग होता है। इन 'कारक चिह्नों' को 'विभक्ति' कहते हैं।

अविकारी रूप

लड़का दौड़ रहा है।
लड़कियाँ सो रही हैं।
लड़के फल खा रहे हैं।
लड़कियाँ रोटी बना रही हैं।
मैं बाज़ार जा रहा हूँ।
तुम लड़के को बुला लो।
वह सामान बेच रहा है।

विकारी रूप

लड़के को दौड़ना चाहिए।
लड़कियों को इतनी देर तक नहीं सोना चाहिए।
लड़कों ने फल खा लिए हैं।
लड़कियों ने रोटी बना ली है।
मुझको बाज़ार जाना है।
तुमको लड़के ने बुलाया है।
उसको सामान के लिए आना है।

'कारक' एक प्रकार्यात्मक कोटि है जो क्रिया और संज्ञा के सम्बन्धों की प्रकृति का उद्‌घाटन करता है। विभक्ति, 'कारक' को व्यक्त करनेवाली 'रूपात्मक कोटि' है। इसलिए कारक और विभक्ति एक नहीं।

एक ही कारक, कई विभक्ति-चिह्न ले सकता है और एक ही विभक्ति-चिह्न कई भिन्न कारक-प्रसंग में प्रयुक्त हो सकता है।

नीचे 'से' विभक्ति-चिह्न के संदर्भ में विभिन्न प्रयोगों की ओर संकेत दिया जा रहा है। 'से' विभक्ति-चिह्न किन-किन परिस्थितियों में प्रयुक्त होता है, उसमें से कुछ प्रमुख व्याकरणिक प्रकार्य की हम नीचे चर्चा करेंगे।

(1) करण उपकरण क्रिया के साधन-रूप में

मोहन **कलम से** लिखता है।
लड़का **चाकू से** फल काट रहा है।
चिट्‌ठी से खबर भेज दो।
लड़का **टैक्सी से** स्कूल जाता है।
मैं अपने **हाथ से** काम करता हूँ।
वह **पेंसिल से** कार्टून बना रहा है।

(2) कर्मवाच्य में सक्रिय कर्ता की अशक्यतासूचक

मोहन से लिखा नहीं जा रहा है।
लड़के से फल काटा नहीं जा रहा है

(क) क्लास में **अध्यापक से** यह बताया नहीं गया कि दुनिया क्यों गोल है।
लड़की से क्रिकेट नहीं खेला गया।
लड़कों से तस्वीर नहीं बन पा रही है।
लड़कों से लकड़ी नहीं कट रही है
मोहन से रस्सी नहीं टूट रही है।

(ख) **नौकर से** काम नहीं हो पा रहा है
लड़के से तस्वीर नहीं बन पा रही है।
उससे बिस्तर नहीं बँध रहा है।

(3) भाववाच्य में सक्रिय कर्ता की अशक्यतासूचक

सोहन से यहाँ नहीं सोया जाता।
इस लड़के से घर में नहीं खेला जाता।
शीला से इतनी देर तक नहीं दौड़ा जाता।
इतने छोटे कमरे में **मुझसे** नहीं रहा जाएगा।
हमसे यहाँ नहीं बैठा जाएगा।

(4) कर्म के स्रोत के रूप में

जब कोई व्यापार दो सक्रिय कर्ता की अपेक्षा रखता है जिसमें एक कर्ता प्राप्ति

(goal) और दूसरा कर्ता **स्रोत** (source) का काम करता है, तो स्रोत का काम करनेवाला संज्ञापद, अगर सम्बद्ध क्रिया के कर्ता के रूप में सिद्ध नहीं हुआ तो (+ से) रूप में व्यक्त होता है।

उदाहरण के लिए 'व्यापार' की संकल्पना को लें। इसको हम 'बेचने-खरीदने' अथवा 'लेन-देन' के सम्मिलित व्यापार के रूप में देख सकते हैं। इन दोनों में दो कर्ताओं की अपेक्षा है–एक 'बेचनेवाला' और दूसरा 'खरीदनेवाला' और इसी प्रकार एक 'लेनेवाला' और दूसरा 'देनेवाला'।

(क) I मोहन, सोहन को सामान बेचता है।
II सोहन, **मोहन से** सामान खरीदता है।

(ख) I शीला, राधा को किताब दे रही है।
II राधा, **शीला** से किताब ले रही है।

(ग) I मास्टर जी लड़के को पढ़ा रहे हैं।
II लड़का, **मास्टर जी** से पढ़ रहा है।

वाक्य (क) में कर्म (सामान) का स्रोत 'मोहन' है। उसी के पास सामान है। वाक्य (क–I) में मोहन, स्रोत भी है और बेचने का 'कर्ता' भी। मोहन, कर्ता होने के कारण परसर्गरहित है पर वाक्य (क–II) में खरीदनेवाला सोहन है। अतः मोहन, केवल स्रोत होने के कारण (+ से) से संयुक्त है। इसी प्रकार वाक्य (ख) में शीला, कर्म (किताब) का स्रोत है और (ख–II) में वह कर्ता नहीं, अतः वह (+ से) परसर्ग संयुक्त है। वाक्य (ग) में मास्टर जी, पढ़ाई (कर्म) के स्रोत हैं और वाक्य (ग–II) में मात्र स्रोत है, पढ़ने का कर्ता तो 'लड़का' है अतः मास्टर जी (+ से) परसर्ग से संयुक्त है।

(5) अपादान कारक के विभक्ति-चिह्न के रूप में

पेड़ से पत्ते गिर रहे हैं।
छत से पानी टपक रहा है।
धनुष से बाण छूटते ही वह घबड़ा गया।
बन्दूक से गोली निकली नहीं कि वह बेहोश हो गया।
हाथ से चिड़िया उड़ गयी।
मुझसे वह बिछुड़ गया।

वैसे अलग होने के भाव को भी व्यक्त करने के लिए (से) का प्रयोग होता है। जिस संज्ञापद से कोई वस्तु अलग होती है, उस संज्ञापद को (+ से) के साथ प्रयुक्त किया जाता है। यथा–

मोहन **कमरे से** निकल आया।
वह **दिल्ली से** चला गया।
बुरे **लोगों से** बचो।

वह **मुझसे** अलग रहना चाहता है।

उसको मैं अपने **दिमाग से** भी निकाल दूँगा।

(6) प्रयोज्यकर्ता के रूप में

प्रेरणार्थक क्रियाओं के साथ दो कर्ता वाक्य-संरचना में आते हैं– एक प्रयोजक कर्ता जो 'हेतु' कहलाता है और जो प्रेरणा देनेवाला होता है और दूसरा प्रयोज्य कर्ता जो प्रेरणा से प्रभावित होता है और क्रिया का सम्पादन करनेवाला होता है। प्रेरणा से प्रभावित 'प्रयोज्य' कर्ता जो क्रिया का सम्पादन करता है वह (+ से) संयुक्त होता है। यथा–

(क) I नौकर काम कर रहा है।

II मोहन, **नौकर से** काम करवा रहा है। (प्रेरणार्थक)

(ख) I वह सामान उठाता है।

II **उससे** सामान उठवाओ। (प्रेरणार्थक)

(ग) I मैं चिट्ठी लिख रहा हूँ।

II वह **मुझसे** चिट्ठी लिखवा रहा है। (प्रेरणार्थक)

(घ) I सोहन लकड़ी काट रहा है।

II पिता जी **सोहन से** लकड़ी कटवा रहे हैं। (प्रेरणार्थक)

(7) क्रिया के हेतु (कारण) के रूप में

I **गर्मी से** पत्ते सूख गए।

II लड़का **चेचक** से मर गया।

III बरतन **पानी से** लबालब भर गया है।

IV मोहन अपनी **बीमारी** से दुखी है।

V लड़की कुत्ते से डरती है।

वाक्य (I) में पत्ता सूखने का कारण 'गर्मी' है। वाक्य (II) में लड़के के मरने का कारण 'चेचक' है। वाक्य (III) में बरतन भरने का कारण 'पानी' है। वाक्य (IV) में मोहन के दुखी होने का कारण 'बीमारी' है और वाक्य (V) में लड़की के डरने का हेतु 'कुत्ता' है।

(8) गौण कर्म (जब वह ऐसी क्रियाओं के साथ आए–कहना, पूछना, माँगना, विनती करना, अनुरोध करना आदि)

I **मोहन से** कहो।

II शीला से पूछ लो।

III माँ से मिठाई माँगो।

IV वह **शीला से** अनुरोध कर रहा है कि वह भी साथ में घूमने चले।

V भगवान से विनती करो।

VI ईश्वर से प्रार्थना करो कि वह तुम्हें सद्‌बुद्धि दे।

टिप्पणी (I) : लेकिन जब क्रिया (बताना, बुलाना) हो तब (से) परसर्ग का प्रयोग नहीं होता। यथा–

(अमान्य) लड़के से बुलाओ।
मोहन से बुलाओ।
लड़की से बताओ।
शीला से बताओ।

इन क्रियाओं के साथ वस्तुतः (को) परसर्ग बनाता है। यथा–

लड़के को बुलाओ।
मोहन को बुलाओ।
लड़की को बताओ।
शीला को बताओ।

टिप्पणी (2) : अन्योन्य अथवा पारस्परिक संज्ञा की आकांक्षा रखनेवाली क्रिया के साथ (से) परसर्ग का प्रयोग उस संज्ञा के लिए होता है जिसकी क्रियाशीलता को या तो व्यक्त नहीं किया जाता या जिसमें क्रियाशीलता होती ही नहीं। यथा–

(क) I मोहन, **शीला से** प्यार करता है।
II शीला, **मोहन से** प्यार करती है।
III मोहन **शीला से** प्यार करता है, यद्यपि शीला उससे प्यार नहीं करती।
IV यह सच है कि शीला, **मोहन से** प्यार करती है, पर इस कथन में कोई दम नहीं कि मोहन, शीला से प्यार करता है।

(ख) I बैलगाड़ी, **मोटर** से टकरा गयी।
II मोटर, **बैलगाड़ी** से टकरा गयी।
III बैलगाड़ी **मोटर से** तब टकरा गयी, जब मोटर किनारे पर खड़ी थी।
IV मोटर **बैलगाड़ी** से उस समय टकराई, जब बैलगाड़ी रास्ते से दूर खड़ी थी।

(ग) I राम, **शारदा से** मिलने आया था।
II शारदा, **राम से** मिलने आई थी।
III राम, **शारदा से** मिलने जब आया, शारदा सो रही थी।
IV शारदा, **राम से** मिलने तब आई जब राम बिस्तर पर लेटा हुआ किताब पढ़ रहा था।

(घ) I राधा, **सावित्री से** रोज़ लड़ती है।
II सावित्री, **राधा से** रोज़ लड़ती है।
III राधा **सावित्री से** रोज लड़ती है, पर सावित्री सब कुछ सहकर भी शान्त बैठी रहती है।

IV सावित्री, **राधा से** अक्सर लड़ती है, पर हर बार राधा मुस्कराकर चुप बैठ जाती है।

(9) रीतिवाचक प्रयोग

I **प्यार से** बोलो।

II मेरी बात **ध्यान से** सुनो।

III **धीरे से** कहो।

IV इतनी **तेजी से** मत दौड़ो।

V **शान्त भाव से** बैठे रहो।

VI यहाँ पर **जोर से** बोलना मना है।

VII **असावधानी से** काम करने का यही परिणाम होता है।

VIII मैं पूरी **ईमानदारी से** काम कर रहा हूँ।

(10) स्थान या समय के विस्तार को व्यक्त करने में जो संज्ञापद, प्रारम्भिक बिन्दु का काम करता है वह (+ से) संयुक्त होता है। यथा–

(क) बाज़ार **यहाँ से** दूर है।
दिल्ली से आगरा तक की दूरी कितनी है ?
इस **मकान से** उस मकान तक जाने में केवल पाँच मिनट लगते हैं।
मेरी **जगह से** सिनेमा घर बहुत दूर नहीं है।

(ख) मोहन **तीन दिन से** बीमार है।
मैं दस बजे **सुबह से** पाँच बजे शाम तक काम करता हूँ।
राम एक **महीने से** काम पर लगा है।
शीला **सुबह से** ही रसोई घर में लगी है।

(11) दिशासूचक (जो दिशा 'स्रोत' का काम करे)
पश्चिम से हवा आ रही है।
उस ओर से बदबू आ रही है।
तुम्हारी ओर से तो विरोध नहीं होगा।
मेरी ओर से तुम निश्चिंत रहो।
उनकी ओर से तुमको सावधान रहना चाहिए।

(12) तुल्यतापरक (जिस संज्ञा के साथ तुलना की जा रही हो)
मोहन, **सोहन से** छोटा है।
शीला, **राधा से** कहीं अधिक सुंदर है।
यह मिठाई, **उससे** कहीं अधिक स्वादिष्ट है।
यह कलम, तुम्हारे **बालपेन से** सस्ती है।
सोना, **चाँदी से** अधिक कीमती धातु है।
राम से भी कोई बड़ा लड़का है क्या ?

शीला से भी कोई अधिक खूबसूरत लड़की हो सकती है क्या ?
जिन्दगी से बड़ी चीज़ और क्या हो सकती है ?

(13) **स्थिति-परिवर्तन** (प्रारंभिक स्थिति (+ से) संयुक्त होती है)
वह मोटे से दुबला हो गया।
मोहन चपरासी से अफसर बन गया।
राम अध्यापक से प्रधानाध्यापक बन गया।
माटी से सोना बनाने का ढंग तुम्हें आता है।
मास्टर जी ने इस लड़के को गधे से आदमी बना दिया।

13

क्रिया और क्रिया-भेद

क्रिया की परिभाषा के सम्बन्ध में सामान्यतः यह कहा जाता है कि "क्रिया वह शब्द या शब्दसमूह है जिससे किसी कार्य, घटना या अस्तित्व का बोध हो।" जैसे– 'लड़का रोता है, मोहन आम खाता है, कपड़े सिल गये, किताब मेज पर है'। इन वाक्यों में लड़के के रोने तथा मोहन के आम खाने के कार्य, कपड़ें सिलने की घटना तथा मेज पर किताब होने का भाव क्रमशः रोता है, खाता है, सिल गए तथा है शब्दों से प्रकट होता है। फलस्वरूप ये सभी क्रियाएँ हैं।

ऊपर दी गई परिभाषा में कुछ अतिव्याप्ति दोष भी देखने को मिल सकता है। इस परिभाषा के अनुसार कृदन्तीय अथवा पूर्वकालिक विशेषण भी क्रिया की कोटि में आ जाते हैं, जैसे–मोहन दौड़ते हुए आया, लड़का खाकर सो गया, सिले हुए कपड़ों को अलमारी में रख दो। इन वाक्यों में दौड़ते हुए, खाकर, सिले हुए या तो क्रिया-विशेषण का कार्य कर रहे हैं अथवा विशेषण का। इन्हें वाक्य में प्रयुक्त आया, सो गया, रख दो के समानांतर रखना उचित नहीं। (यह बात दूसरी है कि कृदन्तीय विशेषण के मूल में क्रिया ही होती है पर अपने प्रकार्य (function) में वे क्रिया न होकर किसी अन्य वस्तु या घटना की विशेषता बतलाते हैं।) इसी प्रकार ऊपर दी गई परिभाषा के अनुसार 'खाता हुआ, खानेवाला' आदि शब्दसमूह को भी क्रिया की ही संज्ञा देनी पड़ेगी, जो यथार्थ में क्रिया का कार्य-सम्पादन नहीं कर रहे हैं। कारण स्पष्ट है। अगर हम 'खानेवाला, सीनेवाला' शब्दों को लें तो एक ओर अर्थ की दृष्टि से इसमें 'खाने' और 'सीने' के कार्य-भाव हैं तो दूसरी ओर 'वाला' प्रत्यय से संयुक्त होने के कारण उस क्रिया के सम्पादनकर्ता की ओर संकेत भी। अतः गानेवाला अर्थात् गायक, और सीनेवाला अर्थात् दर्जी। क्रिया का भाव अन्तर्निहित होने के कारण इन्हें विशेषण के रूप में भी प्रयुक्त किया जा सकता है और कार्य-सम्पादनकर्ता के कारण संज्ञा के रूप में भी देखा जा सकता है।

(1) गानेवाले लड़कों को यहाँ बुलाओ।

(2) गानेवालों को यहाँ बुलाओ।

वस्तुतः क्रिया की परिभाषा के लिए 'विधेय' की संकल्पना अत्यावश्यक है। वाक्य के मूलतः दो खंड किये जा सकते हैं–उद्देश्य और विधेय। वाक्य में जिस पद या पदसमूह से वस्तु के विषय में विधान किया जाता है उसे उद्देश्य कहते हैं। उद्देश्य के विषय में विधान करनेवाले शब्द या शब्द-समूह को विधेय कहते हैं। उदाहरण के लिए–(1) लड़का रोता है, (2) मोहन आम खाता है, (3) किताब मोटी है। इन वाक्यों में लड़का, मोहन, किताब क्रमशः उद्देश्य हैं और रोता है, आम खाता है, मोटी है–विधेय अंश हैं।

उद्देश्य और विधेय का विभाजन वाक्य-संरचना को समझने में अत्यंत महत्त्वपूर्ण है। उदाहरण के लिए नीचे के दो वाक्य हैं–

(1) वह लड़का अच्छा है।

(2) वह अच्छा लड़का है।

संज्ञा और शब्द-रूप दोनों वाक्यों में समान हैं पर उद्देश्य-विधेय खंड में विभिन्नता देखी जा सकती है। वाक्य (1) में उद्देश्य-खंड–'वह लड़का' और विधेय खंड–'अच्छा' है। इसलिए वह लड़का का 'वह' वस्तुतः सार्वनामिक संकेतकारक विशेषण है। वाक्य (2) में उद्देश्य-खंड–'वह' और विधेय खंड–'अच्छा लड़का' है। अतः यहाँ पर प्रयुक्त 'वह' सर्वनाम है। वाक्य (1) में 'अच्छा' विधेयपरक विशेषण है जिसे 'पूरक' (complementary) कह सकते हैं जबकि वाक्य (2) में 'अच्छा' सामान्य विशेषण है जो संज्ञापद के अंग के रूप में सिद्ध है।

इसी प्रकार नीचे दिए गए वाक्यों पर ध्यान दें–

(1) यहाँ खंभे टेढ़े गड़े हैं।

(2) यहाँ टेढ़े खंभे गड़े हैं।

वाक्य (1) में उद्देश्य–'खंभे' है जबकि वाक्य (2) में 'टेढ़े खंभे' हैं। वाक्य (1) में टेढ़े विधेय-खंड का अंश है, वह 'गड़े है' की विशेषता बतलाता है, अतः वह क्रिया-विशेषण है। वाक्य (1) में खंभे सीधे भी हो सकते हैं पर वे गाड़े गए टेढ़े हैं। इसके विपरीत वाक्य (2) में खंभे ही टेढ़े हैं, भले ही उन्हें सीधे गाड़ा गया हो। अतः यहाँ 'टेढ़े' विशेषण है, क्रिया-विशेषण नहीं।

विधेय का मूल अंश क्रिया होता है। अन्य अंश, उसका विस्तारक अंश कहलाता है। कुछ विस्तारक अंश क्रिया की अपनी प्रकृति और आकांक्षा पर निर्भर होते हैं और कुछ किसी भी क्रिया के साथ या अंश के रूप में आ सकते हैं।

वाक्य-संरचना की क्षमता की दृष्टि से क्रिया को तीन प्रमुख वर्गों में विभाजित किया जा सकता है–

(1) अकर्मक क्रिया

(2) सकर्मक क्रिया

(3) अस्तित्वपरक क्रिया

1. अकर्मक क्रिया, विधेय-खंड में किसी संज्ञा अंश की अपेक्षा नहीं रखती। सकर्मक क्रिया एक या दो संज्ञा अंशों की अनिवार्यतः अपेक्षा रखती है। अस्तित्वपरक अकर्मक क्रिया की भाँति बिना किसी विस्तारक अंश के भी रह सकती है और संज्ञा अथवा विशेषण की अपेक्षा भी रख सकती है।

(1) मोहन दौड़ता है। (अकर्मक)

(2) लड़का आम खाता है। [सकर्मक–एक संज्ञा (कर्म) अंश सहित]

(3) लड़का मोहन को फल दे रहा है। (सकर्मक--दो संज्ञा अंश सहित, मुख्य कर्म–फल, गौण कर्म–मोहन)

(4) लड़का है। (अस्तित्वपरक–पूरकरहित)

(5) लड़की सुन्दर है। (अस्तित्वपरक–पूरकसहित)

2. सकर्मक क्रिया विधेय-खंड में जिस संज्ञा अंश की अपेक्षा रखती है उसे कर्म कहते हैं। ऐसी क्रियाओं को सकर्मक कहते हैं क्योंकि वह कर्म की अपेक्षा रखती है। कुछ सकर्मक क्रियाएँ एक कर्मक होती हैं, जैसे–खाना, बोना, काटना आदि और कुछ द्विकर्मक, यथा–देना, सुनना, बनाना आदि। द्विकर्मक क्रिया में मुख्य कर्म बहुधा पदार्थ होता है जो सामान्यतः अविकारी रूप में प्रयुक्त होता है। गौण कर्म आपाततः सम्प्रदान कारक में रहता है। वह बहुधा प्राणिवाचक होता है। उदाहरण के लिए वाक्य (3) को लें। इसमें 'देना' क्रिया द्विकर्मक है जिसमें 'फल' मुख्य कर्म है और 'मोहन को' गौण कर्म। गौण कर्म कभी-कभी लुप्त होता है, यथा–मैंने किताब दे दी, मोहन कहानी सुना रहा है।

3. अस्तित्वपरक क्रिया अपने तात्पर्यबोध की पूर्णता के लिए जिस संज्ञा या विशेषण की आकांक्षा रखती है उसे पूरक कहते हैं। यथा–'लड़की सुन्दर है, सोना धातु है' में 'सुन्दर' और 'धातु' क्रमशः अस्तित्वपरक क्रिया 'होना' के पूरक हैं।

कभी-कभी अकर्मक क्रियाएँ भी अकेले पूर्ण तात्पर्यबोध नहीं कर पातीं और तात्पर्य-बोध की पूर्णता के लिए 'पूरक' की आकांक्षा रखती हैं। उदाहरण के लिए नीचे के वाक्यों को लें–

(1) (अ) लड़का (कमरे से) निकला।
(आ) लड़का तो **चोर** निकला।

(2) (अ) आप (मेरे यहाँ) ठहरें।
(आ) आप मेरे **दोस्त** ठहरे।

वाक्य (1) और (2) के (आ) वाक्य, वाक्य (अ) से भिन्न इसलिए है कि क्रिया अकर्मक होते हुए भी उनमें 'चोर' और 'दोस्त' क्रमशः पूरक के रूप में आए हैं जिनके बिना अर्थ की पूर्णता सिद्ध नहीं होती।

कुछ क्रियाएँ सकर्मक भी होती हैं और अकर्मक भी। किसी भी क्रिया को सकर्मक–अकर्मक कहने का आधार कर्म की आकांक्षा का होना या न होना होता है। बिना वाक्य में प्रयोग के वाक्य-विश्लेषण अथवा कोटि-निर्धारण संभव नहीं होता। उदाहरण के लिए नीचे दिये वाक्यों को लें–

(1) (अ) लड़का किताब पढ़ता है। (सकर्मक)
(आ) लड़का स्कूल में पढ़ता है। (अकर्मक)

(2) (अ) वह रोज रात में कहानी सुनता है। (सकर्मक)
(आ) भगवान की दया से बहरा सुनता है और गूंगा बोलता है। (अकर्मक)

यहाँ पर मूल अकर्मक और व्युत्पन्न अकर्मक के भेद पर ध्यान देना असमीचीन न होगा। व्युत्पत्ति के आधार पर धातुओं को मोटे तौर पर दो भागों में विभाजित करना संभव है–(1) मूल धातु और (2) व्युत्पन्न धातु।

मूल धातु उसे कहा जा सकता है जो किसी दूसरे शब्द से न बने हों और वाक्य संरचना में मूल वाक्य के अंग बनकर आते हों। जैसे–

(1) मोहन दौड़ता है।
(2) शीला सो रही है।
(3) चिड़िया उड़ रही है।
(4) लड़का चल रहा है।

ऊपर के वाक्यों में दौड़ना, सोना, उड़ना, चलना, क्रियाएँ मूल अकर्मक क्रियाएँ हैं। इसी प्रकार मूल सकर्मक क्रियाओं के भी उदाहरण देखे जा सकते हैं–

(1) मोहन किताब पढ़ रहा है।
(2) शीला लकड़ी काट रही है।
(3) लड़का पतंग उड़ा रहा है।
(4) नौकर तस्वीर लगा रहा है।

ऊपर के वाक्यों में पढ़ना, काटना, उड़ाना, लगाना क्रियाएँ मूल सकर्मक के उदाहरण हैं।

मूल सकर्मक क्रियाओं से युक्त मूल वाक्य का रूपांतरण भी संभव है। नीचे के तीन वाक्यों पर ध्यान दें–

(1) शीला से लकड़ी नहीं कट रही है।
(2) लड़के से पतंग नहीं उड़ रही है।
(3) नौकर से तस्वीर नहीं लग रही है।

'वाच्य और प्रयोग' प्रकरण में यह संकेत दिया गया है कि ऐसे रूपांतरण वस्तुतः कर्मवाच्य के ही उदाहरण हैं और अपने अर्थ और प्रकार्य में जो संयुक्त कर्मवाच्य

संरचना के समानांतर हैं। ऊपर दिए गए तीन वाक्यों की तुलना इन वाक्यों से करें–

(1) शेखर से लकड़ी नहीं काटी जा रही है।
(2) लड़के से पतंग नहीं उड़ायी जा रही है।
(3) नौकर से तस्वीर नहीं लगाई जा रही है।

व्युत्पन्न अकर्मक अथवा संयुक्त कर्मवाच्य की वाक्य-संरचना से मूल कर्ता का लोप भी किया जा सकता है। जैसे–

(क)		(ख)	
	(1) लकड़ी कट रही है।		(1) लकड़ी काटी जा रही है।
	(2) पतंग उड़ रही है।		(2) पतंग उड़ाई जा रही है।
	(3) तस्वीर लग रही है।		(3) तस्वीर लगाई जा रही है।

मूल अकर्मक और व्युत्पन्न अकर्मक के भेद को सही संदर्भ में देखने के लिए नीचे दिए गए दो वाक्यों को लें–

(1) चिड़िया उड़ रही है।
(2) पतंग उड़ रही है।

वाक्य (1) में 'उड़ना' क्रिया मूल अकर्मक है और उड़ने की क्रिया का सम्पादनकर्ता 'चिड़िया' है। पर वाक्य में 'उड़ना' व्युत्पन्न अकर्मक है जिसमें व्याकरणिक कर्ता के रूप में तो 'पतंग' सिद्ध है, पर मूल (लौकिक) कर्ता का लोप कर दिया गया है। पर 'पतंग', अपने से तो उड़ नहीं सकती। उसको उड़ानेवाला, (अर्थात् मूल कर्ता) अपेक्षित है। अतः जब हम मूल अकर्मक और व्युत्पन्न अकर्मक से बने वाक्यों में एक अन्य मूल (लौकिक) कर्ता का संयोग करते हैं तब इनका अन्तर स्पष्ट हो जाता है, जैसे–

(1) लड़का चिड़िया उड़ा रहा है।
(2) लड़का पतंग उड़ा रहा है।

वाक्य (2) में वस्तुतः मूल सकर्मक क्रिया 'उड़ाना' का प्रयोग है। वह वाक्य मूल वाक्य है, व्युत्पन्न नहीं जबकि वाक्य (1) में 'उड़ाना' क्रिया प्रेरणार्थक है जिसमें लड़का चिड़िया को प्रेरणा दे रहा है और चिड़िया उड़ रही है।

ऊपर की विवेचना से स्पष्ट है कि 'उड़ना' और 'उड़ाना' दोनों क्रियाओं के दो रूप हैं–उड़ना$_1$ (मूल अकर्मक) और उड़ना$_2$ (व्युत्पन्न अकर्मक) तथा उड़ाना$_1$ (मूल सकर्मक) और उड़ाना$_2$ (प्रेरणार्थक)।

इसी प्रकार 'उठना' और 'उठाना' क्रिया का प्रयोगपरक और प्रकार्यात्मक भेद देखा जा सकता है–

(1) लड़का उठ गया।
(2) सामान उठ गया।

वाक्य (1) में 'उठ जाना' क्रिया का मूल (लौकिक) और व्याकरणिक दोनों ही कर्ता

'लड़का' है। 'लड़का' सजीव प्राणी है और क्रिया का सम्पादक भी। क्रिया अकर्मक है इसलिए विधेयखंड में कर्म की अपेक्षा नहीं रखती, पर वाक्य (2) में क्रिया का वाक्य-रूप वाक्य (1) के समान है पर वाक्य में व्याकरणिक कर्ता 'सामान' है जो मूल संकल्पना के संदर्भ में लौकिक कर्म है। 'सामान' निर्जीव वस्तु है। अतः क्रिया का सम्पादक बनने की उसमें क्षमता नहीं। फिर 'सामान' अपने से तो उठ नहीं सकता। लौकिक व्यवहार में उसे उठानेवाला अपेक्षित है, अर्थात् लौकिक कर्ता, मूल संकल्पना में आवश्यक है जिसको कर्मवाच्य रूपांतरण प्रक्रिया से लोप कर दिया गया है।

इस अंतर को नीचे के वाक्य-युग्म से भी दिखलाया जा सकता है–

(3) पिताजी ने लड़के को उठा दिया।

(4) पिताजी ने सामान को उठा दिया।

वाक्य (3) सही अर्थों में प्रेरणार्थक वाक्य है और उसमें प्रयुक्त 'उठना' क्रिया वाक्य (1) में प्रयुक्त मूल अकर्मक क्रिया 'उठना' का व्युत्पन्न प्रेरणार्थक रूप है। इसके विपरीत वाक्य (4) सही अर्थों में सकर्मक क्रिया 'उठाना' के आधार पर बना है और वाक्य (2) में प्रयुक्त क्रिया 'उठना' इसका व्युत्पन्न अकर्मक रूप है।

ऊपर यह संकेत दिया जा चुका है कि सकर्मक क्रियाएँ अनिवार्यतः कर्म की अपेक्षा रखती हैं। यह कर्म साधारणतः एक संज्ञा शब्द होता है; पर वह एक संज्ञा-पद या पूरा का पूरा वाक्य भी हो सकता है। उदाहरण के लिए नीचे के वाक्यों को लें–

(1) मैं आम चाहता हूँ।

(2) मैं जाना चाहता हूँ।

(3) मैं चाहता हूँ कि मैं जाऊँ।

(4) मैं आम खाना चाहता हूँ।

(5) मैं चाहता हूँ कि आम खाऊँ।

वाक्य (1) सामान्य वाक्य है जिसमें 'चाहना' सकर्मक क्रिया है और 'आम' उसका कर्म। वाक्य (2) में भी क्रिया, सकर्मक है पर इसका कर्म, क्रियार्थक संज्ञा 'जाना' है। वस्तुतः पद के रूप में 'जाना' पूरे उपवाक्य 'मैं जाऊँ' का रूपांतरण है। वाक्य (2) और (3) की तुलना करने पर स्पष्ट हो जाता है कि इन दोनों वाक्यों में अर्थ के धरातल पर कोई अंतर नहीं है। वाक्य (3) वस्तुतः वाक्य (2) का अन्वयांतर है। इसी प्रकार का सम्बन्ध वाक्य (4) और (5) में है। अन्तर है तो केवल इतना कि वाक्य (2) और (3) के आश्रित उपवाक्य की क्रिया अकर्मक है जबकि वाक्य (4) और (5) की सकर्मक। सकर्मक होने के कारण क्रिया 'खाना' कर्म की भी अपेक्षा रखती है जो इन वाक्यों में 'आम' के रूप में फलित है।

प्रतिस्थापन परीक्षा के आधार पर यह और भी स्पष्ट हो जाता है कि वाक्य

(1) में कर्म 'आम' है, वाक्य (2) में 'जाना' है, वाक्य (3) में 'मैं जाऊँ' है, वाक्य (4) में 'आम खाना' है और वाक्य (5) में 'मैं आम खाऊँ' है।

क्रिया के विस्तारक अंश के रूप में स्थानवाचक और समयवाचक संज्ञा-पदों का अपना महत्त्व है। वस्तुतः विधेय अंश से ध्वनित तात्पर्यबोध की पूर्णता के लिए इनकी आवश्यकता पड़ती है। ये अंश, विधेय से संयुक्त होकर भी पूरे वाक्य की आर्थी संकल्पना में सहायक होते हैं। उदाहरण के लिए नीचे दिए वाक्यों पर ध्यान दें–

(1) (अ) लड़का है।
(आ) लड़का कमरे में है।
(2) (अ) मोहन आएगा।
(आ) मोहन सोमवार को आएगा।

वाक्य (1) (अ) में क्रिया अस्तित्वपरक है और विधेय-खंड इस क्रिया 'होना' तक सीमित है। पर वाक्य (1-आ) में विधेय-खंड में क्रिया 'होना' के साथ स्थानवाचक संज्ञा पद है जो 'पूरक' के रूप में सिद्ध है। इसी प्रकार वाक्य (2-अ) में अकर्मक क्रिया 'आएगा' विधेय-खंड है जबकि वाक्य (2-आ) में विधेय-खंड 'सोमवार को आएगा' है। विधेय-खंड में 'सोमवार को' वस्तुतः समयसूचक पूरक पद है।

स्थानसूचक और समयसूचक पद, संज्ञा से बनकर क्रिया-रूप में विधेय-खंड का विस्तारक बनते हैं। वह सामान्य संज्ञा (या व्याकरण) के ग्रुप. से भिन्न होता है–

(1-अ) लड़का कमरे में है।
(1-आ) कमरा बड़ा है।
(2-आ) मोहन सोमवार को आएगा।
(2-आ) सोमवार अच्छा दिन है।

विश्लेषण के लिए यह कहा जा सकता है कि स्थानसूचक और समयसूचक पद जो विधेय-खंड के विस्तारक के रूप में आते हैं, वे संज्ञा+स्थान-विस्तारक और संज्ञा+समय-विस्तारक के प्रकार्यपरक प्रतिफलन हैं। विधेय के स्थान और समय सूचक-विस्तारक (पूरक) अंश वाक्य से सुगमतापूर्वक विच्छिन्न किये जा सकते हैं। स्थान-विस्तारक और समय-विस्तारक वस्तुतः क्रिया के विस्तारक हैं क्योंकि क्रिया के 'स्थान' अथवा 'समय' को सीमित करते हैं। इसी प्रकार विस्तारक के रूप में क्रिया के होने या किये जाने के ढंग बतानेवाले पद भी वाक्य में आ सकते हैं। जैसे–

(1) मोहन तेजी से भाग गया।
(2) लड़का विनयपूर्वक बोला।

(3) हवा **धीरे-धीरे** बह रही है।

क्रिया के होने के ढंग को बतानेवाले विस्तारक अंश को रीति-विस्तारक कह सकते हैं। क्रिया के जो विस्तारक अंश क्रिया की विशेषता बतलाते हैं अथवा उसके स्थान, समय या रीति को सीमित करते हैं, क्रिया-विशेषण कहलाते हैं।

(1) अकर्मक (मूल)

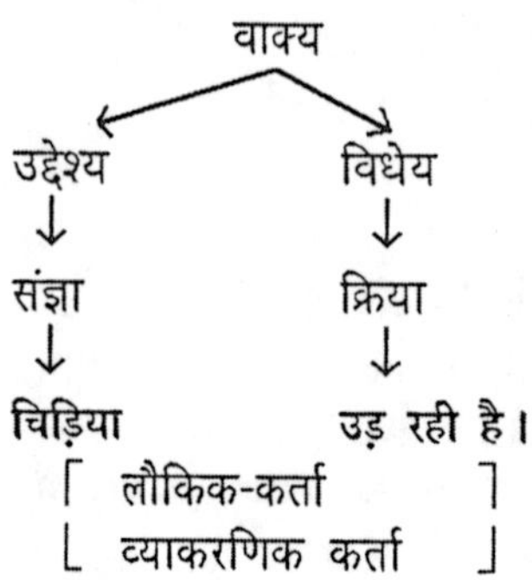

(2) अकर्मक (व्युत्पन्न)

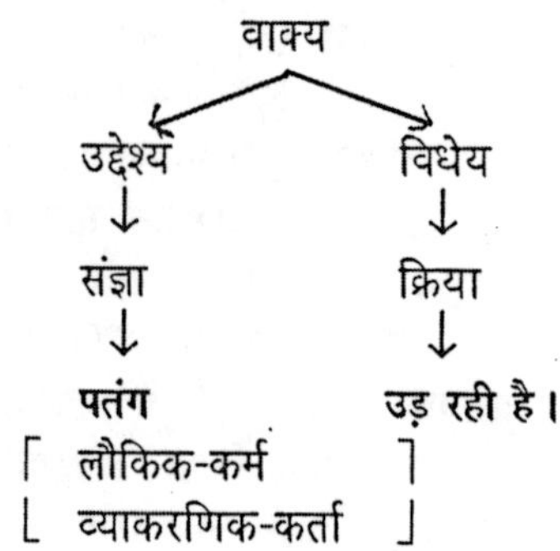

(3) सकर्मक (एककर्मक)

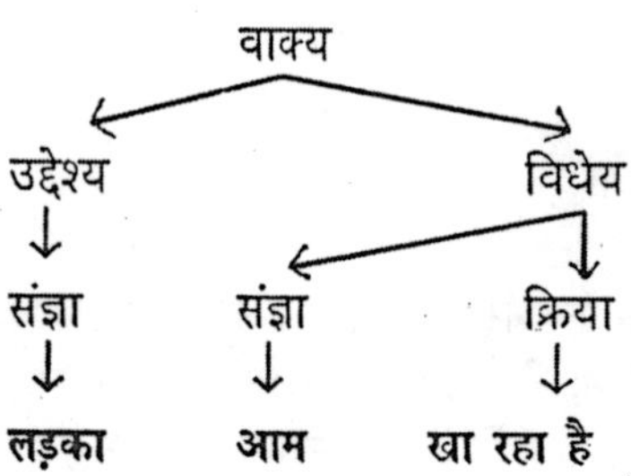

(4) सकर्मक (द्विकर्मक)

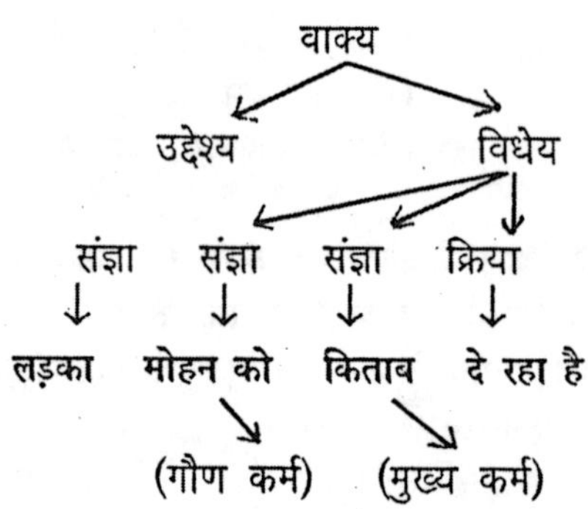

(5) अस्तित्वपरक

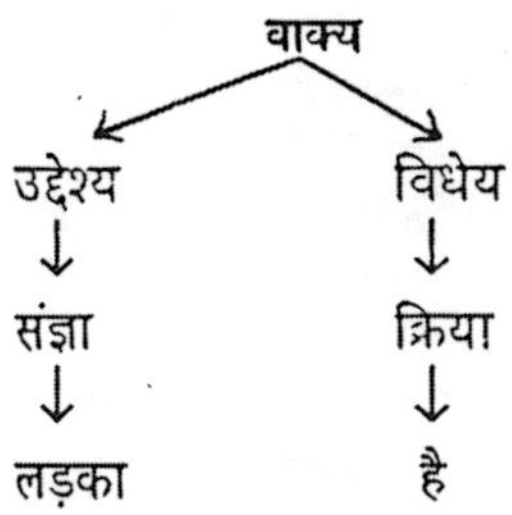

(6) अस्तित्वपरक (पूरकसंयुक्त)

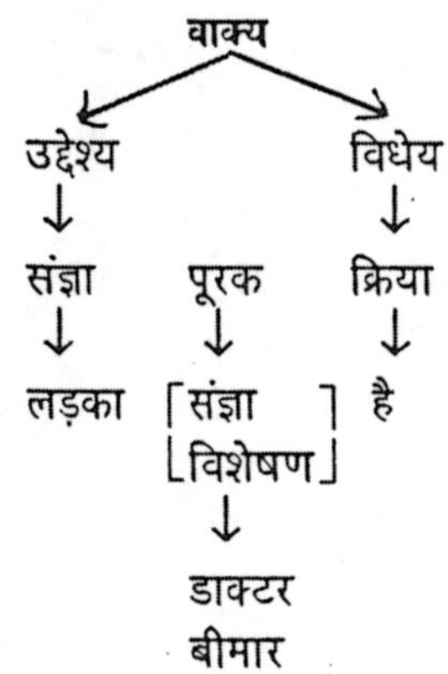

7. अकर्मक (पूरक संयुक्त)

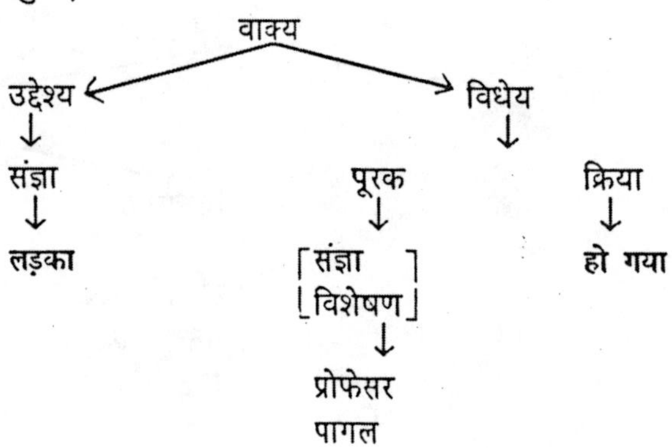

8. सकर्मक (कर्म-वाक्यपरक)

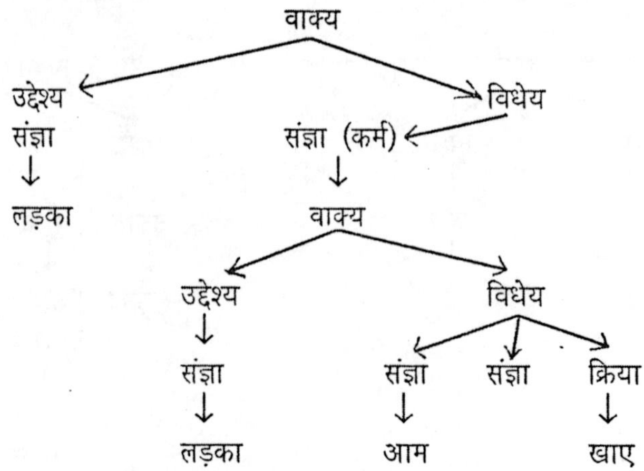

(लड़का चाहता है कि वह आम खाए)

9. क्रियाविशेषण संयुक्त संरचना

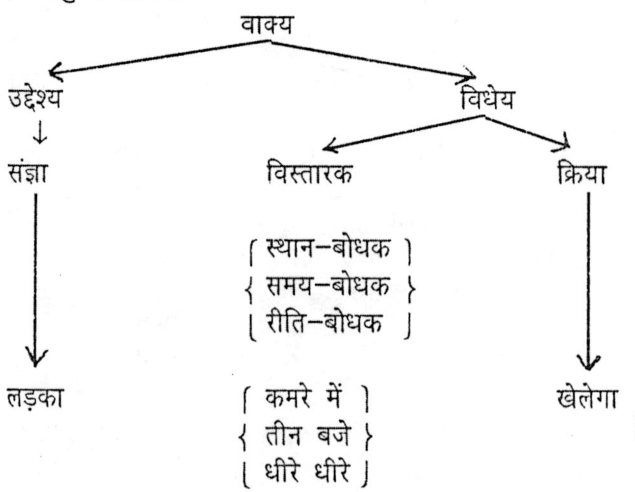

14

क्रिया व्युत्पन्न प्रातिपदिक : कुछ रूपवैज्ञानिक प्रश्न

[1]

संरचनात्मक भाषाविज्ञान ने अपने व्याकरणिक विश्लेषण के लिए व्याकरण की सबसे छोटी सार्थक इकाई के रूप में 'रूपिम' की संकल्पना को स्वीकार किया। ध्वनिविज्ञान में जिस तरह उसने स्वनिम, सहस्वन और स्वन की अवधारणा को मान्यता दी, उसी प्रकार व्याकरणिक विश्लेषण के लिए उसने रूपिम (मार्फ़ीम), सहरूप[1] (एलोमार्फ़) और रूप (मार्फ़) की संकल्पना को स्वीकार किया। विश्लेषण की प्रक्रिया के रूप में उसने व्यतिरेकी युग्म-निर्धारण की प्रक्रिया और वितरण की पद्धति को बढ़ावा दिया। यहाँ पर यह ध्यान देने की बात है कि व्याकरणिक संरचना को समझने के लिए जिस रूपिम की इकाई को स्वीकार किया गया वह अपनी प्रकृति में प्रकार्यात्मक (फंक्शनल) इकाई के रूप में ही पहले मान्य हुई, केवल बाद में चलकर विश्लेषणात्मक प्रविधि को वैज्ञानिक बनाने की प्रक्रिया में उसे यांत्रिक आधार मिलने लगा। इस यांत्रिक आधार ने रूपिम के प्रकार्यात्मक स्वरूप को भुलाकर मात्र संक्रियात्मक (ऑपरेशनल) इकाई के रूप में विकसित किया। व्यतिरेक और वितरण की कसौटी को इस तरह रूढ़ बना दिया गया कि एक तरफ रूपविज्ञान का सम्बन्ध वाक्य-विन्यास (सिनटैक्स) से कट गया और दूसरी तरफ रूपिम के प्रकार्यात्मक पक्ष से विच्छिन्न होता चला गया।

व्यतिरेकी युग्म और वितरण के प्रणालीगत आधार पर कुछ काम हिंदी की रूपिम-व्यवस्था के संदर्भ में भी मिलता है। ऐसे विश्लेषण में अध्ययन की जो सीमाएँ और जो भ्रामक परिणाम देखे जा सकते हैं, उनका उदाहरण डॉ. महावीर सरन जैन की पुस्तक 'परिनिष्ठित हिंदी का रूपग्रामिक अध्ययन' (1978) में देखा

1. आज एलोमार्फ़ के लिए संरूप शब्द प्रयुक्त हो रहा है।

जा सकता है। वैसे तो रूपिम के प्रकार्यात्मक पक्ष का अभाव सम्पूर्ण पुस्तक में देखने को मिलता है, पर अपने इस निबंध में हम अपने विचार को क्रिया व्युत्पन्न प्रातिपदिकों के रूप स्वनिमिक विश्लेषण तक ही सीमित रखना चाहेंगे। सकर्मक धातु व्युत्पादक प्रत्यय पर विचार करते हुए उन्होंने यह संकेत दिया है कि उनकी रचना दो प्रकार से होती है–

(1) अकर्मक धातु अथवा मूल धातुओं में आंतरिक ध्वनि परिवर्तन द्वारा : /कट्/ →/काट्। इसमें किसी रूपयुक्त परप्रत्यय का योग नहीं हुआ है, धातु के स्वर में परिवर्तन करके धातु व्युत्पन्न की गई है। सुविधा की दृष्टि से इसका विवेचन शून्य परप्रत्यय (ϕ) की सहायता से किया जा सकता है। यह प्रक्रिया आंतरिक ध्वनि-परिवर्तन को परप्रत्यय की सहायता से विवेचित करने की है।

इसका विवेचन मध्य-प्रत्यय-योजना द्वारा भी सम्भव है। /कट्/ एवं /काट्/ जैसे रूपों में मूल रूपग्राम (क्-ट्) को माना जा सकता है जो अकर्मक रूप है। इस (क्-ट्) मूल रूपग्राम में मध्य प्रत्यय (-अ-) के संयोग से /कट्/ तथा (-आ-) के योग से /काट्/ जैसी रचनाएँ व्युत्पन्न मानी जा सकती हैं।

प्रस्तुत संदर्भ में (ϕ) द्वारा आंतरिक ध्वनि-परिवर्तन का विवेचन किया जा रहा है।

(2) अकर्मक धातुओं में परप्रत्यय के योग से–(सकर्मक धातु व्युत्पादक प्रत्यय पदग्राम) के समस्त सहरूप ग्रामों का विवरण समस्त स्थितियों में ध्वन्यात्मक प्रतिबंधित रूप में प्रस्तुत नहीं किया जा सकता, क्योंकि समान अंत्य एवं समानाक्षरवाली मूल धातुओं में भिन्न सहरूप ग्रामों का योग होता है।

डॉ. जैन के अनुसार सकर्मक धातु व्युत्पादक प्रत्यय पदग्राम को (ϕ) परप्रत्यय स्वीकार किया गया है और इसे 'CVC' (कट्), 'CVCV' (सुधर्) और 'VCVC' (उखड़) क्रमवाली धातुओं के साथ शब्दकोशीय रूप से प्रतिबंधित रूप में स्वीकार किया गया है। इसकी यौगिक प्रक्रिया में मूल प्रातिपदिक में जो ध्वन्यात्मक परिवर्तन होता है, यथा–कट्>काट्, सुधर>सुधार, उखड़>उखाड़, उसका वितरणपरक अध्ययन भी प्रस्तुत किया गया है (जैन, 1978, पृ. 68-80)।

विश्लेषण की सुविधा के लिए यहाँ पर मात्र 'CVC' क्रमवाली धातुओं के उदाहरण को डॉ. जैन द्वारा प्रस्तावित नियमों और उसके मूल्यांकन तक सीमित किया जा रहा है, क्योंकि उनके द्वारा प्रस्तावित नियमों की जो सीमाएँ यहाँ दिखाई पड़ती हैं, वे ही अन्यत्र भी देखी जा सकती हैं। डॉ. जैन के अनुसार 'CVC' क्रमवाली धातुओं के साथ जब सकर्मक धातु व्युत्पादक (ϕ) प्रत्यय का योग होता

है, तो धातु के निम्नलिखित स्वरों में निम्न प्रकार का परिवर्तन मिलता है–

(i) अ>आ : कट्+ ϕ>काट्

(ii) उ>ओ : घुल्+ ϕ>घोल्

(iii) ऊ>ओ : टूट्+ ϕ>तोड़

(iv) च् प् भ् म् स् के बाद →/इ/ होने पर > ई, यथा–
चिर्+ ϕ>चीर्, पिट्+ ϕ>पीट्, भिच्+ ϕ>भींच,
मिंच+ ϕ>मींच, सिंच+ ϕ>सींच

(v) घ् छ् फ् ब् के बाद→ (इ) होने पर>ए, यथा :
घिर्+ ϕ>घेर्, छिड़+ ϕ>छेड़, फिंक्+ ϕ>फेंक,
बिक्+ ϕ>बेच्

(vi) ख् के बाद→/इ/ होने पर >ई~ए यथा–
खिंच+ ϕ>खींच्~खेंच्

[2]

डॉ. जैन का यह विश्लेषण कई स्तरों पर भ्रामक है। पहला प्रश्न तो प्रातिपदिकों के मूल रूप से सम्बद्ध है और दूसरा प्रश्न प्रातिपदिकों की ध्वन्यात्मक संरचना से सम्बद्ध है। नीचे दोनों दृष्टियों के संदर्भ में कुछ विस्तार से चर्चा करना आवश्यक है।

यह अवश्य है कि धातुओं को अकर्मक और सकर्मक कोटियों में विभाजित करना सम्भव है पर इसके साथ जब दो सम्बद्ध अकर्मक और सकर्मक प्रातिपदिकों की चर्चा करनी पड़ती है तब यह देखना भी आवश्यक हो जाता है कि उन दोनों में कौन-सा आधारभूत प्रातिपदिक है और कौन उससे व्युत्पन्न। डॉ. जैन ने सभी अकर्मक धातुओं को आधारभूत क्रिया प्रातिपदिक माना है और उससे सम्बद्ध सकर्मक धातु को व्युत्पन्न स्वीकार किया है। यह विवेचन अवैज्ञानिक है, क्योंकि इसके अनुसार दौड़ना, निकलना आदि मूल अकर्मक क्रियाएँ भी कटना, बँधना जैसे व्युत्पन्न अकर्मक के समान स्वीकार करनी पड़ेंगी। इस सम्बन्ध में आचार्य किशोरीदास वाजपेयी का विचार द्रष्टव्य है।

वाजपेयी जी के अनुसार अकर्मक धातुओं के दो प्रयोग मिलते हैं–पहला, मूल अकर्मक, यथा–निकलना, सँभलना, बिगड़ना आदि और दूसरा, अकर्तृक प्रयोग से व्युत्पन्न अकर्मक, जैसे–कटना, बँधना आदि (शब्दानुशासन, पृ. 472)। अकर्तृक क्रियाओं के बारे में विचार करते हुए वाजपेयी जी की यह मान्यता है कि सकर्मक क्रियाओं के अकर्तृक प्रयोग हिंदी में वहाँ देखने को मिलते हैं जहाँ कर्म का प्रयोग कर्ता की तरह वाक्य में होता है। उनके अनुसार अगर हम 'आज तो खूब कपड़े सिल रहे हैं' वाक्य पर विचार करें तो क्रिया को 'कर्म-कर्तृक' रूप में पाते हैं।

यहाँ कर्ता का प्रयोग नहीं हुआ, कपड़े कौन सी रहा है–सीनेवाला (कर्ता) कौन है, नहीं बतलाया गया। कर्ता की विवक्षा नहीं। ऐसे प्रयोग भाषा में होते हैं परंतु सीने का काम अपने आप तो हो नहीं सकता। 'स्वतंत्रः कर्ता'। क्या कपड़े स्वयं सिल सकते हैं ? असम्भव है। कोई सीनेवाला चाहिए, वही कर्ता। कपड़े तो कर्म हैं–सिए जाते हैं। सो, 'कपड़े सिल रहे हैं' 'अकर्त्तृक प्रयोग' या 'कर्म-कर्त्तृक प्रयोग' (शब्दानुशासन, पृ. 470)। वाजपेयी जी अकर्त्तृक प्रयोग को मूल सकर्मक धातु की ही 'उपधातु' रूप मानते हैं।

इस प्रश्न पर विचार करते हुए डॉ. श्रीवास्तव ने अपने लेख (1971) में यह दिखाने का प्रयास किया है कि क्रिया-रूपों को उसके मात्र ध्वन्यात्मक अथवा अर्थपरक दृष्टि से ही देखना उचित नहीं अपितु वाक्य में उसके प्रकार्य (function) और प्रयोजन को भी ध्यान में रखना चाहिए। उदाहरण के लिए उड़ना और उड़ाना शब्द-युग्मों को ही देखें। उन्होंने निम्नलिखित चार वाक्यों को अपने सामने रखा–

1. (क) चिड़िया **उड़** रही है।
   (ख) लड़का (खेत में) **चिड़िया उड़ा** रहा है।
2. (क) पतंग उड़ रही है।
   (ख) लड़का (खेत में) **पतंग उड़ा** रहा है।

ध्वनि और अर्थ पक्ष से देखने पर पहले (क) और दूसरे (क) में प्रयुक्त 'उड़' क्रिया और पहले (ख) और दूसरे (ख) में प्रयुक्त 'उड़ा' क्रिया एक जैसी प्रतीत होती हैं पर व्याकरणिक प्रकार्य की दृष्टि से यदि थोड़ा भी इस पर विचार करें तो यह स्पष्ट हो जाता है कि पहले (क) में प्रयुक्त 'उड़' मूल धातु रूप है, क्योंकि वहाँ चिड़िया उड़ने का काम कर रही है। इसके विपरीत 2 (क) में स्थिति ठीक वैसी ही है जैसी वाजपेयी जी ने अपने वाक्य में 'कपड़ा सिल रहा है' में संकेतित किया है। इसे कर्म-कर्त्तृक प्रयोगजन्य वाक्य कहा जा सकता है, अतः इसे उपधातु (व्युत्पन्न अकर्मक) का ही पद दिया जा सकता है। परंतु यह प्रश्न भी सामने आता है कि यह उपधातु किस मूल धातु का व्युत्पन्न रूप है ? यह माना जा सकता है कि 'पतंग उड़ रही है' की मूल संकल्पना में वाक्य है–'कोई पतंग उड़ा रहा है', अतः यह व्युत्पन्न अकर्मक धातु 'उड़' 2 (क), आधारभूत वाक्य 2 (ख) में प्रयुक्त सकर्मक मूल धातु 'उड़ा' का ही भिन्न रूप है। इसके विपरीत अगर यह स्वीकार किया जाता है कि 1 (क) का वाक्य मुख्य वाक्य है और 1 (ख) उससे व्युत्पन्न दूसरा वाक्य, तब 1 (ख) में प्रयुक्त 'उड़ा' को 1 (क) में प्रयुक्त मूल अकर्मक क्रिया 'उड़' का व्युत्पन्न रूप स्वीकार होगा। यह स्थिति सहज रूप से मान्य होती है अगर हम 1 (ख) में प्रयुक्त 'उड़ा' और 2 (ख) में प्रयुक्त 'उड़ा' के व्याकरणिक प्रकार्य-भेद पर ध्यान दें। 'लड़का चिड़िया उड़ा रहा है' में 'उड़ाना' की प्रकृति प्रेरणार्थक है, जबकि 2 (ख) वाक्य 'लड़का पतंग उड़ा रहा है' में क्रिया

की प्रकृति मात्र सकर्मक है।

इस तथ्य को स्पष्ट करने के लिए एक अन्य उदाहरण भी लिया जा सकता है। निम्नलिखित वाक्यों पर ध्यान दें–

3. (क) लड़का 'सात बजे' उठ गया।
   (ख) मैंने लड़के को 'सात बजे' उठाया।
4. (क) सामान 'सात बजे' उठ गया।
   (ख) मैंने सामान 'सात बजे' उठाया।

3 और 4 में दिए गए वाक्यों से यह स्पष्ट है कि 3 (क) का 'उठ' न केवल अपने व्याकरणिक प्रकार्य में 4 (क) के 'उठ' से भिन्न है, अपितु अर्थ के धरातल पर भी यह भिन्न है। 3 (क) का 'उठ' अर्थ की दृष्टि से या तो 'सोने' का विलोम है या 'बैठने' का, जबकि 4 (क) में प्रयुक्त 'उठ' अपने तात्पर्य में अंग्रेजी के 'लिफ्ट' का पर्याय है। इसी प्रकार 3 (क) के 'उठ' का कर्ता 'लड़का' न केवल व्याकरणिक कर्ता के रूप में सिद्ध है बल्कि उसके साथ ही संकल्पनात्मक (नोशनल) कर्ता भी है। यही कारण है कि इस 'उठ' से व्युत्पन्न 3 (ख) में प्रयुक्त 'उठाया' प्रेरणार्थक क्रिया रूप है। प्रेरणार्थक होने के कारण यह वाक्य संकल्पनात्मक दृष्टि से द्विकर्तृक है। माना जा सकता है कि 3 (ख) में संकल्पना के स्तर पर 'लड़का' मूल कर्ता है जबकि 'मैंने' 3 (क) प्रेरणार्थक कर्ता। व्याकरणिक धरातल पर प्रेरणार्थक वाक्यों में प्रेरणार्थक कर्ता ही व्याकरणिक कर्ता होता है, जबकि मूल कर्ता को कर्मवत प्रयुक्त किया जाता है। इस स्थिति की अगर वाक्य 4 के (क) और (ख) में प्रयुक्त 'उठ-उठाया' क्रियाओं के प्रकार्य से तुलना करें, तब यह स्पष्ट हो जाता है कि 4 (क) कर्म-कर्त्तृक वाक्य रूप है, क्योंकि इस वाक्य में व्याकरणिक स्तर पर कर्ता रूप में प्रयुक्त 'सामान' शब्द संकल्पनात्मक स्तर पर कर्म है। यह स्थिति 4 (ख) से तुलना करने पर स्पष्ट हो जाती है, क्योंकि 4 (ख) में 'उठाना' क्रिया का कर्ता 'मैं' है और कर्म 'सामान'।

वाक्य-विन्यास (सिंटैक्स) और रूपविज्ञान के परस्पर सम्बन्धों को न समझ पाने के कारण ही डॉ. दीमशित्स (1983, पृष्ठ 528-29) भी डॉ. जैन की तरह ही हिंदी में अकर्मक से व्युत्पन्न सकर्मक निर्माण की प्रक्रिया को स्वीकार करते हैं। उनके अनुसार मूल क्रिया की धातु के स्वर में परिवर्तन द्वारा सकर्मक क्रियाओं के निर्माण की प्रक्रिया में द्वयक्षरी धातुओं में निम्नलिखित परिवर्तन होते हैं–

(क) 'अ' का 'आ' ; 'इ' 'ई' का 'ए' ; 'उ' 'ऊ' का 'ओ' हो जाता है (बँधना-बाँधना, घिरना-घेरना, दिखना-देखना, खुलना-खोलना, सूखना-सोखना)।

(ख) 'उ' का 'ओ' तथा 'अ' का 'आ' हो जाता है और साथ ही धातु

का 'ट' व्यंजन 'ड़' में बदल जाता है (छूटना-छोड़ना, फूटना-फोड़ना, फटना-फाड़ना।

स्वाभाविक है कि इस प्रक्रिया के मानने के फलस्वरूप सकर्मक क्रियाओं के दो भेद होंगे–मूल सकर्मक और व्युत्पन्न सकर्मक। डॉ. दीमशित्स के अनुसार पढ़ना, खाना आदि में क्रियाएँ मूल सकर्मक हैं, जिनका कोई अकर्मक रूप नहीं मिलता जबकि काटना, फेरना आदि व्युत्पन्न सकर्मक क्रियाएँ हैं, क्योंकि इनके अकर्मक रूप कटना और फिरना का प्रयोग सम्भव है। कहने की आवश्यकता नहीं कि व्युत्पन्न सकर्मक क्रिया की यह संकल्पना न तो वाक्य-विन्यास की दृष्टि से संगत है और न ही रूपविज्ञान की प्रक्रिया से तर्कसिद्ध।

डॉ. दीमशित्स ने व्युत्पन्न सकर्मक क्रियाओं की एक और कोटि दी है। उनके अनुसार पढ़ाना, सिखाना (सिखलाना), समझाना आदि व्युत्पन्न सकर्मक क्रियाएँ हैं जो मूल सकर्मक क्रियाओं में -आ और -ला परप्रत्ययों की सहायता से बनी हैं। इसमें संदेह नहीं कि ऐसी मूल और व्युत्पन्न सकर्मक क्रियाएँ आपस में सम्बद्ध हैं पर डॉ. दीमशित्स ने इसी के समानांतर अकर्मक और सकर्मक के युग्म को भी साथ रखा है, यथा–जागना-जगाना, दिखना-दिखाना, पड़ना-पड़ाना आदि। अकर्मक और सकर्मक क्रियाओं के सम्बन्धों की यह प्रकृति सर्वथा भिन्न है, क्योंकि जहाँ 'जागना' अपने में मूल अकर्मक क्रिया है वहाँ 'दिखना' व्युत्पन्न अकर्मक।

सकर्मक और प्रेरणार्थक क्रियाओं के निर्माण से सम्बद्ध उदाहरण को निम्नलिखित रूप में तालिकाबद्ध किया है–

सकर्मक और प्रेरणार्थक क्रियाओं के निर्माण के उदाहरण

अकर्मक मूलक्रिया	सकर्मक मूलक्रिया	मूल क्रिया की धातु के स्वर में परिवर्तन द्वारा व्युत्पन्न सकर्मक क्रिया	'-आ' और '-ला' परप्रत्ययों की सहायता से बनी सकर्मक क्रिया	प्रेरणार्थक क्रिया	
				प्रथम श्रेणी की प्रेरणा-र्थक क्रिया	द्वितीय श्रेणी की प्रेरणा-र्थक क्रिया
कटना		काटना		कटाना	कटवाना
	करना			कराना	करवाना
खौलना			खौलाना		खौलवाना

सकर्मक-अकर्मक धातुओं के सहसम्बन्ध की इसी प्रकृति पर डॉ. भोलानाथ तिवारी (1979) ने इन शब्दों पर प्रकाश डालने का प्रयत्न किया है–कुछ सकर्मक

क्रियाएँ मूल होती हैं (जैसे–लिख, खा, देख आदि) तथा कुछ व्युत्पन्न अर्थात् मूल अकर्मक से बनाई हुई सकर्मक (जैसे–उठ से उठा, चल से चला आदि)। इसी प्रकार अकर्मक भी मूल (उठ, चल, बैठ) तथा व्युत्पन्न (अर्थात् सकर्मक से बनाई हुई अकर्मक : देख, दिख) दोनों प्रकार की होती है। सामान्यतः यह समझा जाता है कि अकर्मक से ही सकर्मक धातुएँ बनती हैं, किंतु वास्तविकता यह है कि यदि कुछ धातुएँ मूलतः अकर्मक होती हैं, और उनसे सकर्मक धातुएँ बनती है, तो दूसरी ओर कुछ धातुएँ मूलतः सकर्मक होती हैं, और उनसे अकर्मक धातुएँ भी बनती हैं। उदाहरण के लिए 'देख' मूलतः सकर्मक धातु है; देखे जाने के लिए कोई न कोई देखनेवाला (अर्थात् कर्ता) और कुछ-न-कुछ दिखाई पड़नेवाला (अर्थात् कर्म) होना ही चाहिए। 'दिख' उसी से बनी अकर्मक धातु है : यहाँ से कुतुबमीनार दिखती है। स्पष्ट है कि यहाँ 'दिखने' में मूल धातु की सकर्मकता स्पष्ट है–कोई देखेगा तभी वह दिखेगी। इसी प्रकार बज् (कहीं हारमोनियम बज रहा है), सिल् (कपड़े सिल गए), बँध् (सामान बँध गया) आदि भी सकर्मक से बनी अकर्मक धातुएँ हैं।

ऊपर के विवेचन से निम्नलिखित तथ्य स्पष्ट हैं–

(1) 'आधारधातु' का सम्बन्ध मूल क्रियारूपों के साथ होता है, जबकि 'उपधातुओं' का सम्बन्ध व्युत्पन्न क्रियारूपों के साथ।

(2) मूल क्रिया अपने प्रकार्य में या तो अकर्मक होती है अथवा सकर्मक।

(3) मूल क्रियारूपों–अकर्मक और सकर्मक, के प्रेरणार्थक व्युत्पन्न रूप मिलते हैं।

(4) कुछ मूल सकर्मक क्रियारूपों के व्युत्पन्न अकर्मक रूप भी उपलब्ध हैं।

इन्हीं तथ्यों को ध्यान में रखकर श्रीवास्तव और भसीन (1983) ने मूल और व्युत्पन्न धातुओं की तालिका बनाई है, जिसे निम्नलिखित दिए गए रूप में नए ढंग से प्रस्तुत किया जा रहा है–

व्युत्पन्न	मूल क्रिया		व्युत्पन्न	
अकर्मक	अकर्मक	सकर्मक	प्रेरणार्थक$_1$	प्रेरणार्थक$_2$
खिलना		सीना	सिलाना	सिलवाना
	उड़ना$_1$		उड़ाना$_1$	उड़वाना
	उठना$_1$		उठाना$_1$	उठवाना
		जीतना	जिताना~	जितवाना
धुलना		धोना	धुलाना~	धुलवाना
उड़ना$_2$		उड़ाना$_2$	उड़वाना	
उठना$_2$		उठाना$_2$	उठवाना	

डॉ. जैन का विश्लेषण इस अर्थ में भ्रामक है कि वह व्युत्पन्न उपधातु (यथा–कट्) से आधारभूत मूल धातु (यथा्–काट्) से बना मानते हैं और आंतरिक ध्वनि-परिवर्तन की दिशा व्युत्पन्न से मूल की ओर मोड़ते हैं। ध्वनि-परिवर्तन की दिशा का निर्धारण होना चाहिए या मूल से व्युत्पन्न की ओर। यही कारण है कि अपने ध्वनि-परिवर्तन में वे न तो कोई व्यवस्था ढूँढ़ पाए हैं और न ही परिवर्तन की प्रकृति पर प्रकाश डाल पाने में समर्थ हैं। वितरण की मात्र तकनीक के आधार पर उन्होंने लगभग छह संदर्भ देने की कोशिश की है, जिसकी ओर लेख में पहले संकेत दिया जा चुका है।

[3]

धातुओं की स्वनिमिक व्यवस्था तथा आधारभूत मूल धातुओं और व्युत्पन्न उपधातुओं के सहसम्बन्धों पर विचार करने के पूर्व यह आवश्यक है कि हम मूल धातु की स्वनिमिक प्रकृति पर संक्षेप में विचार कर लें। डॉ. जैन ने हिंदी की धातुओं, यथा–काट, खींच, खोल आदि को व्यंजनांत माना है और उसे 'काट्', 'खींच्', 'खोल्' के रूप में प्रस्तुत किया है। हिंदी में प्रत्यय विधान, नियम संघात, छंद निरूपण आदि विभिन्न दृष्टियों से विचार करते हुए डॉ. श्रीवास्तव ने अपने विभिन्न लेखों (1969, 1974, 1979) में यह स्पष्ट कर दिया है कि हिंदी के धातु रूप व्यंजनांत न होकर स्वरांत हैं। वस्तुतः काट, खींच, खोल आदि धातुओं की अभ्यन्तर स्वनिमिक रचना में अंत्य स्थिति में–अ स्वर अंतर्भुक्त है जो उच्चारण की बाह्य संरचना में प्रतिफलित नहीं होता। यह स्थिति उसी प्रकार देखने को मिलती है, जैसे 'सिमट' के मध्यक्षर अक्षर 'म' में अंतर्भुक्त 'अ' की स्थिति, जो उसके व्युत्पन्न रूप 'सिमटी' में प्रतिफलित नहीं दिखाई देती।

अगर डॉ. जैन के दिए हुए उदाहरणों में आंतरिक ध्वनि-परिवर्तनों की दिशा ठीक कर दी जाय अर्थात् व्युत्पन्न अकर्मक से सकर्मक धातु (कट्>काट्) के स्थान पर मूल सकर्मक से व्युत्पन्न अकर्मक (काट>कट) स्वीकार किया जाय तब ध्वनि-परिवर्तन के अग्रांकित प्रकार देखने को मिलते हैं–

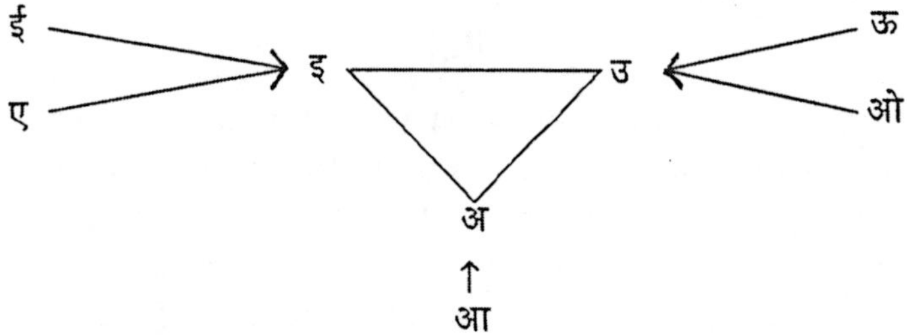

[खींच–खिंच / छेड़–छिड़]   [काट–कट / गाड़–गड़]   [गूँथ–गुँथ / खोल–खुल]

इस ध्वनि-परिवर्तन की प्रकृति एवं व्यवस्था पर संक्षेप में विचार कर लेना समीचीन होगा। ध्यान देने की बात है कि परिवर्तन की दिशा दीर्घ स्वर से ह्रस्व स्वर की ओर है। दीर्घ स्वरों को हम दो ह्रस्व स्वरों के संयोग का प्रतिफलन भी मान सकते हैं। इस मानने का आधार हिंदी की अपनी संधि-व्यवस्था है। इन संधियों के परिप्रेक्ष्य में हम कहने की स्थिति में हैं कि सभी दीर्घ स्वर दो ह्रस्व स्वरों के संयोग के परिणाम हैं, यथा–

ई=इ+इ	:	अभि+इष्ट=अभीष्ट
ए=अ+इ	:	देव+इन्द्र=देवेन्द्र
ऊ=उ+उ	:	सु+उक्ति=सूक्ति
ओ=अ+उ	:	सूर्य+उदय=सूर्योदय
आ=अ+अ	:	सुख+अंत=सुखांत

अगर हम मूल धातु रूपों की ध्वनिमिक व्यवस्था में दीर्घ स्वरों (ई, ए, ऊ, ओ, आ) की $V_1 V_2$ के रूप में ह्रस्व स्वरों का संयोग मानें तब ध्वनि-परिवर्तन की दिशा ($V_1 V_1 \rightarrow \varnothing V_2$) निर्धारित होती है, अर्थात् स्वर-संयोग के रूप में पहले स्वर का लोप हो जाता है। इस तरह हम यह भी समझ सकते हैं कि क्यों 'खींच' और 'छेड़' में प्रयुक्त 'ई' और 'ए' स्वर 'इ' में परिवर्तित हो जाते हैं और 'गूँथ' और 'खोल' के 'ऊ' और 'ओ' स्वर 'उ' में बदल जाते हैं। हमारा यह विश्लेषण व्युत्पन्न प्रक्रिया को केवल एक नियम द्वारा समझने-समझाने में समर्थ है। डॉ. जैन के दिए हुए छह संदर्भ और तत्सम्बन्धी छह नियमों के स्थान पर एक नियम की व्यवस्था न केवल मितव्ययिता के सिद्धांत पर आधारित है, अपितु व्याकरणिक प्रकार्य, धातुओं की अभ्यन्तर ध्वनि-व्यवस्था तथा विभिन्न रूपिमों के सहरूपों के बीच पाए जानेवाले सहसम्बन्धों की सही प्रकृति पर भी समुचित प्रकाश डालने में समर्थ है।

[4]

ध्वनि -परिवर्तन के नियम के रूप में यह संकेत दिया जा चुका है कि सकर्मक धातुओं से व्युत्पन्न अकर्मक $V_1 V_2 \rightarrow \varnothing V_2$ नियम की अपेक्षा रखती है। इस स्थिति में 'खींच', 'छेद', गूँथ', और 'काट' धातुओं की अभ्यन्तर ध्वनि-व्यवस्था का स्वरूप हमें दो ह्रस्व-स्वर-संयोग के रूप में मानना पड़ेगा, यथा–खींच–(ख इ इ च् अ; छेड़–छ् अ इ ड़ अ)। यह आपत्ति उठाई जा सकती है कि संधि नियमों के आधार पर 'ए' को अ+इ और 'ओ' को अ+उ एक सीमित दृष्टि से ही हिंदी में स्वीकार किया जा सकता है। स्वरों की यह प्रकृति संस्कृत के तत्सम शब्दों पर नियमतः तो लागू हो सकती है पर हिंदी के तद्भव और देशज शब्दों पर यह सही ढंग से नहीं घटते। अगर यह आपत्ति सही भी है तो ध्वनि-परिवर्तन की यह प्रक्रिया भी उतनी ही सही है, क्योंकि यह प्रक्रिया हिंदी के प्रायः सभी प्रकार के शब्दों पर लागू होती देखी जा सकती है। इस प्रक्रिया को प्रजनात्मक व्याकरण के स्वनिमिक नियम द्वारा भी व्यक्त किया जा सकता है।

व्युत्पन्न अकर्मक क्रिया सम्बन्धी स्वनिमिक नियम को समझने के लिए पहले यह आवश्यक है कि हम हिंदी स्वरों को स्वनिमिक अभिलक्षण-गुच्छ के रूप में देखें। हिंदी स्वरों के अभिलक्षण-गुच्छ को निम्नलिखित तालिका स्पष्ट करती है–

	इ	ई	ए	ऐ	अ	आ	ओ	औ	उ	ऊ
उच्च (संवृत)	+	+	–	–	–	–	–	–	+	+
पश्च	–	–	–	–	+	+	+	+	+	+
निम्न (विवृत)	–	–	–	+	+	+	+	–	–	–
दीर्घ	+	–	+	+	–	+	+	+	–	+
वर्तुल	–	–	–	–	–	–	+	+	+	+

व्युत्पन्न अकर्मक सम्बन्धी ध्वनि-परिवर्तन को हम निम्नलिखित स्वनिम नियम द्वारा प्रस्तुत कर सकते हैं–

+स्वर x पश्च x वर्तुल + दीर्घ < < –निम्न >	→	–दीर्घ < + संवृत >

हिंदी व्याकरण में अगर इस नियम को स्वीकार कर लिया जाय तब 'खींच', 'छेड़' आदि शब्दों की अभ्यन्तर ध्वनि-व्यवस्था में ई, ए आदि को स्वर-संयोग का प्रतिफलन मानने की आवश्यकता नहीं पड़ेगी और 'खींच' तथा 'छेड़'–शब्द (ख् ईं च् अ) और (छ् ए ड् अ) के रूप में स्वीकार होगा।

संदर्भ

जैन, महावीर सरन, 1978, परिनिष्ठित हिंदी का रूपग्रामिक अध्ययन, लोक भारती प्रकाशन, इलाहाबाद।

श्रीवास्तव, बीना, 1973, हिंदी की अपनी संधियाँ, भाषा (हिंदी भाषा-विज्ञान अंक, पृष्ठ 102-108), के. हि. नि., नई दिल्ली।

Srivastava, R. N., 1969, Review of Studies in Hindi-Urdu by A Kelkar, Language 45. 913-27.

Srivastava, R. N., 1971, How empty is abstract (verb + cause). Proceedings of All India conference of Linguistics, 61-76, Poona, Deccan College.

Srivastava R.N., 1974, Review of Syllabic Structure of Hindi and Punjabi by Dr. Sharma, Indian Linguistics, 35 Number I, Poona, Deccan College.

Srivastava, R. N., 1979, On Capturing Inaccessible Mind : further evidence for word final sehwa. In zbornik Radova. O Govoru I Jesiku, pp. 255-61 Benograd.

श्रीवास्तव, आर. एन. एवं शारदा भसीन, 1983, प्रयोजनमूलक हिंदी व्याकरण, केंद्रीय हिंदी संस्थान, आगरा।

वाजपेयी, किशोरीदास, संवत् 2023, हिंदी शब्दानुशासन, नागरी प्रचारिणी सभा, काशी।

तिवारी, भोलानाथ, 1979, हिंदी भाषा की संरचना, वाणी प्रकाशन, दिल्ली।

दीमशित्स, ज़ाल्मन, 1983, हिंदी व्याकरण, रादुगा प्रकाशन, मास्को।

खंड : ग

15. काल और पक्ष
16. पक्ष : पुनर्विचार
17. वाच्य और प्रयोग
18. क्रिया का अन्वय : कर्तरि प्रयोग
19. क्रिया का अन्वय : कर्मणि और भावे प्रयोग
20. वाक्य और वाक्योपरि (प्रोक्ति) स्तर

15

काल और पक्ष

भाषा-अध्ययन के संदर्भ में हम जिस 'काल' अथवा 'काल-बोध' की चर्चा उठाते हैं, वह भौतिक जगत् में स्वीकृत 'समय' से भिन्न होता है। 'समय' एक अविच्छिन्न धारा के समान रहता है, जहाँ जो कुछ भी है वह या तो 'भूत' होता है अथवा 'भविष्य'। सतत परिवर्तनशील स्थिति में वर्तमान का अस्तित्व तो ज्यामितिशास्त्र के उस बिंदु के समान है जिसकी न तो लम्बाई होती है, न चौड़ाई और न ऊँचाई ही; वह तो धूप-छाँव की उस मिलन-रेखा के समान है जिसके एक ओर भूत की स्थिति है और दूसरी ओर भविष्य की। यह ठीक है कि भूत और भविष्य की भेदक-रेखा स्वयं वर्तमान होता है, पर इसके साथ यह भी सही है कि वर्तमान का स्वयं भौतिक धरातल पर अपना अस्तित्व नहीं होता।

पर जैसा ऊपर संकेत दिया जा चुका है, जो भौतिक धरातल पर 'समय' है वह भाषा में वर्णित 'काल' नहीं। काल एक व्याकरणिक कोटि है, भाषा की रचना के स्तर पर एक निश्चित रूप (फार्म) है, जो भौतिक जगत् के समय के अविरल, अविच्छिन्न धारा-प्रवाह को निश्चित खंडों में विभाजित करने की एक विशेष दृष्टि प्रदान करता है। कभी-कभी इस दृष्टि विशेष से बाधित 'काल-बोध' और भौतिक धरातल पर बुद्धि-गृहीत 'समय-चेतना' आपस में टकरा भी जाते हैं। उदाहरण के लिए इस वाक्य को ही लें–'मैंने किताब पढ़ी है।' जो कार्य पूरा हो चुका है, घटकर पूर्ण हो चुका है, उसे बुद्धि-गृहीत 'समय पक्ष' के अनुसार तो भूत (विगत) होना ही चाहिए। व्याकरण के अधिकांश आचार्यों ने इसीलिए इस प्रकार के वाक्य को 'आसन्न भूत' नाम से संकेतित किया है।

'आसन्न भूत' कहने से समय-पक्ष तो स्पष्ट हो जाता है पर 'काल-बोध' के स्तर पर भी क्या यह वाक्य 'भूत' है ? व्याकरणिक रूप 'है' के माध्यम से यह वाक्य वर्तमान के काल-बोध से क्या हमें नहीं जोड़ता ? 'मैंने किताब पढ़ी है' और 'मैंने किताब पढ़ी थी' जैसे वाक्यों में अंततः अंतर ही क्या रह गया ?

क्या दोनों को पहले भूतकाल का वाक्य मानकर फिर 'आसन्नता' और 'विप्रकृष्टता' के आधार पर एक को 'आसन्न भूतकाल' और दूसरे को 'पूर्ण भूतकाल' का वाक्य मानना उचित है ? क्या यह उचित नहीं कि हम इन दोनों वाक्यों में वर्णित क्रिया को पूर्ण (घटित) मानें, पर इनको काल के धरातल पर वर्तमान और भूत की दो भिन्न श्रेणियों में रखें ?

ध्यान रखना चाहिए कि भाषा में प्रयुक्त प्रत्येक सार्थक रूप किसी न किसी 'बोध' के निर्माण का हेतु होता है। अतः भाषा के संदर्भ में 'आसन्नता' 'सामीप्य-बोध' है न कि स्वयं सामीप्य। सामीप्य को भौतिक मापदंड से नापा जा सकता है–क्षेत्र को इंच, गज, मीटर, मील द्वारा; और समय को मिनट, घंटा, दिन, महीना, साल इत्यादि द्वारा। पर सामीप्य-बोध का मापदंड इनसे भिन्न धरातल पर पाई जानेवाली इकाई की अपेक्षा रखता है। उदाहरण के लिए हम ऐसा वाक्य कह सकते हैं–"कालिदास ने 'शकुंतला' की रचना की है।" यद्यपि इस ग्रंथ की रचना वर्षों पहले हो चुकी है फिर भी काल के धरातल पर हम सामीप्य-बोध करने में सक्षम हैं। इसके विपरीत "एक मिनट पहले मैंने चिट्ठी छोड़ दी थी", ऐसे वाक्य में विप्रकृष्टता का अनुभव करते हैं, जबकि वाक्य से स्पष्ट है कि चिट्ठी छोड़ने की क्रिया मात्र एक मिनट पहले की है। भौतिक 'समय-पक्ष' और व्याकरणिक 'काल-बोध' को ठीक से न समझ सकने के कारण ही पं. कामताप्रसाद गुरु ने ऐसे वाक्यों को मूलतः 'आसन्न भूतकाल' का वाक्य माना है, यद्यपि गौण रूप (कोष्ठक) में इसे 'पूर्ण वर्तमान' भी कहा है।

भौतिक धरातल पर वर्तमान की सत्ता भले ही न हो, पर व्याकरणिक काल-बोध के स्तर पर इसकी सत्ता असंदिग्ध है और वह वस्तुतः 'अब' और 'आज' की व्यवस्था से सम्पृक्ति का सूचक है। 'पूर्ण वर्तमान' और कुछ नहीं वरन् भौतिक धरातल पर होनेवाली क्रिया के विगत (भूत) समय-पक्ष का भाषा के वर्तमानकालिक कालसूचक तत्त्व द्वारा वर्तमान के 'काल-बोध' में रूपांतर है : यह 'आज' और 'अब' के बोध के संदर्भ में किसी बीती हुई घटना की एक वर्तमानकालिक परिणति है। यह भी ध्यान में रखने की बात है कि यहाँ प्रयुक्त 'आज, अब' वस्तुतः 'आज' और 'अब' के शाब्दिक अर्थ को ध्वनित नहीं करता अर्थात् 'आज' के बोध का तात्पर्य वह नहीं है जिसे आचार्य वाजपेयी स्वीकार करते हैं, यथा–"बीती हुई रात के पिछले भाग को लेकर आनेवाली रात के पूर्ण भाग के पूर्ण होने के समय" अथवा "सूर्योदय से लेकर सूर्योदय से पहले-पहले के समय" का ज्ञान। 'आज' के बोध का अर्थ वस्तुतः सम्प्रति-व्यवस्था के सम्पृक्ति-बोध से है। जब हम कहते हैं–"आज महँगाई बढ़ती जा रही है" अथवा "आज शीतयुद्ध, वास्तविक युद्ध से कहीं अधिक घातक सिद्ध हो रहा है" तब 'आज' का अर्थ 'चौबीस घंटे' या 'सूर्योदय से दूसरे सूर्योदय' के भौतिक समय का अंतराल नहीं होता। यहाँ 'आज'

सम्प्रति-व्यवस्था का ही बोध कराता है।

जिस प्रकार क्षेत्र और स्थान के लिए प्रयुक्त सर्वनाम शब्द 'यहाँ/वहाँ' के द्वारा संकेतित स्थान की परिवृत्ति को छोटा-बड़ा किया जा सकता है (यथा–यहाँ का अर्थ, प्रयोग मे एक बिंदु भी हो सकता है, और मेज़, कमरा, शहर, देश अथवा ब्रह्मांड भी), उसी प्रकार समय के लिए प्रयुक्त शब्द 'अब/आज' के बोध को संकुचित एवं विस्तृत किया जा सकता है, उसकी परिवृत्ति को भी घटाया-बढ़ाया जा सकता है। जब हम बोलते हैं–"बनारस जानेवाली गाड़ी शाम सात बजे छूटती है", तब गाड़ी के छूटने के समय को आज की (सम्प्रति) व्यवस्था से मात्र जुड़े होने के कारण इसे वर्तमानकाल का वाक्य कहते हैं। अन्यथा कल भी गाड़ी सात बजे गई थी, परसों भी : कल भी गाड़ी सात बजे जाए और कौन जाने निकट भविष्य में भी गाड़ी उसी समय पर छूटे। पर जब हम 'है' की जगह उसी वाक्य में 'थी' का प्रयोग करते हैं तो मात्र इस भूतकालसूचक शब्द के कारण गाड़ी के छूटने के इस निर्धारित समय को हम वर्तमान व्यवस्था से असंपृक्त कर देते हैं।

कहने का तात्पर्य यह है कि काल-बोध को हम दो स्तरों पर ग्रहण करते हैं; एक वह स्तर है जिससे यह पता चलता है कि समय के धरातल पर व्यापार कहाँ घटित हो रहा है। अगर क्रिया-व्यापार 'अब' और 'आज' के बोध से सम्पृक्त होकर व्यक्त होता है तो वर्तमानकाल, और अगर वह वर्तमानकाल के पूर्व की स्थिति में है तो भूतकाल तथा उसके बाद की स्थिति में है तो भविष्यत्काल के रूप में स्वीकृत होता है। काल-बोध का दूसरा स्तर वह है जो क्रिया-व्यापार में आयुक्त समय-विस्तार (कालावधि) के बोध को निर्धारित एवं नियंत्रित करता है, जिसे व्याकरण में 'पक्ष' कहते हैं।

क्रिया-व्यापार की इस कालावधि को कुछ विशिष्ट प्रभेदक लक्षणों द्वारा परिभाषित करना सम्भव है। उदाहरण के लिए इस आधार पर कि कालावधि के दो छोर–प्रारम्भ और अंत–सीमित एवं निर्धारित हैं अथवा नहीं, पक्ष को (± सीमित) लक्षण द्वारा विभाजित किया जा सकता है। स्थिति अथवा अस्तित्ववाचक विधेय मूलतः (–सीमित) होते हैं, क्योंकि इसकी कालावधि अनिर्धारित होती है। विशेष रूप से वर्तमानकालिक अस्तित्ववाचक क्रिया में कालावधि के आदि और अंत को सीमित नहीं किया जा सकता–

(1) मोहन कपड़े का व्यापारी है।

(2) सोहन लेखक है।

(3) मेरा प्यार अमर है।

(4) उसे फूल पसंद है।

दूसरा प्रभेदक लक्षण है–(± आवृत्ति)। कालावधि एक समन्वित इकाई के रूप में ग्राह्य है अथवा वह व्यापार घटनाओं की आवृत्ति के रूप में मान्य है, इस

आधार पर पक्ष को (± आवृत्ति) लक्षण द्वारा विभाजित किया जा सकता है। उदाहरण के लिए इस वाक्य (5) को लें–

(5) उसने मेरे दरवाजे को तीन बार खटखटाया।

लीच (1969 : 125) के अनुसार इस वाक्य की व्याख्या दो तरह से की जा सकती है–

(5अ)	घटना 1 घटना 2 समय घटना 3	(5अ)	उसने मेरे दरवाजे को (एक अवसर पर) तीन बार खटखटाया।
(5ब)	घटना 1–समय 1 घटना 2 –समय 2 घटना 3 –समय 3	(5ब)	उसने मेरे दरवाजे को तीन अवसरों पर खटखटाया।

इसी प्रकार अगर हम वाक्य (6) लें तो उसमें 'पिछले साल' तो समन्वित एक इकाई के रूप में स्वीकृत है पर 'हर शनिवार' घटनाओं की आवृत्ति के रूप में–

(6) **पिछले साल, हर शनिवार** को हमने छुट्टी मनाई थी।

वाक्य (5 अ) अथवा वाक्य (6) के 'पिछले साल' अभिव्यक्ति में घटना के संदर्भ में समय 'गणनीय' नहीं है, जबकि वाक्य (5ब) अथवा वाक्य (6) के 'हर शनिवार' अभिव्यक्ति में घटना के संदर्भ में समय गणनीय है। गणनीय समय क्रिया-पक्ष को आवृत्तिपरक बनाने की क्षमता रखता है–

(7) मोहन कपड़े का व्यापारी है।

(8) सोहन किताबें लिखता है।

अगर वाक्य (7) और (8) की क्रमशः वाक्य (1) और (2) से तुलना करें तो स्पष्ट हो जाता है कि (7) और (8) भी (1) और (2) की तरह कालावधि में सीमाबद्ध नहीं है, पर उनमें अंतर है तो इस बात में कि वे आवृत्तिपरक हैं जबकि वाक्य (1) और (2) में कालावधि एक समन्वित इकाई के रूप में ग्राह्य है। यही कारण है कि पहले में क्रिया का समय पक्ष गणनीय नहीं, पर दूसरे में वह गणनीय है। आवृत्तिपरक एवं गणनीय कालावधि प्रायः कर्ता के स्वभाव अथवा आदत का द्योतन करती है।

पक्ष को (± स्थिर) प्रभेदक लक्षण के आधार पर भी विभाजित किया जा सकता है। स्थिर क्रिया-पक्ष के रूप में वाक्य (1-8) को उदाहरण रूप में लिया जा सकता है। इन वाक्यों से स्पष्ट है कि क्रिया समय के धरातल पर स्थिर है, और कालावधि सीमारहित है। इसके विपरीत वाक्य (9-10) को लें–

(9) मोहन कपड़े का व्यापार कर रहा है।

(10) सोहन किताब लिख रहा है।

इन वाक्यों में समय सीमाबद्ध है और क्रिया समय के धरातल पर परिवर्तनशील है। सीमाबद्ध और परिवर्तनशील पक्ष आवृत्तिमूलक नहीं हो सकता।

क्रिया-व्यापार कालावधि के स्तर पर समाप्त होकर पूर्ण हो चुका है अथवा नहीं, इस आधार पर पक्ष को (± पूर्ण) भागों में विभाजित किया जा सकता है। उदाहरण के लिए वाक्य (11-13) को लें–

(11) सोहन ने किताब पढ़ी है।

(12) लड़के ने रोटी खाई है।

(13) कालिदास ने शकुंतला की रचना की है।

वाक्य (9-10) और (11-13) के क्रिया-व्यापार पर ध्यान देने से स्पष्ट हो जाता है कि (± पूर्ण) लक्षण के आधार पर ये दो भिन्न कोटि की संरचनाएँ हैं। पहले वर्ग में व्यापार के स्तर पर कालावधि अपूर्ण है, पर दूसरे वर्ग में वह पूर्ण है।

इन प्रभेदक लक्षणों के आधार पर हिंदी में चार निश्चित प्रकार के क्रिया-पक्ष के प्रयोग देखने को मिलते हैं। ये चारों संरचना-स्तर भिन्न-भिन्न पक्ष-सूचक प्रत्ययों से संयुक्त हैं।

1. स्थित्यात्मक (सामान्य) **विधेय**

(सूचक : अस्तित्ववाचक क्रिया)

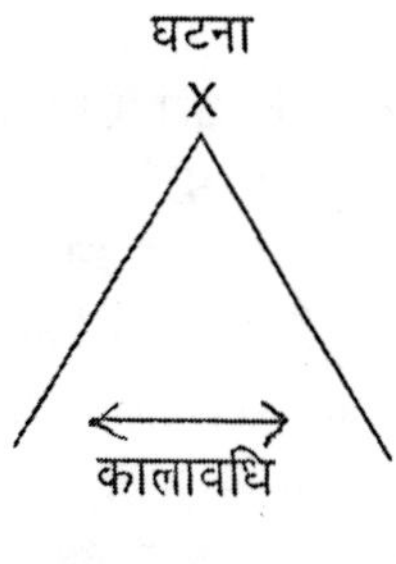

{ –सीमित, +स्थिर, –गणनीय, –आवृत्ति, –पूर्ण } (क) सोहन लेखक है।

2. आवृत्तिमूलक विधेय

(सूचक : '–त–' प्रत्यय)

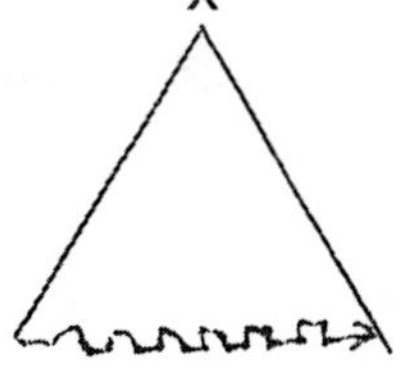

{ +सीमित, +स्थिर, +गणनीय, +आवृत्ति, –पूर्ण } (ख) सोहन किताबें लिखता है।

3. सातत्यपरक विधेय

(सूचक : '–रह–' प्रत्यय)

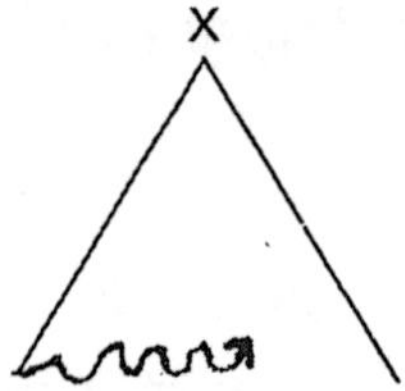

{ ± सीमित
–स्थिर
+गणनीय
–आवृत्ति
–पूर्ण } (ग) सोहन किताब लिख रहा है।

4. पूर्णकालिक विधेय

(सूचक : शून्य-प्रत्यय)

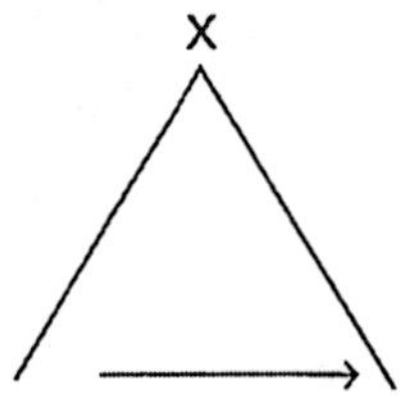

{ +सीमित
±स्थिर
+गणनीय
–आवृत्ति
+पूर्ण } (घ) सोहन ने किताबें लिखी हैं।

आवृत्तिमूलक विधेय का सूचक तत्त्व, '–त–' प्रत्यय है और सातत्यपरक तथा पूर्णकालिक विधेय के सूचक-तत्त्व क्रमशः –रह– और -∅ (शून्य) हैं। स्थित्यात्मक विधेय का सूचक-तत्त्व प्रत्यय-रूप में न होकर वाक्य-गठन के रूप में होता है, जिसमें अस्तित्ववाचक क्रिया 'हो' का प्रयोग अनिवार्य है। क्रिया-पक्ष के सूचक प्रत्यय के बाद अनिवार्यतः वचन-लिंग प्रत्यय आता है, अर्थात् संरचना के स्तर पर यह कहा जा सकता है कि मुख्य अथवा सहायक क्रियाओं द्वारा जब 'पक्ष' की सूचना दी जाती है तब पक्ष के सूचक प्रत्ययों के बाद अनिवार्यतः वचन-लिंग प्रत्यय आता है।

लेकिन कुछ स्थितियों में क्रिया पक्ष-निरपेक्ष भी होती है। उदाहरण के लिए, उन संदर्भों में जहाँ क्रिया भौतिक धरातल पर अभी शुरू ही न हुई हो, वहाँ उस क्रिया में आयुक्त कालावधि की चर्चा निरर्थक होने के कारण उसमें पक्ष के योग को हिंदी स्वीकार नहीं करती। जिन क्रिया-रूपों में पक्ष की स्थिति स्वीकार नहीं की जाती, उनमें 'धातु' के बाद 'वचन-पुरुष' प्रत्यय लगता है।

पक्ष-निरपेक्ष संरचना

[धातु+वचन-पुरुष प्रत्यय (+क्रियार्थ प्रत्यय+वचन-लिंग प्रत्यय)]

(14) (मोहन) खाए। (15) (मोहन) खाएगा।

(16) (शीला) खाए।　　　(17) (शीला) खाएगी।

पक्ष-सापेक्ष संरचना

[धातु+पक्ष+वचन-लिंग प्रत्यय (कालसूचक तत्त्व)]

(18) (मोहन) चला।　　　(21) (शीला) चली।

(19) (मोहन) चला है।　　　(22) (शीला) चली है।

(20) (मोहन) चलता है।　　　(23) (शीला) चलती है।

पक्ष-सापेक्ष संरचना काल-निरपेक्ष भी हो सकती है। उदाहरण के लिए वाक्य (18) और (21) ऐसे वाक्य हैं जिनमें कालसूचक तत्त्व नहीं है। गुरु जी कालसूचक तत्त्वों से रहित वाक्यों को भी काल-सापेक्ष मानने के पक्ष में हैं। क्रिया-व्यापार के सामान्य (–सीमित), अपूर्ण एवं पूर्ण पक्षों को काल के संदर्भ में देखते हुए उन्होंने जो काल-भेद किया है, उसे उन्होंने निम्नलिखित तालिका द्वारा स्पष्ट किया है–

काल	सामान्य	अपूर्ण	पूर्ण
वर्तमान	वह चलता है।	वह चल रहा है।	वह चला है।
भूत	वह चला।	वह चल रहा था। वह चलता था।	वह चला था।
भविष्य	वह चलेगा।		–

इस विभाजन पर दो प्रमुख आपत्तियाँ उठाई जा सकती हैं–संघटना के स्तर पर अगर 'वह चलता है' सामान्य वर्तमान का उदाहरण है तब 'वह चलता था' को सामान्य भूत वर्ग का वाक्य क्यों नहीं कहा जा सकता ? इन दोनों वाक्यों का अंतर तो मात्र कालसूचक तत्त्व 'है' और 'था' के प्रयोग का अंतर है।

तालिका से यह भी स्पष्ट है कि गुरु जी 'वह चला' को सामान्य भूत और 'वह चला था' को पूर्ण भूतकाल का वाक्य मानते हैं। पर संघटना के स्तर पर इन दोनों वाक्यों के अंतर भूतकालसूचक सहायक क्रिया 'था' की उपस्थिति/अनुपस्थिति का ही अंतर तो है अन्यथा 'चलना' क्रिया का रूप दोनों ही वाक्यों में पूर्ण-पक्ष के अनुरूप है। यह कहा जा सकता है कि क्रियापक्ष के स्तर पर ये दोनों वाक्य समान हैं, पर काल की दृष्टि से एक काल-निरपेक्ष वाक्य है तो दूसरा (भूत) काल-सापेक्ष। केलाग ने इसीलिए 'सामान्य' अवस्था को काल-निरपेक्ष मानकर फिर अपूर्ण/पूर्ण क्रिया-पक्षों के साथ उसे जोड़ा है। उनके अनुसार सामान्य अपूर्ण क्रिया-पक्ष वह काल-निरपेक्ष क्रिया-रूप है जो क्रिया-पक्ष के अनुसार अपूर्ण है (यथा–मैं आता) और सामान्य पूर्ण क्रिया-पक्ष वह काल निरपेक्ष क्रिया-रूप है जो क्रिया-पक्ष के अनुसार पूर्ण है।

'वह चला' वाक्य काल-निरपेक्ष है। यह इस तथ्य से भी सिद्ध होता है कि हिंदी में उसका प्रयोग केवल समय के धरातल पर घट चुकी घटनाओं के लिए

ही नहीं, अपितु अभी न घटी (भविष्यत्) घटनाओं के लिए भी किया जाता है। जब कोई अपने नौकर को बुलाता है और नौकर प्रत्युत्तर में बोलता है—"अभी आया" अथवा किसी को कोई किसी काम के लिए बाहर भेजता है और वह उत्तर देता है—"मुझे आँधी की तरह गया और तूफान की तरह आया समझो", तो क्या उत्तर की काल-भंगिमा भूतकाल सापेक्ष स्वीकार की जाएगी ? जब नौकर 'अभी आया' कहता है तो वह सचमुच अभी चलकर वहाँ पहुँचा नहीं है। सच तो यह है कि अभी वह चला भी नहीं। पर 'आना' के पूर्ण-पक्ष रूप 'आया' को बोलकर वह यह संकेत देना चाहता है कि मेरे इस आने की क्रिया को पूरा हुआ ही समझिए।

इसी प्रकार संकेतार्थ विधि के कुछ वाक्य लीजिए—

(24) अगर मोहन आया तो मैं जाऊँगा।

(25) अगर वह चला तो मैं भी चलूँगा।

'आया' और 'चला' रूप वस्तुतः पूर्ण-पक्ष के रूप हैं पर समय का संदर्भ निश्चय ही इनमें भूतकाल-सापेक्ष नहीं है, क्योंकि घटना तो अभी घटी ही नहीं। ऐसी संरचना भूतकाल की कैसे स्वीकार की जा सकती है ?

बहल के अनुसार सातत्यपरक विधेय के लिए 'रह—' प्रत्यय का प्रयोग नहीं होता। उनकी दृष्टि में सातत्य-पक्ष के सूचक-तत्त्व के रूप में रह-प्रत्यय की मान्यता भाषावैज्ञानिक दृष्टि से अवैज्ञानिक है। बहल की यह मान्यता है कि रह— वस्तुतः सहायक (रंजक) क्रिया है। सभी स्थितियों में इसका प्रयोग हिंदी में रंजक-क्रिया के रूप में होता है जो मूल क्रिया में आयुक्त कालावधि की निरंतरता एवं प्रसार के भाव का आरोपण करता है। नीचे दिए वाक्यों को लें—

(क) (26) ऐसी बातें सुनकर वह स्तब्ध हो रहता है।
(27) मैं जब यह बात सोचता हूँ तो हतबुद्धि हो रहता हूँ।
(28) चलिए, अब थोड़ी देर लेट रहिए।
(29) उसके ओठ मुरझा रहे थे।
(30) पानी बरसता रहेगा।

(ख) (31) राम घर जा रहा है।
(32) मोहन खेल रहा है।
(33) मैं गा रहा हूँ।
(34) शीला उठ रही है।
(35) पानी बरस रहा है।

क्रिया में आयुक्त कालावधि की प्रकृति पर सूक्ष्म दृष्टि से ध्यान दें तो स्पष्ट हो जाता है कि खंड (क) के वाक्य (26-30) में क्रिया का सातत्य-पक्ष (+स्थिर) है। उदाहरण के लिए वाक्य (26) में 'स्तब्ध' हो जाने के बाद 'स्तब्धता' की स्थिति के प्रसार के लिए 'रह' सहायक (रंजक) क्रिया का प्रयोग है। यही स्थिति वाक्य

(27) में भी है, जहाँ 'हत्बुद्धि' होने की स्थिति का प्रसार है। वाक्य (28) में 'लेट' जाने की स्थिति के प्रसार की आदरार्थ सम्भावना का अनुरोध है और वाक्य (29) में पानी 'बरसने' की स्थिति के प्रसार का भविष्यत् निश्चयार्थ कथन है। इन सभी वाक्यों में मूल क्रिया के भाव की स्थिति का प्रसार है, जो प्रक्रिया-सापेक्ष न होकर स्थिर है।

इसके विपरीत खंड (ख) के वाक्यों (31-35) में 'रह' का प्रयोग सहायक क्रिया के रूप में न होकर क्रिया में आयुक्त कालावधि के उस सातत्य पक्ष का संकेत देनेवाले बद्ध रूपिम के रूप में है जो प्रकिया-सापेक्ष होने के कारण –स्थिर है। इनमें क्रमशः 'जाने, खेलने, गाने, उठने, बरसने' की क्रिया की प्रक्रिया पर बल है, जिससे स्थिति-परिवर्तन की सूचना मिलती है।

संघटना के स्तर पर यह कहा जा सकता है कि जब 'रह' का सहायक क्रिया के रूप में प्रयोग होता है, तब उसमें यह सम्भावना बनी रहती है कि वह अन्य पक्ष-सूचक-तत्त्वों से संयुक्त होकर व्यवहार में आए, यथा–[रह+त+आ, सोच+त+आ]। उसमें भविष्यत्काल सूचक-तत्त्वों (यथा–वचन-पुरुष प्रत्यय) का भी संयोग हो सकता है, यथा–(रह+ए+ग+आ, रह+ऊँ) आदि। लेकिन जब 'रह' का पक्ष-प्रत्यय के रूप में प्रयोग होता है तब वह कभी भी अन्य पक्ष-सूचक-तत्त्वों को नहीं स्वीकार कर सकता और न वह 'वचन-पुरुष' प्रत्यय से सीधे संयुक्त ही हो सकता है।

रंजक क्रिया 'रह–' विभिन्न क्रिया-रूपों के साथ आकर विभिन्न भाव-भेद लाने में समर्थ है। यद्यपि हर स्थिति में उसकी प्रकृति+सातत्य, –प्रक्रिया, +स्थिर ही रहती है। अतः भाव-भेद का कारण स्वभावतः मुख्य क्रिया-रूपों से सम्बद्ध माना जाएगा। उदाहरण के लिए, वाक्य (36-37) को ही लें–

(36) आप लेट रहिए।

(37) आप लेटे रहिए।

दोनों ही वाक्यों में क्रिया 'लेटना' है पर वाक्य (36) में उसका रूप 'लेट' (–स्थिर) है। यह तथ्य इससे भी स्पष्ट हो जाता है कि वाक्य (38) एक व्याकरणसम्मत वाक्य है, जबकि वाक्य (39) का प्रयोग मान्य नहीं। इसके विपरीत वाक्य (37) में 'लेटे' रूप वस्तुतः +स्थिर है और भाव-रूप में 'लेटे हुए' स्थिति का सूचक है। यही कारण है कि स्थिति-परिवर्तन की सक्रियता को इस रूप द्वारा व्यक्त नहीं किया जा सकता। यह तथ्य वाक्य (40) को असंगत बना देता है। स्थितिसूचक विधेय के रूप में स्वीकृत वाक्य 41 इस तथ्य की पुष्टि करता है।

(38) (आप बैठे क्यों हैं ?) लेट रहिए।

*(39) (आप लेटे हुए हैं) लेट ही रहिए।

*(40) (आप बैठे क्यों हैं ?) लेटे रहिए।

(41) (आप लेटे हुए हैं) लेटे ही रहिए।

इस विवेचना के साथ अगर वाक्य (42, 43) पर विचार करें तो कुछ और तथ्य सामने आते हैं। वाक्य (36) में मूल क्रिया की प्रकृति –स्थिर है और उसकी क्रियाशीलता स्थिति-परिवर्तन की क्रिया है। वाक्य (38) में 'बैठने' की स्थिति से 'लेटने' की स्थिति में परिवर्तन की अपेक्षा है; पर वाक्य (42) में स्थिर लक्षण मूल क्रिया के भाव की अपनी क्रियाशीलता है। इसमें क्रियाशीलता मूल भाव की अपनी प्रक्रिया को व्यक्त करती है। वाक्य (42) में 'खाने' का सातत्य भाव द्योतित होता है और सहायक क्रिया 'रहिए' की रंजकता वस्तुतः इस प्रक्रिया के प्रसार को व्यक्त करती है। इस वाक्य में अर्थ-रूप में जो भाव है उसके अनुसार "आप खा रहे हैं, आप इस खाने की प्रक्रिया को जारी रखें" यह अर्थ ध्वनित होता है।

(42) आप खाते रहिए।

(43) आप सोते रहिए।

सहायक क्रिया 'रहना' जैसी एक दूसरी क्रिया है 'जाना'। 'रहना' की ही भाँति यह भी +सातत्यसूचक है; पर जहाँ 'रहना' +स्थिर है वहाँ 'जाना' –स्थिर। अतः इसका प्रयोग उसी मूल क्रिया के साथ सम्भव है जो अपनी प्रकृति में –स्थिर हो। यही कारण है कि वाक्य (36, 42) और (43) के समानांतर वाक्य (44, 45) और (46) सम्भव हैं। इन सभी वाक्यों में, जैसा ऊपर संकेत दिया जा चुका है, मूल क्रिया–स्थिर है। ठीक इसके विपरीत वाक्य (37) में प्रयुक्त मूल क्रिया की प्रकृति +स्थिर है, अतः वाक्य (47) भी मान्य नहीं हो सकता।

(44) आप लेट जाइए।

(45) आप खाते जाइए।

(46) आप पढ़ते जाइए।

*(47) आप लेटे जाइए।

ध्यान देने की बात है कि सहायक क्रिया 'रहना' न केवल +स्थिर है, वरन् अपनी प्रकृति में वह–गणनीय होने के कारण–आवृत्ति भी है। इसके विपरीत 'जाना' सहायक क्रिया –स्थिर होने के कारण +गणनीय है और 'गणनीय' होने के कारण वह +आवृत्ति लक्षणों से युक्त भी हो सकती है। यही कारण है कि 'रहना' के साथ केवल वाक्य (48) सम्भव वाक्य है, वाक्य (49-51) अव्याकरणिक संरचनावाले माने जाएँगे; जबकि 'जाना' सहायक क्रिया के रूप में वाक्य (52-55) सम्भव वाक्य हैं। (अंग्रेजी में अनुवाद करने पर सहायक क्रिया के रूप में 'रहना' और 'जाना' क्रमशः 'कीप ऑन' और 'गो ऑन' अर्थ को ध्वनित करते हैं)।

(48) वह आम खाता रहता है।

*(49) वह आम खा रहता है।

*(50) वह आम खाता रह रहा है।

*(51) वह एक के बाद दूसरा आम खाता रहता है।

(52) वह आम खाता जाता है।

(53) वह आम खा जाता है।

(54) वह आम खाता जा रहा है।

(55) वह एक के बाद दूसरा आम खाता जा रहा है।

निष्कर्ष रूप में यह कहा जा सकता है कि भाषा में काल-बोध के दो स्तर होते हैं–एक, जिससे पता चलता है कि क्रिया-व्यापार समय के धरातल पर कहाँ घटित हो रहा है। इस स्तर पर काल–वर्तमान, भूत और भविष्य की धारणा को लेकर चलता है। दूसरे स्तर पर काल-बोध क्रिया में आयुक्त कालावधि से सम्बद्ध होता है जिसे 'सामान्य, आवृत्तिमूलक, सातत्यपरक और पूर्णकालिक' पक्ष के रूप में ग्रहण किया जा सकता है। इन सभी पक्षों को निश्चित प्रभेदक लक्षणों के मूल्यों के समुच्चय के रूप में परिभाषित करना सम्भव है।

क्रिया में आयुक्त कालावधि को दो रीतियों से निर्धारित करना सम्भव है : पहली रीति पक्ष सम्बन्धी 'बद्ध रूपिम' के प्रयोग की है और दूसरी रीति पक्ष सम्बन्धी सहायक क्रिया के उचित संयोग की। पक्ष सम्बन्धी सहायक क्रिया एक ओर मूल क्रिया के भाव को परिसीमित करती है तो दूसरी ओर पक्ष सम्बन्धी बद्ध रूपिम से संयुक्त होने के कारण उसकी स्वयं की कालावधि भी निर्धारित रहती है।

अकृदंतीय (धातुमूलक) विधेय को लेकर रचित हिंदी के वाक्यों में पक्ष केवल वर्तमान और भूतकाल के वाक्यों में ही सम्भव है, क्योंकि उसी क्रिया की कालावधि पर निर्णय अपेक्षित है, जो या तो घटना शुरू हुई हो या घट चुकी हो। जिस क्रिया के घटने का अस्तित्व ही नहीं, अर्थात् जो भविष्य के गर्भ में है, उसकी कालावधि की चर्चा ही क्यों ?

पक्ष-सापेक्ष रचना पक्ष-रूपिम के बाद सदा वचन-लिंग प्रत्यय से संयुक्त होती है, जबकि पक्ष-निरपेक्ष रचना क्रिया-धातु के बाद वचन-पुरुष प्रत्यय लेती है।

कृदंतीय क्रिया-संरचना में मूल क्रिया पक्ष-रूपिम अथवा पक्ष सम्बन्धी सहायक क्रिया से संयुक्त रहती है। पर पक्ष-सम्बन्धी सहायक क्रिया अनिवार्यतः पक्ष-रूपिम से सम्बद्ध होती है। अपनी प्रकृति में भी इन दोनों में अंतर है। उदाहरण के लिए पक्ष-रूपिम के रूप में 'रह' की प्रकृति+सातत्य,+प्रक्रिया,–स्थिर,+गणनीय,–आवृत्ति है और पक्ष सम्बन्धी सहायक क्रिया के रूप में 'रह-' की प्रकृति+सातत्य,–प्रक्रिया, +स्थिर, –गणनीय,–आवृत्ति लक्षणों से संयुक्त है। पक्ष सम्बन्धी 'रह-' सहायक क्रिया के समानांतर ही सातत्य-भाव को ध्वनित करनेवाली एक दूसरी सहायक क्रिया 'जा-' है, जिसकी प्रकृति +सातत्य, –प्रक्रिया, –स्थिर, +गणनीय, ±आवृत्ति है।

संदर्भ

केलाग, सेमुएल हेनरी, 1938, ए ग्रामर ऑफ़ द हिंदी लैंगुएज, लंदन।
गुरु, कामताप्रसाद, 1952, हिंदी व्याकरण, बनारस।
बहल, कालीचरण, 1967, ए रेफरेंस ग्रामर ऑफ़ हिंदी, शिकागो।
लीच, जिओफ्रे, एन., 1969, टुवर्ड्ज ए सिमेंटिक डिस्क्रिप्शन ऑफ़ इंग्लिश, लंदन।
वाजपेयी, किशोरीदास, 1959, हिंदी शब्दानुशासन, बनारस।

16

पक्ष : पुनर्विचार

'पक्ष' (aspect) पर विचार करनेवाले विद्वानों ने उसके दो निश्चित सन्दर्भ का भी उल्लेख किया है। स्लॉव भाषाओं में पाये जानेवाले पक्ष सम्बन्धी विभिन्न प्रकार्यों की चर्चा करते हुए जर्मन विद्वानों ने विशेष रूप से इस बात पर बल दिया कि 'पक्ष' के दो निश्चित आयाम हैं। पहले आयाम का सम्बन्ध 'पक्ष' के वस्तुपरक (objective) संदर्भ से है, जिसे क्रियार्थ का समय सम्बन्धी 'प्रक्रिया विधि' (actionsart) कहा जाता है। दूसरे आयाम का सम्बन्ध 'पक्ष' के 'भावपरक' (subjective) संदर्भ से है। विद्वानों के इस वर्ग के अनुसार 'पक्ष' की वास्तविक प्रकृति उसके इसी भावपरक (बोधात्मक) संदर्भ से है, अतः उसके अनुसार 'पक्ष' की अर्थसीमा को उसके भावपरक संदर्भ तक ही सीमित करना उचित है।

इस दृष्टि के अनुसार क्रिया (verb) में निहित अर्थ की प्रक्रिया पर समय की दृष्टि से ध्यान देना आवश्यक है। जिसे पक्ष का वस्तुपरक आयाम कहा गया है, वह प्रक्रिया के बीच के समय के अभिव्यक्त रूप से सम्बद्ध रहती है। प्रत्येक क्रिया में निहित अर्थ की प्रकृति, प्रक्रिया में लगनेवाले समय के बारे में भिन्न-भिन्न प्रकार की सूचनाएँ देती हैं। समय सम्बन्धी इस प्रकार की सूचनाओं को 'प्रक्रिया-विधि' (actionsart) कहना अधिक उचित है। प्रक्रिया-विधि के कुछ प्रकार निम्नलिखित हैं–

1. अर्थ का अविच्छिन्न रूप में देर तक बने रहना **बनाम** उसका क्षणिक होना।

   उदाहरण–(चाँद का) चमकना बनाम (बिजली का) कौंधना।
2. अर्थ का नैरंतर्य भाव से होना बनाम उसका रुक-रुककर होना।

   उदाहरण–(दिये का) जलना बनाम (दिये का) टिमटिमाना।
3. अर्थ का सामूहिक भाव के रूप में होना **बनाम** उसका बारम्बार घटित होना।

   उदाहरण–(दरवाजे का) खोलना बनाम (दरवाजे का) खटखटाना।

ध्यान देने की बात है कि क्रियार्थ के समय पर अपनी उक्ति देकर उसकी 'प्रक्रिया विधि' में भेद लाना सम्भव है। हिन्दी में ऐसे भेद को रंजक क्रियाओं के 'सहयोग' से व्यक्त करना सम्भव है, यथा–

	(क) आदि (आरम्भ) : (कपड़े) सूखने लगे
4. प्रक्रिया विधि–	(ख) मध्य (सातत्य): (कपड़े) सूखते रहे
	(ग) अंत (समाप्ति) : (कपड़े) सूख गये

स्पष्ट है, 'लगना' रंजक क्रिया की रचनाविधि '√+ ने ≠ लगना' है, जो यह सूचना देती है कि क्रिया प्रारम्भ हो चुकी है, 'रहना' रंजक क्रिया की रचनाविधि '√+त+वचन-लिंग ≠ रहना' है, जो यह सूचना देती है कि क्रिया अपनी प्रक्रिया में मध्य स्थिति में है और 'काम' हो रहा है, और 'जाना' रंजक क्रिया की रचनाविधि "√≠ ≠ जाना' है, जो यह सूचना देती है कि जो क्रिया चल रही थी, वह पूर्ण हो चुकी है। वस्तुतः समय सम्बन्धी इन सभी सूचनाओं का सम्बन्ध 'प्रक्रिया-विधि' (aktionsart) से है न कि 'वास्तविक' पक्ष (aspect) से।

वास्तविक 'पक्ष' का सम्बन्ध उस समय की अभिव्यक्ति के साथ रहता है, जिसका संदर्भ प्रोक्ति (discourse) है। यह तथ्य ध्यान देने योग्य है कि भाषा प्रयोग के ऐसे संदर्भ भी हैं, जिनमें समय की सूचना मात्र क्रिया के अर्थ पर निर्भर नहीं करती, बल्कि वह पूरे वाक्यार्थ को अपना आधार बनाती है। उदाहरण के लिए निम्नलिखित दो प्रोक्ति-संदर्भों में 'पढ़ना' क्रिया में निहित समय सम्बन्धी सूचना पर ध्यान दें–

संदर्भ (1) :

मोहन : तुम सुबह क्या करते हो ?
सोहन : सुबह मैं पढ़ता हूँ।

संदर्भ (2) :

मोहन : तुम कब पढ़ते हो ?
सोहन : मैं सुबह पढ़ता हूँ।

संदर्भ (1) में 'सोहन का पढ़ना' केवल सुबह तक सीमित नहीं माना जा सकता। सोहन सुबह तो पढ़ता है, इसका यह मतलब नहीं कि इसके अतिरिक्त वह और समय नहीं पढ़ता। इसके विपरीत संदर्भ (2) में जब सोहन यह कहता है कि 'मैं सुबह पढ़ता हूँ', तब उसका अर्थ यही निकलता है कि 'सोहन का पढ़ना' सुबह के समय तक सीमित है। यह एक महत्त्वपूर्ण तथ्य है कि संदर्भ (1) के सोहन के वाक्य 'सुबह मैं पढ़ता हूँ' में 'सुबह' वाक्य के विषय (topic) का अंश है जबकि संदर्भ (2) के सोहन के वाक्य 'मैं सुबह पढ़ता हूँ' में 'सुबह' कर्ता 'मैं' की विधेयपरक-सूचना का अंश है।

क्रियार्थ की प्रक्रिया में निहित 'समय' और प्रोक्ति के विषय (topic) में निहित

'समय' एक नहीं होता और वास्तविकता तो यह है कि इस दो प्रकार के 'समय' का परस्पर सम्बन्ध ही सही अर्थों में 'पक्ष' (aspect) की प्रकृति को निर्धारित करता है। इन सम्बन्धों की प्रकृति के आधार पर पक्ष के दो युग्म सम्भव हैं–

(क) पूर्णकालिक (perfective) **बनाम** अपूर्णकालिक (imperfective) पक्ष

(ख) पूर्ण (perfect) **बनाम** अपूर्ण (imperfect) पक्ष

(क) पूर्णकालिक बनाम अपूर्णकालिक पक्ष–जब प्रोक्ति के विषय (topic) में निहित समय के दायरे के भीतर ही विधेयवाची क्रियार्थ प्रक्रिया का समय हो, तब इस समय-सम्बन्ध को पूर्णकालिक पक्ष कहा जाता है। उदाहरण के लिए, नीचे के वाक्य पर ध्यान दें–

(क) 1. जब मोहन आया, शीला रो पड़ी।

इस वाक्य में प्रोक्ति का विषय (topic) है 'मोहन आया' , और प्रक्रिया है– (शीला का) रोना। ध्यान देने की बात है कि (क) 1 में प्रक्रिया का समय विषय के समय के दायरे के भीतर है। इसे हम निम्नलिखित चित्र द्वारा व्यक्त कर सकते हैं–

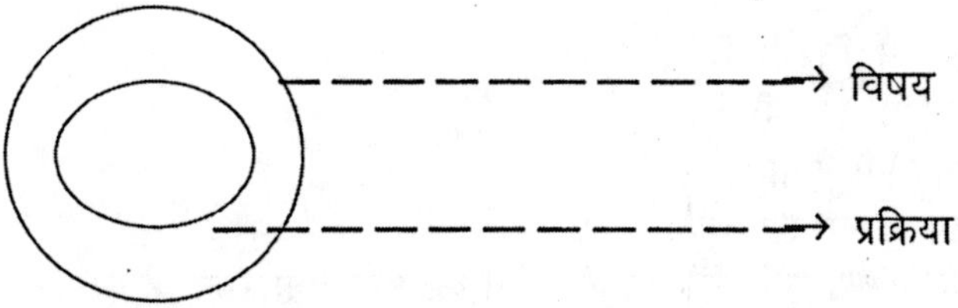

इसके विपरीत हम (क) 2 में समय की स्थिति व्यक्त करते हैं।

(क) 2. जब मोहन आया, शीला रो रही थी।

इस वाक्य में हम देखते हैं कि शीला के रोने की 'प्रक्रिया' के समय की अवधि के भीतर ही प्रोक्ति के विषय (topic) 'मोहन के आने' का समय स्थित है अर्थात् विषय का समय, प्रक्रिया के समय के दायरे के भीतर है, जिसे हम निम्नलिखित चित्र द्वारा व्यक्त कर सकते हैं–

यह कहा जा सकता है कि (क) 1. **पूर्णकालिक पक्ष** का उदाहरण है। पूर्णकालिक पक्ष में विधेयवाची प्रक्रिया का समय, अनिवार्यतः प्रोक्ति के विषय

के समय के दायरे के भीतर होता है। इसके विपरीत (क) 2 **अपूर्णकालिक पक्ष** का उदाहरण है क्योंकि इसमें प्रोक्ति के विषय का समय, विधेयवाची प्रक्रिया के समय के दायरे के भीतर है।

(ख) **पूर्ण बनाम अपूर्ण पक्ष**–रूसी भाषा में क्रिया-रूपों के ऐसे युग्म मिलते हैं, जिनमें एक समय के बारे में यह सूचना देता है कि काम की प्रक्रिया की परिणति उसके अंत तक पहुँच चुकी है जबकि दूसरे द्वारा ऐसी सूचना नहीं मिलती कि काम पूरी तरह सम्पन्न हो चुका है। वस्तुतः पहली स्थिति में वक्ता के दृष्टि-क्षेत्र के भीतर रहने के कारण, प्रक्रिया और उसकी अंतिम परिणति का भाव साथ-साथ रहता है। इसे **पूर्ण पक्ष** कहते हैं। यथा–'Vypit' (= आखिरी बूँद तक पीना) दूसरी स्थिति में पूरी प्रक्रिया, वक्ता के दृष्टिक्षेप में नहीं रहती। इसे **अपूर्ण पक्ष** कहते हैं, यथा– 'Pit' पीना।

पूर्ण और अपूर्ण भाव के अंतर को एक दूसरी दृष्टि से भी समझ सकते हैं। पूर्ण भाव में क्रिया की अन्तिम परिणति तक पहुँच जाने के कारण उसके आगे और होने की सम्भावना ही नहीं रहती। उदाहरण के लिए हिंदी के कुछ वाक्य लें–

(ख) 1. सोहन ने चिट्ठी लिख दी।
मोहन ने दूध पी लिया।
लड़का सो गया।
शीला खाना खा चुकी।

इसके विपरीत अपूर्ण भाव में काम शेष होने का भाव बना रहता है, यथा–

(ख) 2. सोहन ने चिट्ठी लिखी।
मोहन दूध पी रहा था।
लड़का सोता रहा।
शीला खाना खा रही थी।

पूर्ण भाव (ख) 1 के वाक्य में प्रयुक्त क्रिया-रूप 'लिख देना' और अपूर्ण भाव (ख) 2 के 'लिखना' के पक्ष के स्तर पर अंतर है। पहले वाक्य से यह व्यंजित है कि लिखने के काम की प्रक्रिया की अंतिम परिणति हो चुकी है, जबकि दूसरे वाक्य (ख) 2 से यह तथ्य व्यंजित नहीं होता, यथा–

(ख) 1 ∴ सोहन ने जो चिट्ठी रात में लिख दी, उसे पूरा करना है।

(ख) 2 सोहन ने जो चिट्ठी रात में लिखी, उसे पूरा करना है।

ख (1) अमान्य है, जबकि (ख) 2 मान्य।

ऊपर के विवेचन से कुछ तथ्य स्पष्ट हैं। पहला, 'पक्ष' की संकल्पना उतनी सरल नहीं, जितनी कि हिंदी के व्याकरण-ग्रंथों में दिखलाई पड़ती है। दूसरा, पक्ष की दृष्टि से क्रियाओं के सरल रूप तटस्थ होते हैं, जबकि 'प्रक्रिया-विधि'

(actionsart) की दृष्टि से उसमें भेद करना सम्भव नहीं है, यथा–'जलना' बनाम 'टिमटिमाना', 'चमकना' बनाम 'कौंधना'। तीसरा, संयुक्त क्रिया में प्रयुक्त 'रंजक' क्रियाओं के योग से 'पक्ष' को व्यक्त करना सम्भव है, पर सभी रंजक क्रियाएँ 'पूर्ण' पक्ष की द्योतक नहीं हैं। चौथा, पक्ष के दो युग्म सम्भव हैं, अतः यह आवश्यक है कि पूर्णकालिक (perfective) और पूर्ण (perfect) पक्ष में अंतर किया जाय।

17

वाच्य और प्रयोग

किसी भी वाक्य का केंद्र-बिन्दु उस वाक्य की क्रिया होती है। वाक्य के भीतर क्रिया ही वह मूलतत्त्व है जो अन्य पदों की प्रकृति को निर्धारित और नियंत्रित करता है। क्रिया की सहायता से ही वाक्य के अन्य खंड अपनी सार्थकता पाते हैं। यह भी एक व्याकरणिक सत्य है कि भाषा में क्रिया-रहित वाक्य नहीं होता। जिन वाक्यों में ऊपर से देखने पर क्रिया नहीं दिखाई पड़ती उस वाक्य में भी क्रिया अंतर्निहित रहती है जिसका बोलने पर लोप हो गया रहता है। उदाहरण के लिए अगर कोई पूछता है –"कौन बम्बई जाएगा ?" और उत्तर मिलता है–"मैं।" इस स्थिति में उत्तर का वाक्य 'मैं' ऊपर से देखने पर क्रिया-रहित है, पर मूल में वह इस वाक्य–'मैं बम्बई जाऊँगा' का ही व्याकरणिक संक्षेपीकरण है, जिसमें 'बम्बई जाऊँगा' अंश का लोप कर दिया गया है।

क्रिया और संज्ञापदों के सम्बन्धों की प्रकृति को कारक कहते हैं। (इस तथ्य का विश्लेषण कारक-प्रसंग में विस्तारपूर्वक किया जाएगा।) इन कारकों में 'कर्ता' और 'कर्म' दो ऐसे कारक हैं जिनका क्रिया के साथ निकटतम सम्बन्ध है। लौकिक कर्ता, क्रिया का सम्पादन करता है और लौकिक कर्म पर क्रिया का प्रभाव अथवा फल पड़ता है। उदाहरण के लिए अगर यह वाक्य लें–"लड़का आम खा रहा है," तो इसमें खाने की क्रिया का सम्पादन करनेवाला 'लड़का' है और खाने की क्रिया का फल जिस पर पड़ रहा है वह है 'आम', अतः लड़का 'कर्ता' और आम 'कर्म' के रूप में सिद्ध है।

इसके साथ यह भी ध्यान देने योग्य है कि कोई भी वाक्य, भाषा की इकाई के रूप में सिद्ध होने के कारण बाह्य-जगत के यथार्थ का भाषिक रूपांतरण होता है। भाषिक रूपांतरण होने के कारण वह वक्ता के अपने दृष्टिकोण और बाह्य जगत को देखने की अपनी दृष्टि से सर्वथा मुक्त नहीं रह सकता। वाच्य का सम्बन्ध एक ओर क्रिया से सम्बद्ध 'कर्ता' और 'कर्म' कारक की अपनी प्रकृति

से रहता है तो दूसरी ओर वक्ता की उस दृष्टि से जो बाह्य-जगत के तथ्य को भाषिक यथार्थ में रूपांतरित करता है।

इस दृष्टि से देखें तो किसी भी वाक्य को हम मूलतः दो निश्चित वर्गों में विभाजित कर सकते हैं–

(1) कर्तृवाच्य : वह वाक्य जिसमें 'क्रिया' के सम्पादन करनेवाले लौकिक कर्ता के उस कर्तृत्व पर बल रहता है, जिसका क्रिया विधान करती है, यथा–

(1) मोहन सो रहा है।

(2) लड़की दौड़ रही है।

(3) लड़का लकड़ी काट रहा है।

(4) शीला किताब पढ़ रही है।

(2) अकर्तृवाच्य : वह वाक्य जिसमें 'क्रिया के सम्पादन' करनेवाले लौकिक कर्ता के उस कर्तृत्व पर बल नहीं रहता, जिसका क्रिया विधान करती है। इस वर्ग को दो उपवर्गों में विभाजित करना सम्भव है–

(अ) वे क्रियाएँ जिनकी मूल संरचना में कर्ता और कर्म दोनों सिद्ध रहते हैं, पर वक्ता के अपने वैकल्पिक चुनाव के परिणामस्वरूप या तो कर्ता का लोप कर दिया जाता है अथवा उसे क्रिया के सम्पादक के रूप में व्यंजित न कर क्रिया के उपकरण (कारण) के रूप में व्यक्त किया जाता है–

(क) **कर्ता-उपकरण के रूप में :**

(1) लड़के से लकड़ी नहीं कट रही है।

(2) मुझसे रोटी नहीं बन रही है।

(3) लड़के से लकड़ी नहीं काटी जा रही है।

(4) मुझसे यह रोटी नहीं खाई जा रही है।

(ख) **कर्ता का लोप :**

(1) अभी लकड़ी नहीं कट रही है।

(2) अभी रोटी नहीं बन रही है।

(3) अभी लकड़ी नहीं काटी जा रही है।

(4) अभी रोटी नहीं खाई जा रही है।

खंड (2) के (क) और (ख) में कुछ तथ्य समान हैं और कुछ असमान। इन तथ्यों के संदर्भ में यह कहा जा सकता है कि (1) मूल वाक्य अथवा वाक्य की मूल संकल्पना में 'कर्ता' (लौकिक) दोनों ही उपखंडों में है।

उपखंड (क) में लौकिक कर्ता की उपस्थिति का पता स्वतः चल जाता है। यद्यपि व्याकरणिक रूप के संदर्भ में उसे तृतीया विभक्ति में रखा गया है तथा उसके कर्तृत्व का रूपांतरण क्रिया की सिद्धि के लिए उपकरण (करण) के रूप में हुआ है। उपखंड (ख) में लौकिक कर्ता का लोप है पर मूल संकल्पना

को अगर ध्यान में रखा जाय तो उसकी भी उपस्थिति सहज सिद्ध है। क्योंकि तार्किक दृष्टि से न तो लकड़ी अपने आप कट सकती है और न खाना ही स्वयं बन सकता है। अतः उपखंड (ख) के वाक्य (1) और (3) की मूल संकल्पना में 'लकड़ी काटनेवाले' की तर्कसिद्ध उपस्थिति अनिवार्य है। उसी प्रकार वाक्य (2) और (4) में भी 'खाना बनानेवाले' की मान्यता अनिवार्यतः पड़ेगी।

(2) ऊपर के तर्क से यह भी सिद्ध होता है कि उपखंड (क) अथवा (ख) के वाक्य, व्युत्पन्न वाक्य हैं। इनके मूल में कोई दूसरा वाक्य है, जिसमें कर्ता की प्रधानता है जबकि उनके व्युत्पन्न इन वाक्यों में कर्ता के स्थान पर कर्म को प्रधानता दी गयी है। कर्ता के स्थान पर कर्म को प्रधानता देने की हिंदी में दो रीतियाँ हैं—एक, जिसमें कर्ता को क्रिया का उपकरण बना दिया जाता है और दूसरा, जिसमें उसका लोप कर दिया जाता है।

(3) ये व्युत्पन्न वाक्य, जिस मूल वाक्य के रूपांतरण होते हैं, उसकी क्रिया अनिवार्यतः सकर्मक होती है।

मूल संकल्पना की मूल सकर्मक क्रिया रूपांतरित अभिव्यक्ति रूप में दो भिन्न स्वरूप ग्रहण कर सकती है—पहला, वह व्युत्पन्न अकर्मक बन सकती है और दूसरा, वह सकर्मक रूप में व्याकरणिक शब्द 'जा' से संयुक्त होती है—

(1) व्युत्पन्न अकर्मक रूप :

पीसना	पिसना	ई	इ
गूँथना	गुँथना	ऊ	उ
छेदना	छिदना	ए	इ
खोलना	खुलना	ओ	उ
बनाना	वनना	आ	अ

(2) जा, संयुक्त रूप

मूल सकर्मक क्रिया अनिवार्यतः पूर्ण पक्ष रूप में वचन-संयुक्त रहती है और उसके साथ व्याकरणिक शब्द 'जा' का प्रयोग भी वचन-लिंग अथवा वचन-पुरुष प्रत्यय संयुक्त रखता है।

उपखंड (क) और (ख) के वाक्य (1) और (2) व्युत्पन्न अकर्मक तथा (3) और (4) 'जा' संयुक्त श्रेणियों के उदाहरण हैं।

(4) जब कर्ता-उपकरण के रूप में सिद्ध रहता है (चाहे वे व्युत्पन्न अकर्मक श्रेणी के वाक्य हों या जा-संयुक्त श्रेणी के) तब वे शक्यता-बोधक रहते हैं अर्थात् वे कर्ता को कर्तृत्व अथवा क्रिया के सम्पादक के रूप में कर्ता का विधान नहीं करते, अपितु क्रिया के संदर्भ में लौकिक कर्ता की क्षमता (शक्यता) का विधान करते हैं (यथा—उपखंड (क) के वाक्य)।

(5) जब कर्ता का लोप कर लौकिक कर्म को व्याकरणिक कर्ता बनाया जाता

है, तब वाक्य शक्यता-बोधक नहीं होता (यथा–उपखंड (ख) के वाक्य)।

इस तथ्य को ठीक से समझने के लिए नीचे दिए दो वाक्यों के अर्थ पर ध्यान दें–

(क) (1) क्लास में मास्टर जी से यह नहीं बताया गया कि दुनिया क्यों गोल है (शक्यता-बोधक)।

(2) क्लास में यह नहीं बताया गया कि दुनिया क्यों गोल है (सामान्य)।

(ख) (1) नौकर से इतने सारे कपड़े नहीं धोए जाएँगे।

(2) इतने सारे कपड़े नहीं धोए जाएँगे।

ध्यान से देखने पर स्पष्ट हो जाता है कि वाक्य (क)-1–'क्लास में मास्टर जी से यह नहीं बताया गया कि दुनिया क्यों गोल है'–में न बताने का कारण मास्टर जी की अक्षमता या अशक्यता है। इसी प्रकार वाक्य (ख)-1 में इतने सारे कपड़े न धुलने के कारण के पीछे नौकर की अशक्यता ध्वनित होती है। इसके विपरीत वाक्य (क)-2 में यह मात्र सामान्य संकेत है कि कक्षा में इस विषय पर नहीं बताया गया कि दुनिया क्यों गोल है। इसी प्रकार वाक्य (ख)-2 में भी कपड़े नहीं धुल पाएँगे–इस तथ्य का संकेत तो है पर उसका कारण व्यंजित नहीं किया गया है। (क) और (ख) के वाक्य (2) में कार्य-सम्पादन न होने के अनेक कारण सोचे जा सकते हैं, जितना सम्बन्ध बाह्य-जीवन से है पर यह निश्चित है कि इन वाक्यों से मूल कर्ता या किसी अन्य व्यक्ति की अशक्यता ध्वनित नहीं होती।

अंग्रेजी में अगर इस तरह के वाक्यों का अनुवाद किया जाय, तो निश्चय ही इनके अर्थ-भेद और व्याकरणिक संरचना की विभिन्नताओं के फलस्वरूप वाक्य संरचना में अंतर आ जाएगा। शक्यताबोधक रूपांतरित वाक्य में मूल कर्ता से क्रिया का सम्बन्ध, यथा–बताना, ढोना आदि क्रिया सम्बन्धी विशेषता ध्वनित होगी, जबकि उन वाक्यों का (जिनमें मूल कर्ता का लोप है) अनुवाद, अंग्रेजी के पैसिव वाक्य के समानांतर होगा। यथा–

(क) (1) Why the earth is round, could not be explained by the teacher in the class.

(2) Why the earth is round, was not explained in the class.

(ख) (1) So many clothes can not be washed by the servant.

(2) So many clothes can not be washed.

हिंदी की अपनी मूल प्रकृति अशक्यताबोधक (अकर्तृ वाच्य) की है। सामान्य (अकर्तृ वाच्य) की संरचना की प्रचलन अंग्रेजी के प्रभाव से बढ़ा है। इसीलिए महावीरप्रसाद द्विवेदी इस दूसरी प्रकार की संरचना को बढ़ावा देने के पक्ष में नहीं थे कि वह हिंदी की अपनी प्रकृति से भिन्न है। उनके अनुसार ऐसे वाक्य–'उसको पेश किया गया', 'खत को लाया गया', 'मुल्क को बरबाद किया गया' न केवल

अप्रामाणिक हैं, वरन् हिंदी संरचना के नियम के अनुसार अशुद्ध भी हैं। पर इसमें संदेह नहीं कि भाषा, व्याकरण की नियम-निर्देशात्मक पद्धति से एकदम बँधकर जीवित रह ही नहीं सकती। स्वाभाविक विकास की धारा न केवल भाषा की निश्चित परिपाटी को तोड़ती है वरन् व्यावहारिक जीवन में नित नये अन्वेषण भी करती चलती है। भाषायी सम्पर्क इस अन्वेषण और विकास की सामान्य गति को सदा नया अध्याय देता आया है।

सामान्य अकर्तृवाच्य का प्रयोग नीचे दिये संदर्भों में अब निःशंक भाव से किया जाता है–

(1) **सरकारी कामकाज में**–यह सूचित किया जाता है कि देर से आने पर आपके विरुद्ध कार्रवाई की जाएगी।

(2) **अखबार एवं पत्र-पत्रिकाओं में**–ऐसा सुना गया है कि–, बताया जाता है कि–, सुनने में आया है कि–।

(3) **सामान्य कथन में**–आज निर्णय हो जाएगा, पर बताया गया था कि नहीं, आज तुम पकड़े गये।

(आ) यह संकेत ऊपर दिया जा चुका है कि अकर्तृवाच्य को दो भागों में विभाजित किया जा सकता है। पहली कोटि में वे क्रियाएँ आती हैं, जिनकी मूल संकल्पना कर्ता और कर्म दोनों की अपेक्षा रखती हैं। ऐसी क्रियाओं की रूपांतरित वाक्य-रचना, कर्मवाच्य कहलाती है। ऊपर खंड (अ) के अंतर्गत जो 4 विश्लेषण किये गये, उनका सम्बन्ध मूलरूप में सकर्मक क्रिया के साथ होने के कारण स्वतः कर्मवाच्य के अंतर्गत आता है।

मूल वाक्य और मूल संकल्पना में जो क्रियाएँ अकर्मक होती हैं, उनसे व्युत्पन्न अकर्तृवाच्य, भाववाच्य कहलाता है। ऐसी संरचना में एक ओर मूल कर्ता को उपकरण के रूप में रखा जाता है और दूसरी ओर अकर्मक क्रिया होने के कारण 'कर्म' की न तो उपस्थिति मानी जा सकती है और न उसे केंद्रबिंदु में ही लाया जा सकता है। उदाहरण के लिए–'मुझसे अब चला नहीं जाता, लड़के से अब दौड़ा नहीं जाएगा'।

भाववाच्य में भी कर्मवाच्य की तरह कर्ता का लोप किया जा सकता है। यथा–'यहाँ बैठा नहीं जाता', 'इतनी देर तक सोया नहीं जाता' आदि।

जो ऊपर कहा जा चुका है, उसे अग्रलिखित तालिका द्वारा व्यक्त किया जा सकता है–

वाच्य

- **(1) कर्तृवाच्य**
  1. लड़का लकड़ी काट रहा है।
  2. मोहन यहाँ सो रहा है।
- अकर्तृवाच्य
  - **(2) कर्मवाच्य**
    - **+ जा संयुक्त**
      - (अ) लड़के से लकड़ी नहीं काटी जा रही है।
      - (आ) लकड़ी नहीं काटी जा रही है।
    - **व्युत्पन्न अकर्मक**
      - (अ) लड़के से लकड़ी नहीं कट रही है।
      - (आ) लकड़ी नहीं कट रही है।
  - **(3) भाववाच्य**
    - (अ) मोहन से यहाँ सोया नहीं जाता।
    - (आ) यहाँ सोया नहीं जाता।
  - (अ) शक्यताबोधक
  - (आ) सामान्य

प्रयोग

वाच्य का सम्बन्ध वाक्य की उस रूपांतरण-प्रक्रिया से है जिसका आधार प्रकार्यात्मक न होकर रूपात्मक है। रूपात्मक पक्ष न तो आर्थी पक्ष को लेकर चलता है और न किसी व्याकरणिक कोटि के प्रकार्य को। उदाहरण के लिए अकर्तृवाच्य, वस्तुतः कर्तृवाच्य का वह रूपांतरण होता है जिसमें कर्ता के कर्तृत्व पक्ष को या तो कर्ता का लोप कर अथवा उसको उपकरण (करण) बनाकर सक्रियता को केंद्रबिंदु से हटा दिया जाता है और उसके स्थान पर या तो कर्म को प्रमुखता दी जाती है (कर्मवाच्य) अथवा क्रिया के भाव को (भाववाच्य)। वाच्य की इस प्रकार्यात्मक संकल्पना के समानांतर प्रयोग की रूपात्मक दृष्टि भी सामने लाई जा सकती है जिसमें वाक्य को कर्ता, और कर्म के साथ क्रिया की अन्विति के संदर्भ में विश्लेषित करना सम्भव है।

क्रिया वस्तुतः भावमूलक होती है। उदाहरण के लिए 'काटना' या 'सोना'

क्रिया-रूप में मात्र एक अमूर्त भाव-संकल्पना है जो वचन-लिंग अथवा वचन-पुरुष की अपनी संकल्पना से सर्वथा मुक्त है। वाक्यसंरचना में वचन-लिंग अथवा वचन-पुरुष प्रत्यय का संयोग क्रिया के साथ संज्ञा-पदों के अन्वयन का परिणाम होता है। अतः इन प्रत्ययों का मूल स्रोत क्रियापद न होकर संज्ञापद होता है और कौन संज्ञापद, किस रूप में क्रियापद को इन प्रत्ययों से संयुक्त करता है, उसे अन्विति अथवा अन्वयन प्रक्रिया कहते हैं।

हिंदी में अन्विति के जो सामान्य नियम हैं–उन्हें नीचे दिया जा रहा है। नियम देने के पूर्व यह संकेत दे देना यहाँ असमीचीन न होगा कि अन्विति का आधार रूपात्मक है और वह संज्ञापद (मूलतः कर्ता और कर्म) के विकारी और अविकारी रूप से सम्बद्ध है।

(1) क्रिया उस संज्ञापद से अन्वयन सम्बन्ध स्थापित करती है, जो अविकारी होता है।

(2) अगर कर्ता और कर्म दोनों अविकारी हैं तब सम्बन्ध कर्तापद के साथ रहता है।

(3) अगर कर्ता और कर्म दोनों विकारी रूप में हैं तब क्रिया एकवचन, पुल्लिग प्रत्यय से संयुक्त होती है।

उपर्युक्त नियम के अनुसार तीन प्रकार के प्रयोग मिलते हैं–

1. कर्तरि प्रयोग : जब अन्विति का स्रोत कर्तापद होता है। कर्ता (+कर्म) +क्रिया।

(1) लड़का लकड़ी काट रहा है।

(2) मोहन यहाँ सो रहा है।

2. कर्मणि प्रयोग : जब अन्विति का स्रोत कर्मपद होता है। (कर्ता+) कर्म+ क्रिया।

(1) लड़के से लकड़ी नहीं काटी जा रही है।

(2) लकड़ी नहीं काटी जा रही है।

(3) लड़के से लकड़ी नहीं कट रही है।

(4) लकड़ी नहीं कट रही है।

3. भाव प्रयोग : जब अन्विति का स्रोत कर्ता अथवा कर्म संज्ञापद नहीं होता और क्रिया एकवचन, पुल्लिग के प्रत्यय रूप से संयुक्त होती है। (कर्ता-+कर्म-+क्रिया)

(1) लड़के से यहाँ नहीं सोया जाता।

(2) यहाँ सोया नहीं जाता।

ऊपर संकेत दिया जा चुका है कि वाच्य और प्रयोग दो भिन्न व्याकरणिक संकल्पनाएँ हैं, एक का आधार आर्थी और प्रकार्यात्मक है तो दूसरे का रूपवादी। ऊपर दिये गये उदाहरणों में वाच्य और प्रयोग में कोई अंतर्विरोध नहीं दिखलाई

पड़ता। नीचे कुछ ऐसे उदाहरण दिये जा रहे हैं जिनमें इनकी एकरूपता खंडित हो जाती है। वैसे यहाँ संकेत दे देना अनुचित न होगा कि हिंदी की व्याकरण की पुस्तकों में ऐसे वाक्यों को लेकर मतैक्य नहीं है। उदाहरण के लिए पं. कामताप्रसाद गुरु वाच्य और प्रयोग के अंतर को हिंदी के संदर्भ में स्वीकार करने के पक्ष में हैं। उनके अनुसार संस्कृत भाषा के लिए यह अंतर उतना सार्थक नहीं, जितना कि हिंदी के लिए। इसके विपरीत आचार्य किशोरीदास वाजपेयी 'प्रयोग' और 'वाच्य' में कोई अंतर नहीं देखते। उनके लिए प्रयोग ही वाच्य है।

एक-दो उदाहरण से इस अंतर को स्पष्ट किया जा सकता है। नीचे के दो वाक्यों में–

(1) लड़के किताब पढ़ रहे हैं — कर्ता+कर्म +क्रिया

(2) लड़कों ने किताब पढ़ी — कर्ता+ कर्म +क्रिया

(3) लड़कों ने किताब को पढ़ा — कर्ता!+ कर्म +क्रिया

स्पष्ट है कि अन्विति के आधार पर ऊपर के तीनों वाक्य क्रमशः कर्तरि, कर्मणि और भावे प्रयोग के उदाहरण हैं। अन्विति वस्तुतः ऊपर दिये गये नियम के अनुसार हैं, अर्थात् वाक्य (1) में लड़का और किताब दोनों रूप में हैं। अतः अन्विति का स्रोत लड़का है, क्योंकि वही क्रिया का कर्ता है। लड़का, बहुवचन और पुल्लिग रूप में है (लड़के), फलतः क्रिया में बहुवचन, पुल्लिंग प्रत्यय लगा है। वाक्य (2) में अविकारी रूप में केवल किताब (कर्म) है (लड़का ने–परसर्ग से संयुक्त होकर विकारी रूप में है), फलतः क्रिया, कर्म से अन्वय सम्बन्ध स्थापित करने के कारण एकवचन, स्त्रीलिंग प्रत्यय से संयुक्त है। वाक्य (3) में कर्ता और कर्म दोनों विकारी रूप में हैं, अतः क्रिया में जो प्रत्यय संयुक्त है, उसका स्रोत न तो कर्ता और न कर्म संज्ञापद है।

पर वाच्य की दृष्टि से देखें तो इन तीनों वाक्यों में कर्ता के कर्तृत्त्व पक्ष पर बल है, तीनों वाक्यों में कर्ता न केवल उपस्थित है वरन् वह क्रिया का संचालक है (न कि उसका उपकरण)। इस दृष्टि से यह कहा जा सकता है कि न केवल वाक्य (1), वरन् वाक्य (2) और (3) भी कर्तृवाच्य में हैं। यही कारण है कि गुरु जी सभी +ने परसर्ग-संयुक्त वाक्य को कर्तृवाच्य के अंतर्गत रखने के पक्ष में है, क्योंकि वाच्य सम्बन्धी उनकी संकल्पना प्रकार्यात्मक है। पर इसके विपरीत वाच्य और प्रयोग को सही संदर्भ में न पकड़ने और प्रयोग को ही वाच्य समझने के परिणामस्वरूप वाजपेयी जी +ने परसर्ग-संयुक्त वाक्य को कर्मवाच्य के अंतर्गत मानते हैं।

ऊपर यह भी संकेत दिया गया है कि अकर्तृवाच्य (कर्म और भाववाच्य) वस्तुतः मूल कर्तृवाच्य के ही भाषिक रूपांतरण हैं। पर प्रश्न यहाँ ऐसे वाक्यों को लेकर उठाया जा सकता है कि जिनमें क्रिया की प्रक्रिया सहज प्राकृतिक है

और जिसका कर्ता मूलरूप में सजीव व्यक्ति न होकर प्रकृति स्वयं होती है। उदाहरण के लिए निम्नलिखित वाक्य लें–

(1) पानी बरस रहा है।

(2) बरफ पिघल रही है।

प्रश्न यह है कि यहाँ पानी, बरफ को मूल रूप में क्या माना जाए–कर्ता या कर्म ? और वाच्य के रूप में इसे कर्तृवाच्य में रखा जाए या कर्मवाच्य में ? क्रिया के रूप में बरसना/पिघलना, वस्तुतः मूल सकर्मक क्रिया बरसाना/पिघलाना का व्युत्पन्न रूप है, ठीक उसी प्रकार जिस प्रकार कटना/पिटना क्रियाएँ मूल सकर्मक क्रिया काटना/पीटना के व्युत्पन्न रूप हैं। पानी बरसना और बरफ पिघलना एक प्राकृतिक प्रक्रिया है, उसका कर्ता कोई सजीव व्यक्ति नहीं। पर यही ध्यान देने की बात है कि मानसिक इकाइयाँ बाह्य जगत का भाषिक रूपांतरण होती हैं, उनका समानार्थी प्रतिरूप नहीं। प्रकृति का मानवीकरण सम्भव है–कभी ईश्वर की संकल्पना के रूप में और कभी व्याकरणिक कोटि के रूप में। यथा–

(1) भगवान पानी बरसाएगा तो पानी बरसेगा।

(2) इतनी गर्मी बरफ को पिघला देगी।

अतः यह कहा जा सकता है कि पानी बरसना/बरफ पिघलना वस्तुतः व्युत्पन्न अकर्मक के उदाहरण होने के कारण कर्मवाच्य के ही उदाहरण हैं।

18

क्रिया का अन्वय : कर्तरि प्रयोग

वाच्य और प्रयोग में अंतर है। वाच्य क्रिया के उस रूपांतर को कहते हैं, जो यह बताता है कि वाक्य में जिसका विधान किया गया है वह मूलतः कर्ता है, कर्म है अथवा क्रिया सम्बन्धी भाव है। वाच्य का सम्बन्ध मूलतः वक्ता के उस दृष्टिकोण से रहता है जो कर्ता, कर्म अथवा भाव का सापेक्षिक महत्त्व प्रतिपादित करता है। इसकी चर्चा पहले की जा चुकी है।

प्रयोग, वाच्य से भिन्न है। इसका सम्बन्ध वक्ता के दृष्टिकोण को व्यक्त नहीं करता। यह तो भाषा के उन नियमों का परिणाम होता है जो कर्ता और कर्म का क्रिया के साथ अन्वय (अन्वयन) बतलाता है। अगर 'वाच्य' का स्तर आर्थी (semantic) और प्रयोजनात्मक (functional) है तो 'प्रयोग' का रूपात्मक (formal) और व्याकरणिक (grammatical) ।

कुछ वैयाकरण 'वाच्य' और 'प्रयोग' को एक ही मानते हैं। उनके अनुसार इन दोनों में कोई भेद नहीं। हिंदी में 'हिंदी शब्दानुशासन' के रचयिता आचार्य किशोरीदास वाजपेयी इन दोनों में कोई भेद नहीं रखते। उनके अनुसार 'प्रयोग' ही 'वाच्य' है। इसके आधार पर जो भ्रांतियाँ उत्पन्न होती हैं–उसकी चर्चा आगे की जाएगी।

प्रयोग को सही संदर्भ में समझने के लिए व्याकरण और वाक्य-संरचना के निम्नलिखित तथ्य पहले ध्यान में रखना आवश्यक है–

(1) क्रिया वस्तुतः भावमूलक होती है :

उदाहरण के लिए 'काटना' या 'सोना' क्रिया अपनी प्रकृति में मात्र एक अमूर्त भाव-संकल्पना है।

(2) क्रिया में काल, पक्ष और विधि पूरे वाक्य के संदर्भ में जोड़ी जा सकती है–

(i) लड़का आम **खाता है।**

(ii) तुम **जाओ।**

वाक्य (1) में वर्तमानकाल-सूचक सहायक क्रिया है–'है'। इसका पक्ष (aspect) है–अपूर्ण, आवृत्तिमूलक जो प्रत्यय –त– से व्यक्त है।

वाक्य (2) में धातु 'जा' को आज्ञार्थक विधि में रखा गया है।

(3) क्रिया में वचन, लिंग और पुरुष को व्यक्त करनेवाले प्रत्यय भी जोड़े जा सकते हैं।

हिंदी में वचन-लिंग और वचन-पुरुष प्रत्यय समन्वित इकाई के रूप में आते हैं, यथा–

वचन-लिंग प्रत्यय

		लिंग: पुल्लिंग	लिंग: स्त्रीलिंग
वचन	एक-	लड़का जाता है। (-आ)	लड़की जाती है। (-ई)
वचन	बहु-	लड़के जाते हैं। (-ए)	लड़कियाँ जाती हैं। (-ईं)

वचन-पुरुष प्रत्यय

		वचन: एक-	वचन: बहु-
पुरुष	उत्तम	मैं जाऊँगा (-ऊँ)	हम जाएँगे (-एँ)
पुरुष	मध्यम	तू जाएगा (-ए)	तुम जाओगे (-ओ)
पुरुष	अन्य	वह जाएगा (-ए)	वे जाएँगे (-एँ)

(4) क्रिया में संयुक्त पुरुष, लिंग और वचन का मूल स्रोत वाक्य के संज्ञापद होते हैं। क्रिया अपने में मात्र 'भाव' है। जब क्रिया का सम्बन्ध (अन्वय) वाक्य के संज्ञापद से होता है तब व्याकरणिक नियमों के आधार पर क्रिया, संज्ञापदों के सम्बन्ध के आधार पर वचन-लिंग अथवा वचन-पुरुष प्रत्यय से संयुक्त होती है।

(5) संज्ञापदों में सर्वाधिक महत्त्वपूर्ण दो हैं–कर्ता और कर्म। अतः क्रिया के साथ अन्वय के लिए कर्ता और कर्म संज्ञापद सबसे अधिक प्रभावित करते हैं। अर्थात् या तो क्रिया, वचन-लिंग अथवा वचन-पुरुष के लिए कर्ता या कर्म संज्ञापदों को स्रोत रूप में ग्रहण करती है अथवा वह निर्विकार रहकर तटस्थ (neutral) प्रत्यय -'आ' से संयुक्त होती है।

(6) (i) जब क्रिया, वचन-लिंग अथवा वचन-पुरुष प्रत्यय को कर्ता के अनुरूप लेती है, तब उस क्रिया (या वाक्य) को **कर्तरि प्रयोग** कहते हैं।

(ii) जब क्रिया, वचन-लिंग अथवा वचन-पुरुष प्रत्यय को कर्म के अनुसार लेती है, तब उस क्रिया (या वाक्य) को **कर्मणि प्रयोग** कहते हैं।

(iii) जब क्रिया, वचन-लिंग अथवा वचन-पुरुष प्रत्यय को न तो कर्ता के अनुसार लेती है और न कर्म के अनुसार तब उस क्रिया (या वाक्य) को भावे प्रयोग कहते हैं। ऐसी स्थिति में प्रत्यय तटस्थ रूप में रहता है अर्थात् उसका प्रत्यय सदा एकवचन, पुल्लिंग, अन्य पुरुष में होता है।

कहने का तात्पर्य यह कि अन्वय की तीन भिन्न स्थितियाँ संभव हैं–

(1) कर्तरि प्रयोग : कर्ता (+ कर्म) + क्रिया

(2) कर्मणि प्रयोग : (कर्ता+) कर्म + क्रिया

(3) भावे प्रयोग : कर्ता + कर्म + क्रिया

उदाहरण :

कर्तरि प्रयोग कर्ता + क्रिया

(1) अकर्मक क्रिया :

राम गया।
सीता गई।
लड़के गए।
लड़कियाँ गईं।
मोहन दौड़ता है।
शीला दौड़ती है।
लड़के दौड़ते हैं।
लड़कियाँ दौड़ती हैं।

(2) सकर्मक क्रिया : (एककर्मक) कर्ता + कर्म + क्रिया

राम आम खाता है।
सीता आम खाती है।
लड़के आम खाते हैं।
लड़कियाँ आम खाती हैं।
मोहन लकड़ी काट रहा है।
शीला लकड़ी काट रही है।
लड़के लकड़ी काट रहे हैं।

लड़कियाँ लकड़ी काट रही हैं।

(3) सकर्मक क्रिया : (द्विकर्मक) कर्ता + कर्म (गौण) + कर्म (प्रमुख) + क्रिया

राम मोहन को आम दे रहा है।
सीता मोहन को आम दे रही है।
लड़के सीता को आम दे रहे हैं।
लड़कियाँ सीता को आम दे रही हैं।
मोहन शीला को किताब पढ़ा रहा है।
शीला मोहन को किताब पढ़ा रही है।
लड़के सीता को किताब पढ़ा रहे हैं।
लड़कियाँ मोहन को किताब पढ़ा रही है।

(4) अस्तित्वपरक : कर्ता + क्रिया (अस्तित्वपरक)

मैं होऊँ।
तू हो (होए)
वह हो (होए)
हम हों (होएँ)
तुम हो (होओ)
वे हों (होएँ)

(5) अस्तित्वपरक (पूरक सहित) : कर्ता + पूरक + क्रिया (अस्तित्व)

मैं डॉक्टर हूँ।
तू डॉक्टर है।
वह डॉक्टर है।
हम डॉक्टर हैं।
तुम डॉक्टर हो।
वे डॉक्टर हैं।

(6) **प्रक्रियापरक,** जहाँ क्रिया, द्रव्य के प्राकृतिक गुण के रूप में सिद्ध है।

कर्ता +क्रिया (प्रक्रियापरक)

(अ) फल पक रहे हैं।
बरफ पिघल रही है।
घी पिघलता है।
यह मशीन घूमती है।

यहाँ पर ध्यान देने की आवश्यकता है कि ऊपर दिए उपखंड (6) के वाक्य किसी अन्य वाक्य के व्युत्पन्न रूप नहीं। वे मूल वाक्य हैं। अतः इनके 'लौकिक कर्ता' नहीं होते। वैसे ऐसे वाक्यों का विस्तार सम्भव है, जिसमें प्रक्रिया के 'हेतु' के रूप में करण की कल्पना की जा सकती है। पर यह 'हेतु' सदा निर्जीव होता है।

हेतु + कर्ता + क्रिया

(आ) गर्मी से बरफ पिघल रही है।
इतने तापमान पर घी पिघलता ही है।
बिजली से यह मशीन चलती है।

टिप्पणी- 1 : कर्तरि प्रयोग को समझने के लिए यह आवश्यक है कि लौकिक कर्ता (notional subject) और फिर व्याकरणिक कर्ता (grammatical subject) के भेद को हम पहले समझें। लौकिक कर्ता, लौकिक कर्म अथवा लौकिक अन्य कारक को क्रिया और संज्ञा के सम्बन्धों की प्रकृति के आधार पर समझा जा सकता है और ये सम्बन्ध वाक्य रूपांतर के बाद भी एक समान रहते हैं। पर व्याकरणिक 'इकाइयाँ' यथा–व्याकरणिक 'कर्ता' रूपगत रहता है, अतः उसको परिभाषित करने के लिए रूपात्मक आधार लेना आवश्यक है। यथा : व्याकरणिक कर्ता वह है जो क्रिया के लिए वचन, लिंग और पुरुष के लिए 'स्रोत' का काम करता है। दूसरे शब्दों में कहें तो जिसके साथ क्रिया अन्विति लेती है।

उदाहरण के लिए नीचे के चार सम्बद्ध वाक्यों को लें–

(i) कोई संदूक में किताबें भर गया है।
(ii) किसी ने संदूक में किताबें भर दी हैं।
(iii) संदूक में किताबें भरी हैं।
(iv) संदूक किताबों से भरा है।

लौकिक और व्याकरणिक (कर्ता) स्तर पर इन वाक्यों के संज्ञा-पदों का विश्लेषण इस प्रकार होगा –

(i) **कोई** संदूक में किताबें भर गया है।
कर्ता अधिकरण कर्म → लौकिक

कर्ता → व्याकरणिक

(ii) **किसी ने** संदूक में किताबें भर दी हैं।
कर्ता अधिकरण कर्म → लौकिक

कर्ता → व्याकरणिक

(iii) **संदूक में** **किताबें** भरी हैं।

अधिकरण कर्म → लौकिक

↓

कर्ता → व्याकरणिक

(iv) **संदूक** **किताबों से** भरा है।

अधिकरण कर्म → लौकिक

↓

कर्ता → व्याकरणिक

स्पष्ट है कि वाक्य (1) में 'कोई' लौकिक और व्याकरणिक दोनों ही स्तरों पर कर्ता है। उसी के साथ क्रिया अन्विति भी स्थापित करती है।

वाक्य (2) में यद्यपि 'कोई' लौकिक कर्ता है पर वह विकारी रूप में है, अतः वह व्याकरणिक कर्ता नहीं हो सकता। यहाँ व्याकरणिक कर्ता, वस्तुतः लौकिक कर्म (किताबें) है, जिसके साथ क्रिया अपनी अन्विति स्थापित करती है।

वाक्य (3) में लौकिक कर्म (किताबें) ही व्याकरणिक कर्ता का कार्य कर रहा है। वही अविकारी रूप में है और क्रिया में वचन-लिंग प्रत्यय का स्रोत है।

वाक्य (4) में वस्तुतः जो लौकिक धरातल पर अधिकरण है, वही व्याकरणिक धरातल पर कर्ता है, क्योंकि क्रिया की अन्विति उसी के साथ है।

टिप्पणी-2 : कोई भी संज्ञापद व्याकरणिक कर्ता बनने की क्षमता रखता है। यही नहीं, किसी भी संज्ञापद में लौकिक धरातल पर कर्तृत्व का कुछ न कुछ भाव देखा जा सकता है। यथा–

(1) (अ) संदूक में किताबें भरी हैं।
(आ) संदूक किताबों से भरा है।

(2) (अ) बगीचे में भौंरें गूँज रहे हैं।
(आ) बगीचा भौंरों से गूँज रहा है।

(3) (अ) मैंने इस तलवार से लाखों का सिर काटा है।
(आ) यह तलवार लाखों का सिर काट चुकी है।

स्पष्ट है, वाक्य 3 (आ) में तलवार, लौकिक धरातल पर करण है, पर न केवल उसमें कर्तृत्व का आरोपण किया गया है, अपितु व्याकरणिक स्तर पर भी उसे कर्ता के रूप में प्रयोग किया गया है। अन्विति का साधन वस्तुतः तलवार संज्ञापद ही है। इसी प्रकार वाक्य 2 (आ) में बगीचा मूलतः अधिकरण है, पर व्याकरणिक स्तर पर कर्ता के रूप में प्रयुक्त हुआ है।

टिप्पणी-3 : लौकिक 'कर्म' को छोड़कर जब कोई और संज्ञापद, व्याकरणिक कर्ता के रूप में प्रयुक्त होता है, तब उस वाक्य-संरचना को कर्तरि प्रयोग ही कहते हैं।

कुछ विभिन्न उदाहरण नीचे दिए गए हैं–

कर्तृ-कर्तृक कर्तरि प्रयोग

लड़का संदूक में किताबें भर रहा है।

वह इस तलवार से लाखों का सिर काट चुका है।

बगीचे में भौंरें गुंजन कर रहे हैं।

मोहन लकड़ी काट रहा है।

लड़के सीता को फूल देते हैं।

करण-कर्तृक कर्तरि प्रयोग

यह तलवार लाखों का सिर काट चुकी है।

यह चाकू इसको भी काट सकता है।

वह कलम बहुत अच्छा लिखती है।

चाभी इस ताले को खोल देती है।

गर्मी बरफ को पिघला देती है।

बिजली मशीन को चलाती है।

अधिकरण-कर्तृक कर्तरि प्रयोग

बगीचा भौंरों से गूँज रहा है।

संदूक किताबों से भरा है।

बोतल दवा से भरी है।

पेड़ फलों से लदा है।

टिप्पणी-4 : नए कारक-व्याकरण के प्रतिपादक फ़िलमोर के अनुसार अस्तित्वपरक क्रिया के साथ जो संज्ञापद आते हैं और जिसके अस्तित्व का विधान होता है, वे कर्ताकारक में नहीं होते। उनके अनुसार ऐसे संज्ञापदों को कर्म मानना चाहिए, क्योंकि 'कर्ता' (agent) होने के लिए यह आवश्यक है कि (1) वह सजीव (animate) हो, (2) सजीव ही नहीं वह क्रियाशील (active) हो । क्रियाशील सजीव संज्ञा का अर्थ है कि क्रिया मूलतः सक्रिय अर्थात् क्रियापरक (activity-oriented) हो, न कि स्थितिपरक (static) हो। सक्रियशील क्रिया का पता लगाने के लिए यह प्रश्न पूछा जाता है कि 'वह (कर्ता) क्या कर रहा है ?' जो उत्तर निकलकर सामने आता है वह 'सक्रियशील क्रिया' है।

उदाहरण के लिए ये वाक्य लें–

(1) लड़का दौड़ रहा है।

(2) मोहन आम खा रहा है।

यह प्रश्न पूछने पर कि वह (कर्ता) क्या कर रहा है, वाक्य (1) का उत्तर होगा '(लड़का) दौड़ रहा है' और वाक्य (2) का उत्तर होगा– '(मोहन आम) खा रहा है।' अतः 'दौड़' और 'खा' सक्रियशील क्रियाएँ हैं।

भारतीय वैयाकरण भी यह मानते हैं कि 'किम् करोति' के उत्तर देने पर 'क्रिया' सम्बन्धी उत्तर निकल आता है। पर वह एक प्रकार की क्रिया है, सभी क्रियाएँ इस प्रश्न से नहीं निकाली जा सकतीं। इसका कारण यह है कि क्रिया मूलतः 'भाव' है। दूसरा तथ्य यह है कि कर्ता के लिए यह आवश्यक नहीं कि वह 'सजीव' ही हो। भारतीय मत के अनुसार तीसरा तथ्य यह है कि सक्रियशीलता, अव्यक्त और अगोचर भी हो सकती है। उदाहरण के लिए, अस्तित्वपरक क्रिया, मूलतः अवधारणबोधक होती है और उसकी सक्रियशीलता अवधारण-प्रक्रिया में अंतर्निहित होती है।

टिप्पणी-5 : प्रक्रियापरक क्रियाओं के करनेवालों पर ध्यान देने पर स्पष्ट हो जाता है कि इस सम्बन्ध में दो भिन्न स्थितियाँ सम्भव हैं–

(1) क्रिया को करनेवाला कोई हो।

(2) क्रिया को करनेवाला तो नहीं होता, अपितु प्राकृतिक प्रक्रिया सम्बन्धी होने के कारण क्रिया का 'हेतु' (कारण) हो सकता है। यह 'हेतु' अव्यक्त भी रह सकता है और व्यक्त भी। यथा–

(अ) पेड़ पर आम पक रहे हैं। (अव्यक्त 'हेतु')

(आ) गर्मी से बरफ पिघलती है। (व्यक्त 'हेतु')

जिस संज्ञापद के प्राकृतिक व्यापार का क्रिया विधान करती है, भारतीय वैयाकरण की दृष्टि से उस क्रिया के व्यापार को करनेवाला (कर्ता) भी वही होता है।

यहाँ यह भी ध्यान देने की बात है कि भारतीय और विदेशी व्याकरणाचार्य और भाषावैज्ञानिक यह समान रूप से स्वीकार करते हैं कि क्रियारहित कोई भी वाक्य सम्भव नहीं। व्यक्त न होने पर भी मूल में 'क्रिया' की सत्ता बनी रहती है। पर भारतीय वैयाकरण यह भी मानते हैं कि जिस प्रकार क्रिया-रहित वाक्य सम्भव नहीं, उसी प्रकार 'कर्ता-रहित' वाक्य-संरचना भी असम्भव है।

19

क्रिया का अन्वय : कर्मणि और भावे प्रयोग

यह हम पहले संकेत दे आए हैं कि जब अन्वय के लिए क्रिया, कर्तापद के साथ सम्बन्ध स्थापित करती है, अर्थात् क्रिया में संयुक्त वचन, लिंग और पुरुष सम्बन्धी प्रत्यय का रूप-विधान जिस संज्ञापद से नियंत्रित होता है, वह अगर कर्तापद हो तो उस वाक्य को कर्तरि प्रयोग का वाक्य कहते हैं।

इसके साथ यह भी स्पष्ट किया गया था कि क्रिया सदा साकांक्ष होती है और अपनी प्रवृत्ति की पूर्ति के लिए अनेक संज्ञापदों की आकांक्षा रखती है। इस आकांक्षा की पूर्ति में संयुक्त संज्ञापद ही कारक कहलाते हैं। इन कारकों में दो कारक सर्वाधिक महत्त्वपूर्ण हैं–कर्ता और कर्म। इन दो कारकों में भी कर्ता का महत्त्व असंदिग्ध है, क्योंकि जिस प्रकार क्रियारहित वाक्य नहीं होते, उसी प्रकार कर्ता-रहित वाक्य की संकल्पना असम्भव है। यह बात दूसरी है कि क्रिया या कर्ता श्रूयमाण भी हो सकते हैं और अश्रूयमाण भी।

यह भी तथ्य महत्त्वपूर्ण है कि एक प्रकार से सभी संज्ञापदों एवं कारक में कर्तृत्व का कुछ न कुछ अंश सम्भाव्य रहता है अर्थात् सभी कारक, प्रसंग-भेद से 'कर्ता' बनने की क्षमता रखते हैं।

लेकिन मूल प्रश्न तो यह है कि कर्ता कहा किसे जाए ? वस्तुतः 'कर्ता' कहने से दो निश्चित संदर्भों में उसकी संकल्पना सामने आती है : (1) लौकिक धरातल (notional or logical category) की इकाई के रूप में और (2) व्याकरण-धरातल (grammatical or formal category) की इकाई के रूप में। रूपांतरण व्याकरण (transformational grammar) के संदर्भ में यह कहा जा सकता है कि एक का सम्बन्ध उस कर्ता (subject) से है जो अभ्यन्तर संरचना (deep structure) से सम्बद्ध होता है और दूसरे का सम्बन्ध उस कर्ता (subject) से है जो बाह्य-संरचना (surface structure) से सम्बद्ध रहता है।

यहाँ यह ध्यान देने की आवश्यकता है कि रूपांतरण व्याकरण के दो

स्तर–अभ्यन्तर और बाह्य; हिंदी के अन्वय की प्रकृति को न तो समझने में पूरी तरह सहायक हैं और न तो व्याकरणिक 'कर्ता' को ही परिभाषित करने में समर्थ हैं। अगर हम व्याकरणिक 'कर्ता' को वह संज्ञापद मानें जो क्रिया के लिए वचन, लिंग और पुरुष प्रत्यय का स्रोत बनता है अर्थात् क्रिया जिसके साथ अन्विति स्थापित करती है, तब नीचे दिए तीन वाक्यों (1, 2और 3) में वाक्य (1) में 'लड़का', और वाक्य 2और 3 में 'लकड़ी' व्याकरणिक कर्ता सिद्ध होते हैं। यद्यपि इन तीनों वाक्यों की मूल संरचना एक है।

(1) लड़का लकड़ी काट रहा है।

(2) लड़के ने लकड़ी काटी है।

(3) लड़के से लकड़ी (नहीं) काटी जा रही है।

मूल (अभ्यन्तर संरचना)

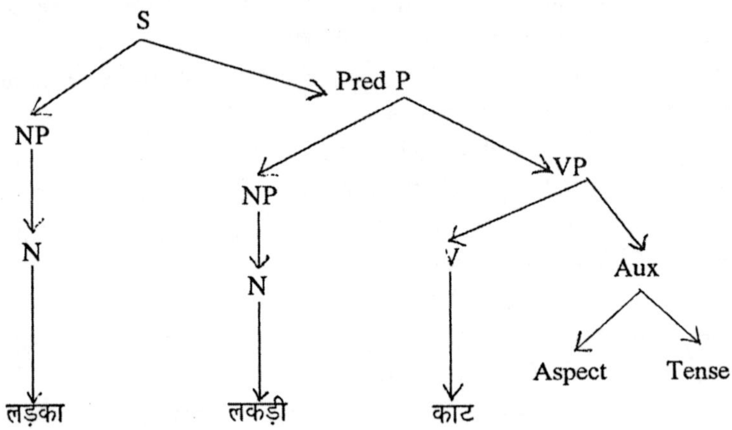

व्याकरणिक 'कर्ता'

(1) लड़का लकड़ी काट रहा है।

(मूल संरचना) कर्ता + कर्म + क्रिया

मूल कर्त्ता, व्याकरणिक कर्ता है :

(2) लड़के ने लकड़ी काटी है।

(मूल संरचना) कर्ता + कर्म + क्रिया

मूल कर्म, व्याकरणिक कर्ता है।

(3) लड़के से लकड़ी नहीं काटी जा रही है।

(मूल संरचना) कर्ता + कर्म + क्रिया

मूल कर्म, व्याकरणिक कर्ता है और मूल कर्ता, विधेय का अंश बनकर 'करणवत' या रीतिवाचक क्रिया-विशेषण' के रूप में सिद्ध रहता है। कहने का तात्पर्य यह कि संरचना, कर्मवाच्य में है।

अन्विति (प्रयोग) के संदर्भ में वाक्य (1) कर्तरि प्रयोग है, क्योंकि अन्विति मूल कर्ता के अनुसार है और वाक्य (2) और (3) कर्मणि प्रयोग है, क्योंकि अन्विति का मूल स्रोत मूल संरचना का 'कर्म' है।

रूपांतरण व्याकरण में 'कर्ता' (subject) और कर्म (object) की परिभाषा संरचना के आधार पर दी जाती है, अर्थात्–

(1) कर्ता, वह संज्ञा (पद) है, जो वाक्य द्वारा अधिशासित होता है।

(2) कर्म, वह संज्ञा (पद) है जो वाक्य द्वारा नहीं, अपितु क्रिया द्वारा अधिशासित होता है।

Subject-of : [NP, S]
Direct-object-of : [NP, Pred P]
Predicate-of : [VP, S]
Main-Verb-of : [V, VP]

व्याकरणिक कर्ता को अगर हम बाह्य-संरचना के आधार पर समझें तो इन तीनों वाक्यों की संरचना इस प्रकार होगी–

वाक्य (1)

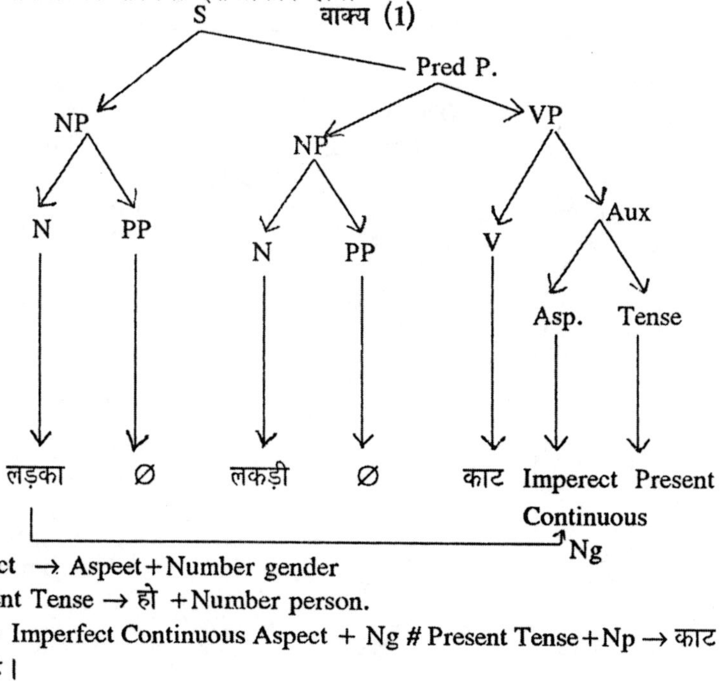

Aspect → Aspeet+Number gender
Present Tense → हो +Number person.
काट+ Imperfect Continuous Aspect + Ng # Present Tense+Np → काट रहा है।

वाक्य (2)

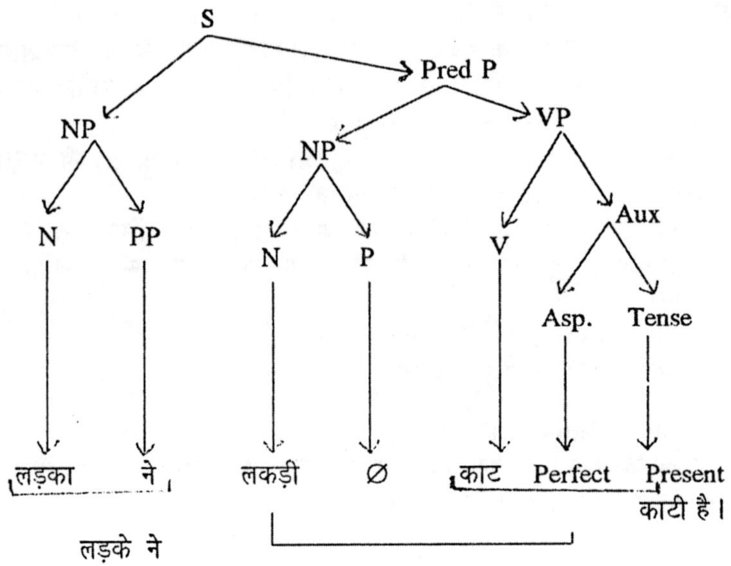
S
Pred P
NP
VP
NP
N
PP
N
P
V
Aux
Asp.
Tense
लड़का ने
लकड़ी Ø
काट Perfect Present
काटी है।
लड़के ने

वाक्य (3)

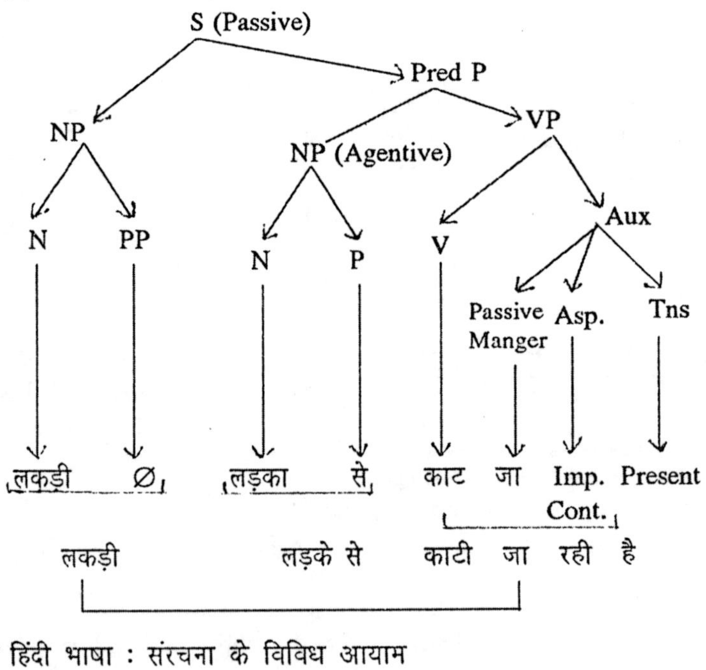
S (Passive)
Pred P
NP
VP
NP (Agentive)
N
PP
N
P
V
Aux
Passive Manger
Asp.
Tns
लकड़ी Ø
लड़का से
काट जा Imp. Cont. Present
लकड़ी
लड़के से
काटी जा रही है

स्पष्ट है, बाह्य स्तर की संरचना पर वाक्य (1) और (2) दोनों में कर्ता (subject) लड़का है, क्योंकि वही संज्ञापद, वाक्य द्वारा सीधे अधिशासित है। वाक्य (3) में वाक्य संरचना कर्मवाच्य में है, अतः मूल कर्म (अभ्यन्तर संरचना का कर्म) –'लकड़ी' वस्तुतः बाह्य संरचना के स्तर पर कर्ता (subject) बन जाता है।

अगर 'वाच्य' के धरातल पर देखें तब तो यह कहा जा सकता है कि अभ्यन्तर और बाह्य स्तर पर 'कर्ता' और 'कर्म' के सम्बन्ध अपनी आंतरिक प्रकृति का उद्घाटन करने में समर्थ हैं। यथा–वाक्य(1) और (2) कर्तृवाच्य का उदाहरण है, क्योंकि जो लौकिक कर्म है वह बाह्य स्तर पर कर्ता (subject) रूप में अभिव्यक्त है। पर अगर इस विश्लेषण को 'प्रयोग' के स्तर पर देखें तो स्थिति स्पष्ट नहीं हो पाती। क्योंकि वाक्य (1) तो कर्तरि प्रयोग है पर केवल वाक्य (3) ही नहीं अपितु वाक्य (2) भी कर्मणि प्रयोग है, क्योंकि अन्विति का स्रोत 'कर्म' है, 'लकड़ी' जिस वचन-लिंग-पुरुष प्रकृति में है, क्रिया भी उसी के तदनुरूप उसके प्रत्यय से संयुक्त है।

अतः 'प्रयोग' के समझने के लिए यह आवश्यक है कि हम हिंदी में 'अन्वय' की प्रकृति और उसके नियमों को देखें और इस 'अन्वय' को समझने के लिए 'व्याकरणिक कर्ता' को नए संदर्भ में परिभाषित करें।

स्पष्ट है कि व्याकरणिक कर्ता (grammatical subject) से हमारा तात्पर्य उस संज्ञापद से है जो क्रिया में संयुक्त होनेवाले वचन-लिंग-पुरुष को अधिशासित करता हो। इस दृष्टि से ऊपर के वाक्य (1) में 'लड़का' और वाक्य (2) और (3) में 'लकड़ी' व्याकरणिक कर्ता के रूप में सिद्ध हैं।

कर्मणि प्रयोग की संरचना उस वाक्य के लिए कहेंगे, जिसमें अन्विति का स्रोत लौकिक कर्म हो।

भावे प्रयोग की संरचना उस वाक्य के लिए कहेंगे जिसमें अन्विति का स्रोत न तो कर्ता हो और न ही कर्म।

अन्विति के नियम

हिंदी में संज्ञापद का प्रयोग दो रूपों में होता है–

(1) अविकारी (direct/nominative case form)

(2) विकारी (oblique/non-nominative case form)

अविकारी संज्ञापद [-परसर्ग-] होता है। यथा–

राम गया।

मोहन रोटी खा रहा है।

शीला किताब पढ़ रही है।

मोहन ने शीला को **किताब** दे दी है।

लड़का कपड़े धो रहा है।
लड़कियाँ कमरा साफ़ कर रही हैं।
लड़के ने **कपड़े** साफ़ कर लिए हैं।
लड़कियों ने **खाना** बना लिया है।
सोहन को **आम** पसंद है।
मुझको स्कूल जाना है।

विकारी संज्ञापद [+परसर्ग] होता है। यथा–

राम ने रोटी खायी।
मोहन को आम पसंद है।
शीला **किताब** को उठा रही है।
मोहन ने शीला को किताब दे दी है।
लड़का **स्कूल के लिए** जा रहा है।
लड़के ने कपड़े साफ़ कर लिए हैं।
लड़कियों ने खाना बना लिया है।
सोहन को आम पसंद है।
मुझको स्कूल जाना है।
उनको घर पर क्यों नहीं बुला लिया जाता ?

नियम-1 : यदि वाक्य में केवल एक अविकारी [-परसर्ग] संज्ञा है तो क्रिया की अन्विति उसके अनुरूप होगी–

(क)
(i) लड़का पढ़ता है।
(ii) सीता लिखती है।
(iii) लड़के खेलते हैं।
(iv) लड़कियाँ लिखती हैं।

(ख)
(v) राम ने पुस्तक पढ़ी।
(vi) राम ने पुस्तकें पढ़ीं।
(vii) लड़कों ने अखबार पढ़ा।
(viii) लड़के ने कई अखबार पढ़े।

(ग)
(ix) मोहन ने सीता को पत्र लिखा।
(x) मोहन ने सीता को चिट्ठी लिखी।
(xi) मोहन ने सीता को कई पत्र लिखे।
(xii) मोहन ने सीता को कई चिट्ठियाँ लिखीं।

ध्यान देने की बातें हैं–

(अ) उपखंड (क) में केवल एक संज्ञापद है जो अविकारी होने के कारण व्याकरणिक कर्ता है।

(आ) उपखंड (ख) में दो संज्ञापद हैं और क्रिया पूर्ण पक्ष (perfective aspect) में है। लौकिक कर्ता, [+ने] परसर्ग से संयुक्त होने के कारण विकारी संज्ञापद में है और मूल कर्म, परसर्ग रहित होने के कारण अविकारी रूप में, अर्थात् मूल कर्म ही व्याकरणिक कर्ता है।

(इ) उपखंड (ग) में तीन संज्ञापद हैं–लौकिक कर्ता, मुख्य कर्म और गौण कर्म। मुख्य कर्म ही परसर्ग रहित होने के कारण अविकारी है, अतः वही व्याकरणिक कर्ता का कार्य कर रहा है

नियम-2 : यदि वाक्य में कर्ता और कर्म दोनों अविकारी [-परसर्ग] हैं तो क्रिया लौकिक कर्ता के अनुसार अन्विति लेगी–

(i) राम रोटी खाता है।

(ii) सीता आम खाती है।

(iii) लड़के रोटी खाते हैं।

(iv) लड़कियाँ रोटी खाती हैं।

(v) राम कई रोटियाँ खाता है।

(vi) सीता कई आम खाती है।

(vii) ये लड़के एक आम खाते हैं।

(viii) ये लड़कियाँ केवल एक रोटी खाती हैं।

नियम-3 : यदि वाक्य के सभी संज्ञापद विकारी अर्थात् [+परसर्ग] हों तो क्रिया की अन्विति किसी संज्ञापद के अनुसार नहीं होगी। वह पुल्लिग, एकवचन, अन्यपुरुष में होगी। यथा–

(i) राम ने सीता को देखा।

(ii) सीता ने राम को देखा।

(iii) लड़के ने लड़कियों को देखा।

(iv) लड़कियों ने लड़के को देखा।

(v) मोहन ने शीला से कहा।

(vi) शीला ने मोहन से कहा।

(vii) कई औरतों ने मोहन को समझाया।

(viii) मोहन ने कई लड़कियों को समझाया।

नियम-3 के अनुसार वाक्य संरचना की जो अन्विति प्रक्रिया है, वह वस्तुतः भावे प्रयोग को जन्म देती है; अर्थात् इस नियम के अंतर्गत दिए सभी वाक्य [(i) से (viii) तक] भावे प्रयोग के उदाहरण हैं।

पहले यह संकेत दिया जा चुका है कि 'वाच्य' और 'प्रयोग' दो भिन्न व्याकरणिक संकल्पनाएँ हैं। एक का आधार आर्थी (semantic) और प्रकार्यात्मक (functional) है तो दूसरे का रूपवादी (formal)। वाच्य और प्रयोग के उदाहरण एकरूप भी हो सकते हैं और भिन्न भी। वैसे यहाँ यह संकेत दे देना आवश्यक है कि हिंदी की व्याकरण की पुस्तकों में इस प्रसंग में मतैक्य नहीं है। उदाहरण के लिए पं. कामताप्रसाद गुरु वाच्य और प्रयोग का अंतर स्वीकार करते हैं। उनके अनुसार संस्कृत भाषा के लिए यह अंतर उतना सार्थक नहीं, जितना कि हिंदी के लिए। इसके विपरीत आचार्य किशोरीदास वाजपेयी 'प्रयोग' और 'वाच्य' में कोई अंतर नहीं देखते। उनके लिए 'प्रयोग' ही 'वाच्य' है।

पर 'वाच्य' और 'प्रयोग' के अंतर को कुछेक उदाहरणों से स्पष्ट किया जा

सकता है। नीचे दिए वाक्यों को लें–

(क)
(i) लड़का किताब पढ़ रहा है।
[कर्तृवाच्य और कर्तरि प्रयोग]
(ii) लड़कों ने किताब पढ़ी।
[कर्तृवाच्य और कर्मणि प्रयोग]
(iii) लड़कों ने किताब को पढ़ा।
[कर्तृवाच्य और भावे प्रयोग]

(ख)
(iv) लड़के खिड़की खोल रहे हैं।
[कर्तृवाच्य और कर्तरि प्रयोग]
(v) लड़कों से खिड़की नहीं खुल रही है।
[कर्मवाच्य और कर्मणि प्रयोग]
(vi) लड़कों से खिड़की नहीं खोली जा रही है।
[कर्मवाच्य और कर्मणि प्रयोग]
(vii) लड़कों ने खिड़की खोली है।
[कर्तृवाच्य और कर्मणि प्रयोग]
(viii) लड़कों ने खिड़की को खोल दिया है।
[कर्तृवाच्य और भावे प्रयोग]

(ग)
(ix) यहाँ बैठा नहीं जाता।
[भाववाच्य और भावे प्रयोग]
(x) दिन में सोना मना है।
[भाववाच्य और भावे प्रयोग]
(xi) मोहन से चला नहीं गया।
[भाववाच्य और भावे प्रयोग]।

20

वाक्य और वाक्योपरि (प्रोक्ति) स्तर

भाषा एक ओर 'व्यवस्था' है और दूसरी ओर 'व्यवहार'। व्यवस्था का सम्बन्ध भाषा के व्याकरण के साथ रहता है। व्याकरणिक व्यवस्था के संदर्भ में हम यह जानना चाहते हैं कि बोले गए वाक्य में उस भाषा के नियमों का खंडन तो नहीं हुआ है। अतः यह पूछा जा सकता है कि वाक्य, व्याकरण की दृष्टि से कहाँ तक शुद्ध है और कहाँ तक अशुद्ध। इसके विपरीत व्यवहार का सम्बन्ध भाषा के प्रयोग के साथ रहता है। भाषा-प्रयोग के संदर्भ में हम यह जानना चाहते हैं कि बोला गया वाक्य कहाँ तक लोक-स्वीकृत है; अर्थात् व्याकरण की दृष्टि से शुद्ध होने के उपरांत भी वह वाक्य लोक-व्यवहार में कहाँ तक स्वीकार्य है और कहाँ तक अस्वीकार्य। पहले प्रकार का प्रश्न वाक्य की संरचना के सवाल से जुड़ा होता है, जबकि दूसरे प्रकार का प्रश्न उस संरचना के प्रयोग या उसके औचित्य के साथ। उदाहरण के लिए अगर कोई कहता है "तुम्हारे विचार में असंगत है", तब इस वाक्य को व्याकरण की दृष्टि से अशुद्ध कहा जा सकता है। संरचना की दृष्टि से शुद्ध वाक्य होगा–"तुम्हारे विचार में असंगति है", या "तुम्हारा विचार असंगत है।" दूसरी तरफ़ हम देखते हैं कि 'असंगत विचार', 'असंगत कथन' आदि प्रयोग तो मान्य हैं पर 'असंगत प्यार', 'असंगत लड़की' अमान्य; यद्यपि दोनों प्रकार की रचनाओं का आधार 'विशेषण+संज्ञा' है।

यह तथ्य महत्त्वपूर्ण है कि व्याकरणिक नियम, भाषेतर संदर्भ से बँधे नहीं होते। वे इस सवाल से अछूते रहते हैं कि 'कौन, किससे, किस समय, किस स्थान पर, क्या बात कर रहा है।' उदाहरणार्थ, उसके लिए जिस प्रकार 'तू चला जा' शुद्ध वाक्य है, उसी प्रकार 'आप चले जाइए' भी। वह यह नहीं देखता कि इस वाक्य के वक्ता (सम्बोधक) और श्रोता (सम्बोधित) कौन हैं, उनके बीच के सामाजिक सम्बन्ध की प्रकृति कैसी है, आदि। पर जहाँ तक भाषा-व्यवहार का सम्बन्ध है, वह ऐसे भाषेतर संदर्भों में वाक्य-प्रयोगों के औचित्य पर ध्यान देता

है। इस दृष्टि से अगर कोई मालिक, अपने नौकर से यह कहता है कि 'तू चला जा' तो उसे प्रयोग की दृष्टि से स्वीकार्य माना जाएगा, पर मालिक-नौकर के संदर्भ में, नौकर द्वारा कहा गया वाक्य 'तू चला जा' अस्वीकार्य कहा जाएगा। इसी प्रकार अगर मालिक अपने नौकर से यह कहता है, 'आप चले जाइए', तो सामान्य स्थिति में उसे प्रयोग की दृष्टि से अस्वीकृत वाक्य ही माना जाएगा। इसी प्रकार व्याकरण की दृष्टि से 'प्रिय दोस्त' को 'नमस्ते' कहकर सम्बोधित करना या 'आदरणीय गुरुजी' को 'सादर चरण-स्पर्श' लिखकर पत्र भेजना अगर शुद्ध है तो 'प्रिय दोस्त' को 'सादर चरणस्पर्श' या आदरणीय गुरुजी को 'नमस्ते' कहना भी उतना ही शुद्ध है, क्योंकि इनमें भाषा के अपने नियमों का खंडन नहीं हुआ है। पर व्याकरण की दृष्टि से शुद्ध होने पर भी 'प्रिय दोस्त' को 'सादर चरणस्पर्श' लिखना और 'आदरणीय गुरुजी' को 'नमस्ते' कहना, भाषा-व्यवहार की दृष्टि से अनौचित्यपूर्ण प्रयोग कहे जाएँगे।

भाषा मूलतः एक सामाजिक वस्तु है। भाषा का प्रयोक्ता भी सामाजिक होता है। यह प्रयोक्ता जिस सम्प्रेषण-व्यापार के लिए भाषा का प्रयोग करता है, उसकी प्रकृति भी सामाजिक है। अतः भाषा की अपनी सत्ता हमेशा सामाजिक संदर्भों की माँग करती है। भाषा के सामाजिक संदर्भ विविध होते हैं, अतः भाषा भी वैविध्यपूर्ण होती है। भाषा-वैविध्य, भाषा में प्रयोगपरक अनेक विकल्पों की छूट देता है, इसलिए हम एक ही कथ्य के लिए एक से अधिक कथन-रीति अपना सकते हैं। हम एक संदर्भ में यह कह सकते हैं, "आप ऊपर चलने की कृपा करें" तो दूसरे संदर्भ में बोल सकते हैं–"अरे यार ! ऊपर चलो भी।" मध्यम पुरुष के रूप में सम्बोधित करते हुए किसी एक व्यक्ति के लिए 'तू, तुम या आप' में से किसी एक का विकल्पवत् प्रयोग कर सकते हैं।

यहाँ ध्यान देना आवश्यक है कि व्याकरण की दृष्टि से ये प्रयोग विकल्पवत् कहे जा सकते हैं पर भाषा-व्यवहार की दृष्टि से न तो इन्हें यादृच्छिक कहा जा सकता है और न ही किसी त्रुटि का परिणाम। भाषा-वैविध्य के भीतर एक व्यवहारजन्य व्यवस्था रहती है। भाषा-विकल्पन एक ओर सामाजिक अर्थ का प्रकाशक है और दूसरी ओर भाषा-विकास का प्रभावकारी साधन। जब हम 'तू, तुम और आप' में से किसी एक सर्वनाम का चयन करते हैं तब उसके द्वारा सम्बोधक-सम्बोधित के सामाजिक सम्बन्धों पर भी प्रकाश डालते हैं–जैसे, उनके बीच का सम्बन्ध आत्मीय है या औपचारिक, या पद की दृष्टि से उनमें से कौन बड़ा है और कौन छोटा, आदि।

भाषा-प्रयोग को दो संदर्भों और दो स्तरों पर देखा जा सकता है। भाषा-प्रयोग के दो निश्चित संदर्भ देखे जा सकते हैं। एक का सम्बन्ध भाषेतर तथ्यों के साथ है और दूसरे का सम्बन्ध भाषिक तत्त्वों के साथ। उदाहरण के लिए, प्रयोगगत

भेद का एक कारण वक्ता/लेखक का क्षेत्रीय या सामाजिक आधार हो सकता है। जिस प्रयोग का कारण 'वक्ता' होता है, उसे हम प्रयोक्ता-सापेक्ष प्रयोग कह सकते हैं। प्रयोक्ता-सापेक्ष प्रयोग का आधार या तो 'क्षेत्रीय शैली' होता है अथवा 'सामाजिक शैली'। क्षेत्रीय शैली का प्रयोग हमें यह बताता है कि उसका प्रयोक्ता किस बोलीक्षेत्र का रहनेवाला है। 'सामाजिक शैली' का आधार वक्ता का सामाजिक अथवा सांस्कृतिक स्तर-भेद होता है। इसके आधार पर हम यह जान सकते हैं कि वक्ता शिक्षित है अथवा अशिक्षित या वह 'उच्च' वर्ग से सम्बद्ध है अथवा 'निम्नवर्ग' से। भाषेतर तथ्यों पर आधारित प्रयोग का एक संदर्भ 'प्रयुक्ति' का होता है। प्रयुक्तिपरक प्रयोग का सम्बन्ध वार्ताक्षेत्र, वार्ताप्रकार और वार्ताशैली के उन संदर्भों से है, जिनके आधार पर हम प्रयोगगत अंतर देखते हैं। उदाहरण के लिए, एक वार्ताक्षेत्र में हम 'कारण पूछते' हैं और दूसरे में 'स्पष्टीकरण माँगते' हैं; एक में हम 'चिट्ठी मिलने की सूचना' देते हैं और दूसरे में 'पत्रप्राप्ति की पावती भिजवाते' हैं, एक जगह हम 'कागज मँगाते' हैं तो दूसरी जगह 'कागज प्रस्तुत करवाते' हैं।

भाषिक तत्त्व के आधार पर हम प्रयोग का एक दूसरा संदर्भ देखते हैं। उदाहरण के लिए हम 'धन्यवाद देते' हैं, पर 'धन्यवाद करते' नहीं। इसके विपरीत हम 'शुक्रिया (अदा) करते' हैं पर 'शुक्रिया देते' नहीं। ये उदाहरण सह-प्रयोग के हैं। सह-प्रयोग, भाषा-प्रयोग का वह पक्ष है जहाँ भाषा का एक अंश, दूसरे अंश को प्रयोग की दृष्टि से प्रभावित करता है। उदाहरण के लिए, नीचे के प्रयोगों पर ध्यान दें जहाँ एक प्रकार का सह-प्रयोग तो स्वीकार्य है पर दूसरे प्रकार का नहीं–

1. (क) लौह पुरुष।
   *(ख) लौह महिला।
2. (क) खाना खाना, *खाना करना।
   *(ख) जलपान खाना, जलपान करना।
3. (क) अभिवादन करना
   (i) पूजनीय का अभिवादन करना।
   *(ii) पूजनीय को अभिवादन करना।
   (ख) अभिनन्दन करना
   (i) पूजनीय का अभिनंदन करना।
   *(ii) पूजनीय को अभिनंदन करना।
4. (क) दुख होना, कष्ट होना।
   शोक होना, वेदना होना।
   (ख) दुख देना, कष्ट देना, दुख पहुँचाना, कष्ट पहुँचाना।

*शोक देना, *वेदना देना; *शोक पहुँचाना, *वेदना पहुँचाना।

भाषा-प्रयोग, शब्द की अर्थपरक प्रकृति का उद्घाटक है। साधारण से साधारण शब्द में भाषिक संदर्भ अर्थच्छवियों की अनूठी छटा व्यंजित करता है। उदाहरण के लिए, 'घर' और 'लेना' ऐसे शब्दों के निम्नलिखित प्रयोग पर ध्यान दें–

6. (क) यह घर पत्थर का बना है।
   (ख) आपका घर कहाँ है ? (रहनेवाले कहाँ के हैं ?)
   (ग) झगड़ा लगाकर इनका घर मत उजाड़ देना।
7. (क) किसी को गोद (में) लेना।
   (ख) किसी को हिरासत में लेना।
   (ग) किसी को विश्वास में लेना।

मुहावरे, शब्दों के सह-प्रयोग के आत्यंतिक उदाहरण हैं। हम न तो उसके अंशों को पर्याय के आधार पर बदल सकते हैं और न ही उसके किसी अंश का लोप ही कर सकते हैं। उदाहरण के लिए अगर हम 'आँख लगना' की जगह पर 'नेत्र लगना' या 'नयन लगना' कहें, तो प्रयोग संदर्भच्युत हो जाएगा। पर इस मुहावरे के प्रयोग के निम्नलिखित आधार पर ध्यान दें–

8. (क) (किसी की) आँख लगना।
   (ख) (किसी से) आँख लगना।
   (ग) (किसी ओर) आँख लगना।

ऊपर के तीनों संदर्भों में 'आँख लगना' का अर्थ भिन्न-भिन्न है। पर ये तीनों प्रयोग इस सामान्य भाषा-प्रयोग से भिन्न हैं–"उसकी पत्थर की नई आँख लग गई है।"

जहाँ तक भाषा-प्रयोग के स्तरों का सम्बन्ध है–उसके दो प्रकार देखे जा सकते हैं। पहले प्रकार का आधार वाक्य होता है और दूसरे का वाक्योपरि रचना अर्थात् प्रोक्ति। शब्द सह-प्रयोग, मुहावरे आदि का सम्बन्ध वाक्य-स्तर की रचना के साथ है।

वाक्य, भाषा की एक महत्त्वपूर्ण इकाई है। कुछ विद्वान इसे भाषिक संरचना की महत्तम इकाई मानते हैं। संरचना की दृष्टि से इसकी परिभाषा के रूप में कहा जाता है कि "वाक्य, अनुशासित शब्दों की एक व्यवस्थित कड़ी है।" अभी तक जो भी व्याकरण लिखे गए हैं वे विश्लेष्य सामग्री के लिए वाक्य को ही अपनी महत्तम इकाई मानते रहे हैं। यही कारण है कि व्याकरण को या तो 'शब्दानुशासन' का पर्याय बनाया गया या फिर 'शब्दों की कड़ी' के बीच पाई जानेवाली व्यवस्था के अध्ययन का समानार्थी। पर विद्वानों ने व्याकरण को चाहे 'शब्दानुशासन' की दृष्टि से देखा अथवा 'शब्दों की व्यवस्थित कड़ी' के रूप में माना, उन्होंने उसके

मुख्य विषय को वाक्य ही स्वीकार किया। इसके साथ दोनों ही दृष्टियाँ यह मानती हैं कि वाक्य के दो प्रमुख तत्त्व हैं–उद्देश्य और विधेय। जिस ज्ञात वस्तु के बारे में कुछ कहा जाता है, वह उद्देश्य है और विधान के रूप में वस्तु के बारे में जो कुछ बताया जाता है वह विधेय है। इसलिए 'लड़का सोया है', 'मोहन किताब पढ़ रहा है' आदि वाक्यों में ज्ञात वस्तु क्रमशः 'लड़का' और 'मोहन' हैं, अतः वे उद्देश्य हैं और उनके विषय में बतानेवाले अंश 'सोया है' और 'किताब पढ़ रहा है' विधेय हैं।

वाक्य-विश्लेषण के आधार पर लिखा गया व्याकरण और इस व्याकरण के आधार पर भाषा की प्रकृति को समझने की यह दृष्टि, कई दृष्टियों से संकुचित मानी जा सकती है। यह दृष्टि भाषा के आधारभूत प्रयोजन–सम्प्रेषणीयता और संवादिता–को नकारकर अपने सिद्धांत का प्रतिपादन करती है। इसके साथ यह भी कहा जा सकता है कि वाक्य के सहारे कथन के 'संकेतार्थ' का तो पता चल सकता है पर वक्ता के 'तात्पर्य' का नहीं, जो संदेश का अभिप्रेत होता है। उदाहरण के लिए हम यह वाक्य लें–"क्या आप पानी का गिलास इधर बढ़ा सकते हैं ? अगर वाक्य के अपने धरातल के संदर्भ में इस कथन पर विचार करें तो कह सकते हैं कि यह एक प्रश्नवाचक वाक्य है। इसका संकेतार्थ, एक प्रश्न को समेटे हुए है और यह कहा जा सकता है कि उत्तर के रूप में 'हाँ' या 'नहीं' की यह अपेक्षा भी रखता है। पर कल्पना कीजिए कि यही वाक्य खाने की मेज पर बैठे हुए दो-तीन व्यक्तियों में से किसी एक ने कहा है, उस स्थिति में सम्प्रेषण की आवश्यकता क्या इस प्रश्नवाचक वाक्य को अनुरोध (आदरास्पद आदेश) के तात्पर्य से नहीं जोड़ देती ? इस वाक्य के प्रत्युत्तर में कोई व्यक्ति गिलास बढ़ाने के बजाय केवल इतना ही कहकर रह जाए कि 'हाँ, गिलास बढ़ा सकता हूँ', तब ? क्या यह नहीं माना जा सकता कि उनके बीच की सम्प्रेषणीयता कहीं खंडित हो गई है, क्योंकि श्रोता, वक्ता के कथन का वास्तविक मंतव्य नहीं समझ पाया है।

किसी भी कथन या भाषिक इकाई–जैसे वाक्य या शब्द–को देखने की दो दृष्टियाँ सम्भव हैं– संरचनात्मक दृष्टि और प्रयोजनात्मक दृष्टि। संरचनात्मक दृष्टि का सम्बन्ध इस प्रश्न के साथ जुड़ा होता है कि कथन या भाषिक इकाई की प्रकृति क्या है ? इसके विपरीत प्रयोजनात्मक दृष्टि का सम्बन्ध इस प्रश्न के साथ सम्बद्ध रहता है कि वह कथन या भाषिक इकाई कर क्या रही है ? संरचनात्मक दृष्टि इसीलिए कथन (वाक्य) के भीतर से ही उसके उद्देश्य और विधेय का पता लगाती है। उदाहरण के लिए अगर वाक्य रूप में कथन है–"मोहन कहाँ जा रहा है ?" तो इस दृष्टि से उसका उद्देश्य है–'मोहन', क्योंकि वही ज्ञात वस्तु है जिसके बारे में कुछ बताया जा रहा है और 'जा रहा है' विधेय है क्योंकि यह अंश, उद्देश्य में बारे में विधान कर रहा है। प्रयोजनात्मक दृष्टि सम्प्रेषण की

आवश्यकता पर आधारित रहती है, इसलिए वह इस वाक्य के संदर्भ में यह पूछती है कि सम्प्रेषण के संदर्भ में इस वाक्य-कथन का उद्देश्य (तात्पर्य) क्या है ?

संरचना के धरातल पर शब्द या वाक्य एक होते हुए भी अपने सम्प्रेषणजन्य प्रयोजन में भिन्न-भिन्न हो सकते हैं। इस तथ्य को ठीक से समझने के लिए हम निम्नलिखित उदाहरण ले सकते हैं–

1. (क) मेरी माँ का वजन 60 किलो है।
   (ख) मुझे अपनी माँ की बहुत याद आती है।
2. (क) इस पुस्तक में सौ पृष्ठ हैं।
   (ख) इस पुस्तक को मैंने पूरी तरह याद कर लिया है।
3. (क) मोहन कहाँ जा रहा है ? (बनारस या कानपुर)
   (ख) मोहन कहाँ जा रहा है ? (उसे तो बैठकर आज पढ़ना है)
4. (क) मोहन कैसे जाएगा ? (पैदल या कार से)
   (ख) मोहन कैसे जाएगा ? (उसे तो मेरा हाथ बटाना है)

वाक्य (1) और (2) में 'माँ' और 'पुस्तक' शब्द के संकेतार्थ को ही लें। इन वाक्यों के (क) प्रयोग में जिस 'माँ' या 'पुस्तक' की बात है उसका आयाम 'भौतिक' है, उसका संकेतार्थ ठोस वस्तुरूप से सम्बद्ध है। ठोस वस्तुरूप होने के कारण हम 'माँ' के संदर्भ में उसका वजन और पुस्तक के संदर्भ में उसके पृष्ठों की संख्या की बात कर सकते हैं। पर (ख) प्रयोग के संदर्भ में भी संकेतार्थ क्या भौतिक पदार्थ की ओर संकेत दे रहा है ? 1 (ख) में बात, माँ के शरीर से नहीं वरन् उसके 'व्यक्तित्व' से जुड़ी है और 2 (ख) में कथन का सम्बन्ध पुस्तक के बाह्य रूप से न होकर उसमें निहित 'कथ्य' से है। इसी तरह अगर हम (3) और (4) के 'क' और 'ख' के वाक्य-रूप को देखें तो वे संरचना के धरातल पर समान हैं, पर जहाँ (क) प्रश्नवाचक वाक्य के साथ प्रयोजन के धरातल पर भी प्रश्नात्मक हैं, वहाँ (ख) प्रश्नवाचक रूप में तो है, पर प्रयोजन के धरातल पर वह 'निषेधात्मक' है।

सम्प्रेषण-व्यापार के संदर्भ में अगर (3) और (4) के (क) और (ख) वाक्यों को देखें, तो उनका अंतर और भी स्पष्ट हो जाता है। सम्प्रेषण-व्यापार में कम-से-कम दो व्यक्तियों का होना आवश्यक है–एक सम्बोधक (जो माध्यम के आधार पर या तो वक्ता हो सकता है या लेखक) और दूसरा सम्बोधित (जो श्रोता या पाठक हो सकता है)। सम्प्रेष्य के रूप में इनके बीच रहता है कथन, जो भाषा के सहारे व्यक्त होता है। इस सम्प्रेषण-व्यापार के संदर्भ में 3 और 4 के (क) वाक्यों को लें, तो यह कहा जा सकता है कि इनका सम्बोधक, प्रश्नकर्ता है, जो सम्बोधित से सवाल कर रहा है और उससे उत्तर की अपेक्षा भी रखता है। पर अगर उनके (ख) वाक्यों पर ध्यान दें, तो स्पष्ट हो जाता है कि उनके सम्बोधक,

कोई प्रश्नकर्ता नहीं। वे तो कथन से पूर्व किसी 'संदेश' पर अपनी प्रतिक्रिया व्यक्त कर रहे हैं।

अगर (1) से लेकर (4) तक के वाक्यों के (क) और (ख) के बीच के अंतर को ठीक से समझना है, तब ऊपर के विवेचन से जैसा स्पष्ट है, हमें भाषा और उसकी सार्थक इकाइयों को सम्प्रेषण-व्यापार के संदर्भ में देखना और परिभाषित करना होगा। इसलिए हमें यह भी देखना होगा कि सम्प्रेषण-व्यापार के संदर्भ में भाषा की महत्तम इकाई क्या है, उसकी प्रकृति क्या है और उसके प्रकार कितने हैं। यहाँ केवल इतना संकेत दे देना उचित है कि सम्प्रेषण-व्यापार का वास्तविक संदर्भ संलाप और वार्तालाप है न कि एकालाप, और वाक्य, एकालाप की महत्तम इकाई है न कि संलाप की। सम्प्रेष्य और सम्प्रेषण की अंतर्निहित आवश्यकता को साधनेवाली इकाई, वाक्य से ऊपर की इकाई होती है जिसे प्रोक्ति/पाठ के नाम से जाना जाता है। प्रोक्ति की संकल्पना, वाक्य की दो सीमाओं का अतिक्रमण करती है–पहला, यह वाक्य को सम्प्रेषण और संवादिता का संदर्भ प्रदान करती है और दूसरा, वह वाक्यार्थ को प्रयोगजन्य परिस्थितियों से जोड़कर उसे प्रयोजनपरक बनाती है।

परिभाषा के रूप में कहा जा सकता है कि **"प्रोक्ति, तात्पर्ययुक्त संसक्त वाक्यों की एक व्यवस्थित कड़ी है जिसमें बँधकर सम्प्रेष्य (प्रतिपाद्य) अपना सावयव (पूर्ण) रूप ग्रहण करता है।"**

इस परिभाषा के संदर्भ में निम्नलिखित तथ्य ध्यान देने योग्य हैं–

(1) प्रोक्ति, वाक्यों की एक व्यवस्थित कड़ी है

जिस प्रकार वाक्य, शब्द नहीं बल्कि 'शब्दों की कड़ी' है, उसी प्रकार 'प्रोक्ति', वाक्य नहीं अपितु 'वाक्यों की कड़ी' है। अतः जैसे वाक्य, शब्द या पद से भिन्न और व्यवस्था के धरातल पर उससे ऊपर की भाषिक इकाई है वैसे ही प्रोक्ति, वाक्य या वाक्य-रूप से भिन्न और व्यवस्था के धरातल पर उससे ऊपर की इकाई है। समानांतर तुलना के आधार पर यह भी कहा जा सकता है कि जिस प्रकार शब्दों की हर कड़ी, वाक्य का दर्जा नहीं पाती, उसी प्रकार वाक्यों की हर कड़ी भी प्रोक्ति नहीं कहला सकती। उदाहरण के लिए नीचे दिए गए 5 के (क) और (ख) वाक्यों की कड़ी के अंतर पर ध्यान दें–

5 (क) इसीलिए उसमें काफी व्यावहारिक ज्ञान आ गया है। वे कपड़े का व्यापार करते हैं। मोहन और सोहन व्यापारी हैं। इस सिलसिले में मोहन देश-विदेश घूमता रहता है।

5 (ख) मोहन और सोहन व्यापारी हैं। वे कपड़े का व्यापार करते हैं। इस सिलसिले में मोहन देश-विदेश घूमता रहता है। इसीलिए उसमें काफी

व्यावहारिक ज्ञान आ गया है।

5 (क) और (ख) दोनों ही 'वाक्यों की कड़ी' के रूप में रखे गए हैं, पर जहाँ (क) में वाक्यों के बीच सम्बन्धों की व्यवस्था का अभाव है, वहाँ (ख) में वाक्यों के बीच के सम्बन्ध व्यवस्थित हैं। अगर हम 5 (क) के पहले वाक्य के संदर्भ में यह जानना चाहें कि किसमें (मोहन या सोहन में) व्यावहारिक ज्ञान आ गया, या किस तरह 'उसमें' व्यावहारिक ज्ञान आ गया, तो वाक्यों के बीच सम्बन्धों की वहाँ व्यवस्था नहीं रहने के कारण हमें उत्तर नहीं मिल पाता। इसके विपरीत अगर हम 5 (ख) को देखें तो वहाँ वाक्यों की कड़ी में सम्बन्धों की एक निश्चित व्यवस्था दिखलाई पड़ती है। हम उसे पढ़कर सहज रूप में यह जान लेते हैं कि मोहन और सोहन में, मोहन व्यावहारिक है और उसमें व्यावहारिक ज्ञान है क्योंकि वह देश-विदेश घूमता रहता है। अतः हम यह कह सकते हैं कि वाक्यों के बीच सम्बन्धों की व्यवस्था न होने के कारण 5 (क) को प्रोक्ति का उदाहरण नहीं माना जा सकता। 5 (ख) प्रोक्ति का उदाहरण है, क्योंकि उसमें वाक्यों की कड़ी व्यवस्थित है।

(2) प्रोक्ति में वाक्य संसक्त होते हैं

प्रोक्ति एक ऐसी इकाई होती है जिसमें वाक्य एक दूसरे से जुड़े होते हैं। वाक्यों में व्यक्त और अव्यक्त ढंग से एक सम्बन्ध बना रहता है। उदाहरण के लिए नीचे दिए 6 (क) और (ख) की पद्धति पर ध्यान दें–

6 (क) 1. मोहन और सोहन व्यापारी हैं।
2. मोहन और सोहन कपड़े का व्यापार करते हैं।
3. मोहन, देश-विदेश घूमता रहता है।
4. मोहन में काफ़ी व्यावहारिक ज्ञान आ गया है।

6 (ख) (1) मोहन और सोहन व्यापारी हैं। (2) वे कपड़े का व्यापार करते हैं। (3) इस सिलसिले में मोहन देश-विदेश घूमता रहता है। (4) इसीलिए उसमें काफ़ी व्यावहारिक ज्ञान आ गया है।

6 (क) और 6 (ख) दोनों में ही चार-चार वाक्य हैं। कथ्य भी दोनों में समान हैं। पर 6 (क) में चारों वाक्य, अपने में स्वतंत्र और स्वायत्त हैं। उनमें संसक्ति का अभाव है। पर इसके विपरीत 6 (ख) में वाक्यों के बीच संसक्ति है जिसको हम कम-से-कम तीन निश्चित धरातलों पर देख सकते हैं। संसक्ति का पहला धरातल है–पैराग्राफ़ के रूप में लिखित अनुच्छेद का। 6 (क) में चारों वाक्य चार भिन्न-भिन्न पंक्तियों में लिखे गए हैं जबकि 6 (ख) में वे अनुच्छेद के रूप में संसक्त हैं। संसक्ति का दूसरा आयाम है–भाषिक विधान का, जिसमें एक वाक्य का सर्वनाम, अपने संकेतार्थ के लिए दूसरे वाक्य के संज्ञापद की अपेक्षा

रखता है। उदाहरण के लिए 6 (ख) के दूसरे वाक्य में 'वे' का संकेतार्थ उसे पहले वाक्य के 'मोहन और सोहन' संज्ञापद से जोड़ता है। इसी प्रकार उसके चौथे वाक्य में प्रयुक्त 'उसमें' का संकेतार्थ उसे तीसरे वाक्य के 'मोहन' संज्ञापद से संयुक्त करता है। ऐसी कोई संसक्ति 6 (क) के वाक्यों में देखने को नहीं मिलती। संसक्ति का तीसरा आयाम है तर्कपरक विधान का। 6 (ख) में हम वाक्यों के संकेतार्थ के बीच कार्य-कारण सम्बन्ध पाते हैं। उदाहरण के लिए हम पढ़कर यह जान लेते हैं कि किस कारण से मोहन देश-विदेश घूमता रहता है या मोहन में क्यों व्यावहारिक ज्ञान है। कार्य-कारण सम्बन्ध होने के कारण यहाँ तर्कपरक संसक्ति देखने को मिलती है जबकि ऐसी संसक्ति का 6 (क) में अभाव है।

(3) प्रोक्ति में वाक्य तात्पर्ययुक्त होते हैं

सम्प्रेषण-व्यापार के संदर्भ में यह कहा जा सकता है कि वाक्य में निहित 'संदेश', मात्र कथन नहीं होता। संदेश, हमेशा एक तात्पर्ययुक्त कथन होता है। तात्पर्य से यहाँ अर्थ वक्ता के मंतव्य से है। किसी भी संदेश को वाक्य के रूप में व्यक्त करने के पीछे वक्ता का कुछ मंतव्य होता है। उदाहरण के लिए नीचे दिए गए वाक्यों पर ध्यान दें–

7 (क) (1) मोहन स्कूल जाता है।
(2) क्या मोहन स्कूल जाता है ?
(3) मोहन ! तुम स्कूल जाओ।
(4) मोहन स्कूल जाए।

वाक्य (1) में वक्ता, संदेश को 'निश्चयार्थ' रूप में कहता है, (2) में वह प्रश्न पूछता है, (3) में वह 'आज्ञा' देता है और (4) में वह 'इच्छा' व्यक्त करता है। इन चारों वाक्यों में वाक्य-कथन का विषय है–मोहन का स्कूल जाना। पर वक्ता के तात्पर्य की दृष्टि से एक 'सामान्य-कथन' है, दूसरा प्रश्नवाचक वाक्य है, तीसरा आज्ञार्थक है और चौथा इच्छार्थक है। अतः वक्ता के इस तात्पर्यपरक अंश को अधिवाक्य के रूप में देख सकते हैं, जैसे–

7 (ख) (1) (मैं कहता हूँ कि) मोहन स्कूल जाता है। (सामान्य ज्ञान)
(2) (मैं पूछता हूँ कि) क्या मोहन स्कूल जाता है ? (प्रश्नवाचक)
(3) (मेरी आज्ञा है कि) मोहन ! तुम स्कूल जाओ। (आज्ञार्थक)
(4) (मेरी इच्छा है कि) मोहन स्कूल जाए। (इच्छार्थक)

तात्पर्य के रूप में अधिवाक्य, वाक्य के साथ व्यक्त भी हो सकता है और अभिव्यक्ति के धरातल पर वह अव्यक्त भी रह सकता है। पर प्रोक्ति के संदर्भ में इसकी सत्ता हमेशा बनी रहती है–चाहे 7 (क) के वाक्य-प्रयोगों की तरह वह अव्यक्त हो, चाहे 7 (ख) के वाक्य-प्रयोगों की तरह व्यक्त।

यह तथ्य महत्त्वपूर्ण है कि प्रोक्ति, केवल वाक्यों की संसक्त शृंखला नहीं होती, अपितु एक तात्पर्ययुक्त संदेश भी होती है। संदेश के तात्पर्ययुक्त होने का अर्थ है–वक्ता/लेखक के किसी प्रयोजन को उद्‌घाटित करना। चूँकि विवरण-प्रसंग में प्रयोजन भिन्न-भिन्न हो सकते हैं अतः वाक्यों या घटनाओं की संसक्ति भी भिन्न-भिन्न हो सकती है। उदाहरण के लिए नीचे के पाठांश पर ध्यान दीजिए–

8 (क)1. गोधूलि से लौटती हुई गायों के गले में लटकाई हुई घंटियाँ बजने लगीं।

2. गोकुल के पक्के और कच्चे घरों के द्वारों पर अगरू-धूप जलने लगा था और कहीं-कहीं से मंत्रोच्चारण की ध्वनि आ रही थी।

3. ब्राह्मण संध्योपासना की क्रियाओं में लगे हुए थे।

4. गोपों के घरों में गायों की सेवा और दुहने का काम हो रहा था।

5. स्त्रियों के भारी चूड़े आपस में टकराकर शब्द कर उठते थे।

ऊपर 8 (क) में दिए गए पाँच वाक्यों (1-5) के पाठांश में हर वाक्य अपने में स्वतंत्र अर्थ रखता है। ऊपर से देखने पर इनमें कोई संसक्ति नहीं दिखलाई पड़ती। पर यहाँ यह सवाल पूछा जा सकता है कि क्या ये वाक्य, उसी प्रकार अपने में स्वतंत्र और स्वायत्त हैं जिस प्रकार नीचे दिए हुए 8 (ख) के वाक्य ?

8 (ख)1. शाम का समय बहुत सुहावना था। 2. शीला, एक बदसूरत लड़की है। 3. मेज़ क्यों कोने में रखी हुई है ? 4. किताब बहुत मोटी है। 5. कहीं-कहीं घर से मंत्रोच्चारण की ध्वनि आ रही थी।

8 (ख) के पाँच वाक्यों के अपने अलग-अलग प्रतिपाद्य विषय हैं–शाम का समय (1), शीला (2), मेज़ (3), किताब (4), और मंत्रोच्चारण (5)। पर इनको पढ़ने से यह पता नहीं लगता कि किस एक प्रतिपाद्य प्रयोजन से इन्हें एक साथ रखा गया है। 8 (क) में भी प्रत्येक वाक्य का अपना प्रतिपाद्य विषय है–घंटियाँ (1), अगरु-धूप और मंत्रोच्चारण (2), ब्राह्मण (3), और गायों की सेवा और उनका दुहना (4), और चूड़े (5)। पर इस पाठांश में लेखक का एक तात्पर्य है जो अदृश्य रूप में इन वाक्यों को कड़ी रूप में पिरोये-सा लगता है। यह तात्पर्य है–वातावरण की सृष्टि, गोधूलि की वेला और उस समय गोकुल गाँव का वातावरण। इस तात्पर्ययुक्त संसक्ति के कारण ही 8 (क) के पाठांश को हम 'प्रोक्ति' की संज्ञा दे सकते हैं। इसके विपरीत तात्पर्ययुक्त संसक्ति के अभाव में 8 (ख) के वाक्य एक अनुच्छेद के रूप में लिखे जाने पर भी प्रोक्ति के उदाहरण नहीं कहे जा सकते।

(4) प्रोक्ति अपनी प्रकृति में सावयव (पूर्ण) होती है

सावयव का सम्बन्ध आंतरिक संगति से है। किसी रचना के खंड अपने आंतरिक विधान में बँधे होने के कारण एक संगतिनिष्ठ पूर्णता को जन्म देते हैं। यह इस पूर्णता का विधान ही है कि इकाई के रूप में संरचना, अपने सभी उपखंडों के योग से कुछ अधिक और विशिष्ट अर्थ देने में समर्थ होती है। इसलिए संरचनात्मक इकाई, अपने अंगों के समग्र योग से कुछ भिन्न वस्तु है। प्रोक्ति भी एक इकाई है। यही कारण है कि प्रोक्ति स्तर की एक इकाई के रूप में सिद्ध ऊपर दिए 8 (क) के पाँच वाक्य मिलकर एक अतिरिक्त अर्थ को भी व्यंजित कर रहे हैं (और यह अर्थ है–गोधूलि की वेला और उस वेला में गोकुल गाँव का वातावरण)। इस संदर्भ में यह देखा जा सकता है कि 8 (ख) प्रोक्ति का उदाहरण नहीं है, इसलिए उसे पढ़ने से ऐसा कोई अतिरिक्त या विशिष्ट अर्थ व्यंजित नहीं होता। साथ ही अगर 8 (क) के वाक्यों को अलग-अलग पढ़ें, तब भी हम यह नहीं कह सकते कि उनके किसी एक वाक्य से 'वातावरण' की सृष्टि हो गई।

प्रोक्ति, अपनी प्रकृति में पूर्ण होती है। यह पूर्णता उसे भाषिक रचना की एक स्वायत्त इकाई के रूप में प्रतिष्ठित करती है। यही कारण है कि एक संक्रियात्मक इकाई के रूप में प्रोक्ति, मुक्तक के रूप में सिद्ध मिल सकती है और एक महाकाव्य या उपन्यास के रूप में भी। प्रोक्ति अपने रूप के आधार पर परिभाषित नहीं होती। उसकी परिभाषा का आधार तो उसकी अपनी प्रकृति और प्रकार्य है। अपनी प्रकृति में उसे 'सावयव' होना चाहिए और प्रकार्य में तात्पर्ययुक्त। जो भी कथन, तात्पर्य की दृष्टि से पूर्ण हो, वह 'प्रोक्ति' कहलाने की क्षमता रखता है। अतः तात्पर्य की दृष्टि से अगर कोई वाक्य अपने में पूर्ण है तो वह भी प्रोक्ति का उदाहरण माना जा सकता है।

(5) प्रोक्ति की संरचना का मूलाधार संलाप और संवादिता है

यह तथ्य महत्त्वपूर्ण है कि वाक्य, एकालाप की महत्त्वपूर्ण इकाई है जबकि प्रोक्ति, संलाप की सार्थक इकाई। प्रोक्ति के मूल में संलाप की स्थिति बनी रहती है, क्योंकि 'प्रोक्ति' का संदर्भ, सम्प्रेषण-व्यापार का संदर्भ होता है। सम्प्रेषण-व्यापार के प्रयोजन पर आधारित होने के कारण प्रोक्ति की संरचना के मूल में संलाप और संवादिता की स्थिति हमेशा बनी रहती है।

सम्प्रेषण-व्यापार का संदर्भ 'प्रतिपाद्य' और 'कथन' को सम्बोधक और सम्बोधित के प्रसंग से जोड़ता है; अर्थात् प्रतिपाद्य की संरचना पर एक तरफ सम्बोधक (वक्ता या लेखक) का दबाव रहता है और दूसरी तरफ सम्बोधित (श्रोता या पाठक) का। वक्ता जब कभी कोई 'संदेश' व्यक्त करता है, तब उसकी दृष्टि

में श्रोता की भी सत्ता किसी-न-किसी रूप में बनी ही रहती है। इसी प्रकार श्रोता किसी 'कथन' को जब सुनता है, तब वह वक्ता के तात्पर्य को जानने की ओर प्रवृत्त रहता है। सम्बोधक (वक्ता/लेखक) और सम्बोधित (श्रोता/पाठक) की भूमिकाओं के दबाव से संरचित 'प्रोक्ति' में सम्वादिता की क्षमता हमेशा बनी रहती है। अतः हम कह सकते हैं कि प्रोक्ति की बनावट का आधार 'मैं-तुम' है न कि 'वह-वस्तु'।

यह बात दूसरी है कि 'मैं-तुम' के संलापात्मक संदर्भ को बनाए रखकर 'मैं' और 'तुम' की भूमिका का निर्वाह करनेवाले पात्रों को बदल दें। उदाहरण के लिए 'एकालाप' में भी 'मैं' और 'तुम' की प्रकार्यात्मक भूमिका बनी रहती है। वहाँ केवल 'मैं-तुम' की भूमिका का निर्वाह करनेवाला पात्र 'एक' होता है। वही एक समय 'वक्ता' का कार्य करता है और दूसरे समय 'श्रोता' का। इसके विपरीत संलाप और वार्तालाप में 'मैं-तुम' की दो भूमिकाओं के निर्वाह के लिए दो अलग-अलग पात्र होते हैं। इसी प्रकार प्रोक्ति के 'संदेश' या 'प्रतिपाद्य' का कथनकार, पात्रों की भूमिका से अपने को जोड़कर 'मैं' शैली अपना सकता है या चाहे तो अपने को उससे तटस्थ रखकर अन्य पुरुष की शैली में अपनी बात कह सकता है। उदाहरण के लिए 1 (क) में दिए गए वार्तालाप के दो रूपों–9 (ख) और 9 (ग) को देखा जा सकता है।

9 (क) : प्रत्यक्ष कथन (वार्तालाप)

मोहन : क्या मैं आपकी किताब कुछ समय के लिए ले सकता हूँ ?
शीला : नहीं।
मोहन : क्यों ? क्या आप मुझे अपना दोस्त नहीं समझतीं ?
शीला : समझती हूँ; पर इसे मुझे अभी स्वयं पढ़ना है।

9 (ख) : अप्रत्यक्ष कथन (पात्र कथन : पात्र–मोहन) ; मैं–शैली

मैंने शीला से उसकी किताब कुछ समय के लिए माँगी पर उसने उसे देने से मुझे इनकार कर दिया। मैंने इसका कारण पूछते हुए जब यह सवाल किया कि क्या वह मुझे अपनी दोस्त नहीं मानती, तब उसने बताया कि वह मुझे दोस्त मानती है पर इस समय उसे स्वयं वह किताब पढ़नी है।

9 (ग) : अप्रत्यक्ष कथन (कथनकार कथन); अन्य पुरुष-शैली

मोहन ने शीला से उसकी किताब कुछ समय के लिए माँगी। पर उसने उसे देने से इनकार कर दिया। मोहन ने इसका कारण पूछते हुए जब यह सवाल किया कि क्या वह उसे दोस्त नहीं मानती, तब उसने बताया कि वह उसे दोस्त मानती है पर इस समय उसे स्वयं वह किताब पढ़नी है।

प्रोक्ति की संकल्पना और उसके विविध संदर्भों पर ध्यान देने से यह स्पष्ट हो जाता है कि साहित्य के विद्यार्थी के लिए इसका अध्ययन-अध्यापन अत्यंत महत्त्वपूर्ण है। न केवल इसके माध्यम से कथन की शैली-पद्धति को साधा जा सकता है, बल्कि इसके सहारे यह बताना भी सम्भव है कि भाषा के सहारे अपने विचारों को किस प्रकार तर्कसंगत ढंग से रखा जा सकता है। किसी तात्पर्य के उद्देश्य से वाक्यों को संसक्त और निर्भ्रांत रूप में कैसे अभिव्यक्त करना सम्भव है और संवादिता की स्थिति बनाए रखकर अपने कथन को प्रभावी ढंग से भाषिक अभिव्यक्ति में कैसे बाँधा जा सकता है।

परिशिष्ट-1 : समीक्षा

(i) हिंदी में अंग्रेजी के आगत शब्दों का भाषातात्त्विक अध्ययन

(ii) हिंदी ध्वनिकी और ध्वनिमी

[i]

हिंदी में अंग्रेजी के आगत शब्दों का भाषातात्त्विक अध्ययन[1]

भाषा, एक ओर प्रभाव-संचार का सर्वाधिक सुविधाजनक एवं समर्थ माध्यम है और दूसरी ओर प्रयोक्ता के सांस्कृतिक मूल्यों एवं उसकी सभ्यता का सक्षम वाहक भी। भाषा की इकाई के रूप में शब्द, किसी निश्चित वस्तु एवं भाव के सामान्यीकृत रूप की ओर संकेत देता है। साथ ही जिस समाज के बीच वह विचार-सम्प्रेषण के लिए प्रयुक्त होता है उसके इतिहास, परम्परा एवं संस्कृति के साथ सम्बद्ध होने के कारण अपने व्यावहारिक रूप एवं संदर्भ में मूल्यगत अर्थ को भी ध्वनित करता है। भाषिक प्रतीक के रूप में शब्द, अपनी प्रकृति में यादृच्छिक (arbitrary) भले ही हों, सामाजिक प्रक्रिया एवं अपने विकास के संदर्भ में वह प्रवृत्यात्मक (motivated) भी हो सकता है। प्रवृत्यात्मक होने के कारण शब्दों का व्युत्पन्नार्थ भी सम्भव है और सांस्कृतिक अर्थ भी।

उदाहरण के लिए फूलों के नाम के रूप में 'कमल' और 'गुलाब' शब्द को ही लें। वस्तु-समूह के सामान्यीकृत रूप के संकेतार्थ के रूप में ये दो भिन्न वस्तु-समूहों की ओर संकेत करते हैं, और सामाजिक एवं सांस्कृतिक विकास के संदर्भ में ये दो भिन्न यथार्थता का प्रतीक बनते हैं। एक का सम्बन्ध अगर 'सरस्वती' और 1857 की राज्य क्रांति के साथ जुड़कर एक विशेष सांस्कृतिक मूल्य को ध्वनित करता है तो दूसरे का अर्थ सामंती विलासिता और मुगलकालीन ऐश्वर्य से रंजित है। 'कमल' के पर्यायवाची शब्दों के रूप में 'पंकज' और 'जलज' अपने संकेतार्थ के रूप में उसी वस्तु को संकेतित करते हैं जिसे 'कमल' पर प्रतीक की प्रवृत्यात्मक प्रकृति के कारण ये दोनों दो भिन्न तथ्यों की ओर संकेत करते हैं।

भाषा जिस संश्लिष्ट प्रक्रिया का परिणाम है, उसके दो पक्ष स्पष्ट हैं—एक

1. डॉ. कैलाशचन्द्र भाटिया; हिन्दुस्तानी एकेडेमी, इलाहाबाद; संस्करण : 1967;

ओर भाषा वैचारिक प्रक्रिया से सम्बन्धित रहने के कारण समाज के सदस्यों के अपने अनुभवों एवं विचारों को परिमार्जित एवं निर्धारित करती है, तो दूसरी ओर वह प्रतीकात्मक-प्रक्रिया से सम्बद्ध होने के कारण अनुभवों की अभिव्यक्ति-प्रणाली को एक निश्चित रूप देती है। इसीलिए प्रसिद्ध सोवियत भाषा-वैज्ञानिक शेर्बा[1] ने भाषा-अध्ययन को दो मुख्य भागों में विभाजित किया–शब्द-कोश विज्ञान और व्याकरण। शब्द-कोश विज्ञान का सम्बन्ध मूल रूप से वैचारिक प्रक्रिया से है, जिसकी मूलभूत इकाई के रूप में कोशीय शब्द को 'विचार अथवा अनुभवों की लघुत्तम स्वनिष्ठ इकाई' के रूप में समझा जा सकता है। व्याकरण का सम्बन्ध प्रतीकात्मक प्रक्रिया से जुड़े रहने के कारण कोशीय शब्दों के अंतस्सम्बन्धों एवं साधारणीकरण की प्रक्रिया से रहता है।[2] स्पष्ट है कि किसी भाषा के कोशीय शब्दों का सम्बन्ध उसमें बोलनेवाले सदस्यों के सामूहिक अनुभवों एवं विचारों से रहता है। अनुभवों की प्रकृति सामाजिक परिवेश एवं सांस्कृतिक उपलब्धियों से मुक्त नहीं रहती, इसीलिए यह भी कहा जा सकता है कि भाषा, उसके सदस्यों के सामाजिक एवं सांस्कृतिक मूल्यों का वाहक भी है। लेकिन समाज की अपनी प्रकृति विकसनशील होती है, उसका स्वभाव सतत् परिवर्तनशील है। अपने विकास के रास्ते पर वह दूसरे समाज और अपने से भिन्न संस्कृतियों से टकराता भी है। इस टकराहट से सामाजिक अनुभवों एवं सांस्कृतिक मूल्यों में परिवर्तन आता है। एक तरफ वस्तुओं को देखने की दृष्टि बदलती है और दूसरी ओर नये अनुभव जीवन को और भी समृद्ध बनाते हैं। सभ्यता और संस्कृति की इस टकराहट से भाषा अछूती नहीं रह पाती, क्योंकि दो भिन्न-भिन्न समाजों के बीच प्रभाव-संचार के लिए जो माध्यम अपनाया जाता है, वह प्रमुखतः भाषा ही होती है। दो भिन्न अनुभवों, संस्कारों एवं सांस्कृतिक मूल्यों को वहन करनेवाली और प्रभाव-संचार के लिए दो भिन्न भाषाओं के सम्पर्क में आने के परिणामस्वरूप, भाषा में परिवर्तन का आना सहज और स्वाभाविक ही कहा जाएगा।

भाषा, संस्कृति का एक प्रमुख आधार है। साथ ही इसे संस्कृति का सूचक **(index)** भी कहा जा सकता है।[3] सम्भवतः दो भाषाओं के सम्पर्क के फलस्वरूप आये विदेशी 'आगत' शब्द, इस बात की सूचना देने में सक्षम सिद्ध हो सकते हैं कि समाज में सांस्कृतिक परिवर्तन की प्रकृति क्या कर रही है। ब्लूमफील्ड़ के अनुसार आगत शब्दों के रूप में सांस्कृतिक आगम यह बतलाते हैं कि एक राष्ट्र ने दूसरे राष्ट्र को क्या सिखलाया है।[4] प्रायः यह मान लिया जाता है कि आगत शब्द उन वस्तुओं, विचारों एवं भावों के 'नाम' के हेतु व्यवहृत होते हैं जिससे उदाहरण लेनेवाली भाषा के प्रयोक्ता या तो परिचित नहीं होते अथवा जिसके प्रति वे सचेत नहीं रहते।[5] पर जैसा आयनर हागन का मत है कि उदाहरण की प्रक्रिया वस्तुतः सीखने की प्रक्रिया से सम्बन्धित रहती है। नए शब्द, नई वस्तु

अथवा नए अनुभवों के मात्र नामकरण ही का कार्य नहीं करते, वरन् अनिवार्य रूप में वे पूर्ण अनुभवों के प्रति नवीन दृष्टि का निर्माण भी करते हैं।[6]

दो जातियों के सम्पर्क के फलस्वरूप एक भाषा में दूसरी भाषा के अनुकरण पर नए शब्द का आगमन होता अवश्य है, पर जैसा हैंडर्सन का मत है, विदेशी आगत शब्द जब किसी भाषा में आते हैं तो वे या तो सम्पूर्ण रूप से उस भाषा की ध्वनियों के अनुकूल परिवर्तित होकर आते हैं, जिसमें वे उद्धृत होते हैं अथवा आगत शब्द, अपनी प्रकृति-परिवर्तन के बावजूद अपनी स्रोतभाषा के कुछ गुणों को सुरक्षित रख सकते हैं।[7] अगर दूसरी कोटि में आनेवाले आगत शब्दों की आवृत्ति कुछ अधिक हुई, तो ऐसे शब्दों की प्रकृति, उधार लेनेवाली भाषा की सामान्य व्यवस्था के भीतर एक उपव्यवस्था का निर्माण भी करेगी। वस्तुतः भाषा में पाई जानेवाली ऐसी ही उपव्यवस्थाएँ, उस भाषा में नई शैलियों का निर्माण करती हैं।[8]

आगत शब्दों के कारण विभिन्न भाषाओं में जो उपव्यवस्थाएँ बन जाती हैं, वे भाषा की मूल प्रकृति एवं सामान्य नियमों से अलग हटकर कुछ उपनियमों को जन्म देती हैं; विभिन्न भाषाओं की ध्वनि-व्यवस्था पर काम करनेवाले विभिन्न विद्वानों ने ऐसी उपव्यवस्थाओं एवं उपनियमों की सार्थकता सिद्ध कर दी है [तुर्की (लीज)[9], रूसी (लाइटनर)[10], जापानी (मैकाले)[11], अंग्रेज़ी (चॉम्सकी और हाले)[12], हिंदी (श्रीवास्तव)[13]।]

स्पष्ट है कि आगत शब्दों का अध्ययन, विश्लेषण के कई आयाम को अपने भीतर समेटता है। वह समाज की सभ्यता एवं संस्कृति में जुड़नेवाली नई शक्तियों एवं सम्भावनाओं के साथ, भाषा की सामान्य प्रकृति के संदर्भ में नूतन शैलियों के जन्म एवं विकास पर प्रकाश डालता है। आगत शब्दों के रूप-परिवर्तन के संदर्भ में भाषा की अपनी मूल-प्रकृति का भी परिचय मिल जाना कठिन नहीं रहता। दो भाषाओं को बोलनेवाली दो भिन्न जातियों के सम्पर्क में आने के फलस्वरूप प्रभावित भाषा के सदस्यों में वस्तुओं के देखने की जो नई दृष्टि मिलती है, उस दृष्टि-परिवर्तन का भी पता हमें आगत शब्दों के माध्यम से ही हो सकता है।

इसमें संदेह नहीं कि हिंदी में ही नहीं, वरन् अन्य किसी भी भारतीय भाषा के संदर्भ में अंग्रेजी के आगत शब्दों का भाषातात्त्विक अध्ययन शोध-प्रबंध के रूप में सर्वप्रथम डॉ. कैलाशचंद्र भाटिया ने किया है। डॉ. भाटिया के पूर्व इस विषय पर छुटपुट लेख तो अवश्य लिखे गए थे, पर भाषा-विज्ञान की कसौटी पर कसते हुए सुसम्बद्ध रूप से हिंदी में अंग्रेजी के आगत शब्दों का अध्ययन अभी तक नहीं हो पाया था। अतः इनके द्वारा किया गया कार्य ऐतिहासिक दृष्टि से भी महत्त्वपूर्ण है।

पुस्तक 8 अध्यायों एवं परिशिष्ट खंड में विभक्त है, जिसमें पहला एवं आठवाँ

अध्याय क्रमशः भूमिका एवं उपसंहार के रूप में है। पुस्तक में विभिन्न तथ्यों को सुस्पष्ट बनाने के लिए बारह रेखाचित्रों का प्रयोग किया गया है। इसके अतिरिक्त कथ्य के स्पष्टीकरण के लिए तथा आवृत्ति को सही संदर्भ देने के हेतु स्थान-स्थान पर विभिन्न तालिकाएँ दी गई हैं, जिनसे निष्कर्षों की प्रामाणिकता सिद्ध होती है।

भूमिका के रूप में लिखे गये प्रथम अध्याय में विद्वान लेखक ने हिंदी और हिंदी प्रदेश को परिलक्षित करने का प्रयास किया है। आगत शब्द, विदेशी भाषा के शब्द-कोश के माध्यम से अन्य भाषा में नहीं आते, वरन् उनके आने का मार्ग जीवन की वास्तविक परिस्थितियाँ होती हैं जिन्हें कात्ट्स और फोडर ने निश्चित यथार्थ मार्ग कहा है।[14]

डॉ. भाटिया ने भूमिका में, हिंदी भाषा के जीवन के उन निश्चित यथार्थ मार्गों का विवेचन किया है जिनके माध्यम से अंग्रेजी के आगत शब्दों का आना सम्भव हो सका। डॉ. भाटिया के अनुसार ये मार्ग हैं–1. शिक्षा (उच्च अंग्रेजी शिक्षा तथा माध्यम के रूप में), 2. समाचारपत्र, 3. ईसाई धर्म का प्रभाव, 4. राजकाज की भाषा, 5. रेडियो, सिनेमादि, 6. अंतर्राष्ट्रीय महत्व, 7. व्यापारिक भाषा के रूप में अंग्रेजी का बढ़ता प्रभाव। भूमिका का ही एक रोचक अंश है अंग्रेजी शब्दावली से पूर्व हिंदी की आगत शब्दावली, जिसमें हिंदी में प्रयुक्त फ़ारसी, अरबी, तुर्की, फ्रांसिसी, डच, जर्मन, पुर्तगाली, भाषाओं के आगत शब्दों की सूची तथा संक्षिप्त विवरण दिया गया है।

दूसरे अध्याय में अंग्रेजी के आगत शब्दों की सूची तथा शब्दावली की सामान्य प्रवृत्तियों पर प्रकाश डाला गया है। और तीसरे अध्याय में अंग्रेजी और हिंदी की ध्वनियों का विवरण तथा उनका तुलनात्मक अध्ययन किया गया है। चौथे अध्याय में हिंदी और अंग्रेजी के व्यंजन-गुच्छों, अक्षरात्मक संघटना आदि के आधार पर ध्वनि-प्रक्रिया को समझने-समझाने का प्रयास किया गया है। इसी अध्याय के अंतर्गत प्रेमचंद के उपन्यासों पर आधारित अंग्रेजी के शब्दों की आवृत्ति की तालिका और विवेचन है। पाँच या पाँच से अधिक बार आनेवाले 160 शब्दों की आवृत्ति के आधार पर क्रमिक सूची के साथ उन शब्दों की भी सूची दी गई है जो प्रेमचंद साहित्य में न आने के बावजूद भी जनसामान्य में सामान्य रूप से प्रचलित हैं। अंग्रेजी और हिंदी के अतिरिक्त अन्य छह भारतीय भाषाओं (पंजाबी, गुजराती, मराठी, उड़िया, बंगला, और तमिल) की ध्वन्यात्मक व्यवस्था की भिन्नता के उचित आकलन के लिए अंग्रेजी के 35 ऐसे शब्दों के ध्वनि-रूप को तालिका-रूप में प्रस्तुत किया गया है, जिससे इन भाषाओं की अपनी ध्वन्यात्मक व्यवस्था के फलस्वरूप ध्वनि-ग्रामिक विभेद आया हो और जिसके संदर्भ में हिंदी और अंग्रेजी के ध्वनि-ग्रामिक अंतराय को ठीक से समझाया जा सके।

पाँचवें अध्याय में हिंदी के रूप और वाक्य-विन्यास पर अंग्रेजी के प्रभाव का विस्तृत विवेचन है, जिसमें अंग्रेजी के आगत शब्दों का संज्ञा, क्रिया, विशेषण के कार्यफलन के आधार पर विश्लेषण प्रस्तुत किया गया है। इसके अतिरिक्त मिश्र शब्द, समस्त पद, संकर शब्द, तथा अंग्रेजी शब्दों से बने हिंदी मुहावरों पर प्रकाश डाला गया है। छठे अध्याय में अंग्रेजी के आगत शब्दों के अर्थ-परिवर्तन की प्रक्रिया पर रोचक विवरण प्रस्तुत किया गया है। आगत शब्द का परिवेश वस्तुतः जीवन की वास्तविक स्थिति और सामाजिक संदर्भ रहता है, अतः अर्थ-परिवर्तन की प्रक्रिया को सामाजिक एवं सांस्कृतिक परिवेश के साथ ही ठीक से समझा जा सकता है। विद्वान लेखक ने इस ओर श्रम-साध्य प्रयत्न किया है। अंग्रेजी के उन शब्दों के अनुवाद का प्रश्न इस तथ्य के साथ और भी रोचक बन जाता है कि उनके अनुवाद की मूल प्रेरणा तो विदेशी सभ्यता एवं सिद्धांत रहता है, पर प्रयोक्ता का सामाजिक परिवेश भारतीय बना रहता है। सातवें अध्याय में डॉ. भाटिया ने आगत शब्दानुवाद की समस्या पर न केवल विचार किया है वरन् प्रचुर सामग्री भी दी है। ध्यान देने की बात है कि अगर अंग्रेजी के शब्दों एवं मुहावरों का उचित संदर्भ न मालूम हो तो उसका अविकल अनुवाद कितना हास्यास्पद हो सकता है—इसकी कल्पना सहज रूप में की जा सकती है। शोधकर्ता ने इस अध्याय में हिंदी के अधिकारी विद्वानों एवं सरकारी पत्र-पत्रिकाओं से ऐसे कई उदाहरण एकत्र किये हैं, जो अविकल शाब्दिक अनुवाद होने के कारण, भाव एवं विचार से न केवल दूर हट गये हैं वरन् हिंदी की प्रकृति के विरुद्ध भी जा पड़ते हैं। उदाहरणार्थ : White collar—सफेद कॉलर, Iron will—इस्पाती इच्छा, Roadway—सड़कपथ, आदि! मुहावरों का अनुवाद देश की भौगोलिक स्थिति, अपनी सामाजिक परिस्थितियों एवं सांस्कृतिक उपलब्धियों द्वारा बाधित होना चाहिए। डॉ. भाटिया का मत है कि 'Warm reception' मुहावरा प्रचलित हुआ इंग्लैंड जैसे ठंडे देश में, भारत गरम देश है, यहाँ तो प्रचलित होगा—हृदय को शीतल करना। 'Breaking the ice' का अनुवाद भारत की प्रकृति के अनुसार होना चाहिए—'मौन भंग करना', 'कार्य प्रारम्भ करना।' 'Killing two birds with one stone...' से इंग्लैंड की हिंसात्मक प्रवृत्ति परिलक्षित होती है। भारत जैसे अहिंसक देश के लिए तो उसका अनुवाद होगा—'एक पंथ दो काज' (पृ. 235)।

लगभग सवा सौ पृष्ठों के 'परिशिष्ट' में डॉ. भाटिया ने कई महत्त्वपूर्ण तथ्यों का संकलन किया है। भाषा में आगत शब्दों के सम्बन्ध में विभिन्न पुस्तकों एवं लेखों के आधार पर उन्होंने हिंदी के 23 और अंग्रेजी के 30 अधिकारी भाषा वैज्ञानिकों के मत का 'उद्धरण' के रूप में संग्रह किया है। परिशिष्ट—दो में फरवरी, 1887 के 'अवध अखबार' नामक समाचारपत्र में प्रकाशित एक रोचक कहानी को संकलित किया है। यह कहानी इस तथ्य की ओर संकेत करती है कि 1887 में

ही हिंदी के प्रयोग के साथ अंग्रेजी का प्रयोग आवश्यक एवं अपरिहार्य हो गया था। हिंदी के लब्ध-प्रतिष्ठ साहित्यकारों की संयत शैली को माध्यम बनाकर 'कविता में आगत अंग्रेजी शब्दों का प्रयोग', 'अंग्रेजी शब्दों के बोलीगत रूप', 'हिंदी की वाक्य-रचना पर अंग्रेजी की छाया', 'अंग्रेजी शब्दों का आलंकारिक प्रयोग' आदि विषयों पर सामग्री संकलन, डॉ. भाटिया के श्रमसाध्य कार्य का स्पष्ट प्रमाण है।

पुस्तक के विवरणात्मक परिचय से स्पष्ट है कि डॉ. भाटिया की पुस्तक, आगत शब्दों के अध्ययन को एक बड़े कैनवेस पर सामने लाती है। विषय पक्ष की व्यापकता, बहुपक्षता और गहराई इस पुस्तक की अपनी विशेषता है। विषय-सामग्री के संचयन के साथ-साथ उसका विश्लेषण, श्रमसाध्य और तर्कपूर्ण है। पुस्तक पढ़ने के उपरांत स्पष्ट हो जाता है कि विद्वान लेखक भाषा-विज्ञान के संघटनात्मक दृष्टिकोण से भली भाँति परिचित है।

पुस्तक की सीमाओं के संदर्भ में यह कहा जा सकता है कि लेखक ने हिंदी में अंग्रेजी के आगत शब्दों के अध्ययन के समय 'भारतीय अंग्रेजी' (Indian English) अथवा विशेष रूप से कहें, तो हिंदी मातृभाषा-भाषी की अंग्रेजी, के विश्लेषण की ओर विशेष ध्यान भी नहीं दिया है। किसी भाषा में आगत शब्दों के आने का माध्यम द्विभाषी (bilinguals) होते हैं, अतः आगत शब्दों के भाषा-तात्त्विक अध्ययन को 'द्विभाषिता' के माध्यम द्वारा ही उचित रूप में समझा जा सकता है।

यहाँ दो तथ्यों की ओर विशेष रूप से ध्यान देने की आवश्यकता है। प्रसिद्ध रूसी भाषाविद् शेर्बा ने बहुत पहले यह संकेत दिया है कि दो भाषाओं की अपनी दो अर्थव्यवस्था, द्विभाषियों की भाषा-क्षमता के संदर्भ में क्रमशः एक निश्चित पद्धति में ढलती जाती है[15]; दो भाषाओं की दो भिन्न अर्थ-व्यवस्था की प्रकृति अपने संतुलन के निर्वाह हेतु अंतराय-प्रक्रिया (interference process) से गुजरकर, एक विशिष्ट अर्थ-व्यवस्था को जन्म देती है। स्वाडेश के अनुसार, दो संघटनाओं के संतुलित एकीकरण की प्रक्रिया मात्र अर्थ-व्यवस्था ही तक सीमित नहीं रहती, वरन् वह ध्वनि-व्यवस्था के संदर्भ में भी क्रियाशील रहती है। अतः उनके अनुसार रूसी-अंग्रेजी बोलनेवाले द्विभाषियों की भाषा की ध्वनि-व्यवस्था, अपने गुणात्मक रूप में मात्र रूसी अथवा अंग्रेजी बोलनेवालों की ध्वनि-व्यवस्था से भिन्न रहती है।[16] हिंदी-अंग्रेजी द्विभाषियों की इस ध्वनि-व्यवस्था की ओर अन्यत्र संकेत दिया जा चुका है।[17] डॉ. राव[18] और डॉ. पंडित[19] की भाँति, डॉ. भाटिया ने भी इस ओर विशेष ध्यान नहीं दिया है, अतः वे भी नार्मन डेनिसन[20] द्वारा उठाये गये इस प्रश्न का उत्तर नहीं दे पाते कि क्यों प्रत्यक्षीकरण-परीक्षण में अंग्रेजी के शब्द 'tick' और 'thick' हिंदीभाषियों द्वारा 'थिक' और 'सिक' सुनाई पड़ते हैं पर उच्चारण-प्रक्रिया में वे क्रमशः 'टिक' और 'थिक' के रूप में उच्चरित होते हैं।

इस समस्या के सही समाधान के लिए मातृभाषा (हिंदी) और अन्य भाषा (अंग्रेजी) के बीच की कड़ी 'हिंदी-अंग्रेजी' (Hindi-English) की परिकल्पना आवश्यक है। द्विभाषियों की अंग्रेजी की अपनी व्यवस्था के अध्ययन-परीक्षण के बिना आगत शब्दों का सही आकलन सम्भव नहीं।

यह ठीक है कि मातृभाषा की अपनी संघटनात्मक विशेषताएँ बहुत दूर तक द्वितीय भाषा के रूप-गठन को प्रभावित करती हैं। अंतराय-प्रक्रिया को मातृ एवं द्वितीय भाषाओं में विभिन्न स्तरों पर पाई जानेवाली संघटनाओं के तुलनात्मक अध्ययन के आधार पर ही समझा जाना सम्भव है। डॉ. भाटिया ने तुलनात्मक अध्ययन को अंतराय-प्रक्रिया के उचित संदर्भ में देखने-समझने का प्रयास नहीं किया है। हिंदी और अंग्रेजी की ध्वनियों की अपनी विशिष्टताओं का स्पष्टीकरण ही उनका मुख्य ध्येय रहा है। ध्वनियों की संघटनात्मक विशेषताओं और दोनों भाषाओं की संघटनात्मक संरचना के संदर्भ में ध्वनियों की अपनी निजी विशेषताओं के आकलन का प्रयास पुस्तक में नहीं है। अतः तथ्य-सामग्री के रूप में ही कथ्य का क्षेत्र सीमित रह गया है; सिद्धांत के रूप में पुस्तक किसी भी भाषा-वैज्ञानिक नियम की ओर संकेत देने में सक्षम नहीं। दूसरे शब्दों में यह कहा जा सकता है कि डॉ. भाटिया ने आगत शब्दों के संदर्भ में जिन तथ्यों को श्रमपूर्वक संकलित किया है वे भाषावैज्ञानिक विश्लेषण के अभाव में तथ्य-मात्र रह जाते हैं; वे न तो किसी प्रामाणिक भाषा-सम्बन्धी नियमों के उदाहरण के रूप में सामने आते हैं और न ऊपर उठकर किसी महत्त्वपूर्ण भाषा-वैज्ञानिक नियम को ही जन्म दे पाते हैं।

यही कारण है कि उनके अनुसार 'ज़' और 'फ़' की ध्वनियाँ पहले ही अरबी-फारसी के माध्यम से आ गई हैं, किंतु उनका वास्तविक रूप कुछ काल तक न पच सका था, पर अंग्रेजी के माध्यम से आनेवाले शब्दों के कारण ये ध्वनियाँ अब पर्याप्त बोली जाने लगी हैं। (268)जैसा अन्यत्र विस्तार से यह संकेत दिया जा चुका है कि 'ज़' और 'फ़' हिंदी की अपनी ध्वनि-व्यवस्था के अंतर्गत आते हैं (और जिन्हें व्यवस्था में रिक्त-स्थान (pattern hole) के रूप में स्वीकार किया जा सकता है) पर अरबी-फ़ारसी की स्पर्शध्वनि–'क़' और संघर्षी ध्वनियाँ–'ख़' और 'ग़' अथवा अंग्रेजी की दंत्य संघर्षी ध्वनियाँ–'थ़' और 'द़' व्यवस्था के बाहर की ध्वनियाँ हैं। अतः विदेशी ध्वनियों को समेटनेवाले शब्दों की आवृत्ति के आधार पर व्यवस्था में रिक्त-स्थान पर आनेवाली ध्वनियाँ स्वभावतः भाषा के अपने तत्त्व बनकर भाषा की व्यवस्था में घुलते-मिलते जाते हैं पर व्यवस्था के बाहर की विदेशी ध्वनियों का सम्बन्ध, सीखने की प्रक्रिया (learning activity) से रहता है, अतः इनका आगमन भाषा की नई शैली के सचेतन प्रयोग के साथ आता है। अतः जैसा अन्यत्र विस्तारपूर्वक दिखाया जा चुका है–अंग्रेजी भारतवर्ष में आती या

न आती, 'ज़' और 'फ़' का उच्चारण, हिंदी के मातृभाषा-भाषियों की अपनी ध्वनि-व्यवस्था के अनुकूल होने के कारण सहज रहता, जबकि क़, ख़ और ग़ के उच्चारण की समस्या एक अन्य शैली के सीखने से सम्बन्धित बनी रहती।[21]

भाषा की बहुपक्षता का उसकी अपनी उपव्यवस्थाओं के परिप्रेक्ष्य में उचित अन्वेषण और परीक्षण के लिए यह आवश्यक हो जाता है कि शोधकर्ता पहले उचित 'पैरामीटर्स' और 'रजिस्टर्स' की परिकल्पना करे। विशेषकर, आगत शब्दों के कारण उत्पन्न शैली-भेद को सही संदर्भ देने के लिए 'रजिस्टर्स' की कल्पना अत्यावश्यक है। डॉ. भाटिया इस तथ्य से परिचित हैं कि अंग्रेजी शिक्षित हिंदी भाषा-भाषियों की बोलचाल की भाषा में वाक्यगठन तो हिंदी का रहता है, पर अंग्रेजी भाषा के शब्द, विशेषकर संज्ञा तथा विशेषणों की भरमार रहती है। संज्ञाओं के बहुवचन कभी हिंदी व्याकरण से प्रभावित रहते हैं और कभी अंग्रेजी से (पृ. 57)। डॉ. वर्मा ने अपने महत्त्वपूर्ण लेख[22] में इस तथ्य का विश्लेषण करते हुए दिखलाया है कि ऐसे इंग्लिस्तानी या खिचड़ी हिंदी का विश्लेषण 'रजिस्टर्स' के बहुस्तरीय अध्ययन के आधार पर ही सम्भव है। 'रजिस्टर्स' की उचित परिकल्पना के अभाव में डॉ. भाटिया के अनेक उदाहरण तथ्यों के रूप में बिखरे-फैले से रह जाते हैं।

अंत में इसे स्पष्ट कर देना आवश्यक है कि पुस्तक की कुछ सीमाओं की ओर संकेत, किसी प्रकार डॉ. भाटिया के श्रमपूर्ण तथ्य-संकलन और सुसंगत विवेचना के मूल्य को नीचे नहीं गिराते। इसमें संदेह नहीं कि यह पुस्तक भारतीय भाषाओं के परिप्रेक्ष्य में अंग्रेजी के आगत शब्दों के भाषावैज्ञानिक अध्ययन को एक नई दिशा देने में समर्थ है। पुस्तक के संदर्भ में प्राक्कथन लेखक डॉ. विश्वनाथ प्रसाद के दोनों ही मत उचित जान पड़ते हैं–"इस प्रकार का अध्ययन हिंदी में ही नहीं, वरन् सम्पूर्ण भारतीय भाषाओं में सम्भवतः पहला है।"··· "यदि यह प्रबंध अब लिखा जाता तो विद्वान् लेखक के द्वारा सम्भवतः कुछ भिन्न शैली में प्रस्तुत किया जाता।" आशा है, इसका दूसरा संस्करण, संशोधित और परिवर्द्धित रूप में प्रकाशित होगा।

संदर्भ

1. Scherba, L.V. 1945. Recurrent problems in linguistics (in Russian) Izvestija ANSSR 4. 173-86.
2. Srivastava, R. N. 1970. Some recurrent problems in Lexicology. Paper read in the Conference on Indian languages dictionaries, held at Mysore, March 25-28, 1970.

3. Carroll, J. B. 1953. The study of language : A survey of linguistics and related disciplines in America. Cambridge, Mass : Harvard University Press.
4. Bloomfield, L. 1933. Language. New York : Holt, Reinhart and Winston.
5. Hermann, Paul, 1880. Principles of the history of language. Translated by H.A. Strong.
6. Haugen. E. The bilingualism. Lingua II. 271-90.
7. Handerson, E.J.A. 1951. The phonology of loan words in some South-East Asian languages. TPS. 131-58.
8. Srivastava, R. N. 1965. Towards the problem of stratification of Hindi (in Russian). Vestnik 2-138-42.
9. Lees, R. B. 1961. The phonology of modern standard Turkish. Bloomington : Indiana University.
10. Lightner, T. M. 1965. Segmental phonemes of modern standard Russian. Doctoral dissertation, M.I.T.
11. McCawley, J. D. 1968. The phonological component of a grammar of Japanese. The Hague.
12. Chomsky, N. and M. Halle. 1968. Sound pattern of English, New York : Harper and Row.
13. Srivastava, R. N. 1969. Review of A. R. Kelkars' Studies in Hindi and Urdu, I. Poona : Deccan College, Language 45. 913-27.
14. Katz. J. J. and J. A. Fodor. 1963 The structure of a semantic theory. Language 39. 170-210.
15. Scherba, L. V. 1925. Towards the understanding of mixed languages (In Russian) collected works on Linguistics and phonetics. Leningrad.
16. Swadesh, N. 1941. Observations of pattern impact on the phonetics of bilinguals in Language, Culture and Personality. Ed. by L. Spier, A.I. Hallowell and S. S. Newman. Menasha : Wisconsin.
17. Srivastava, R. N. 1966. The nature and distribution of initial consonant clusters of Hindi (in Russian), Doctoral dissertation. Leningrad University.
18. Rao, K. S. N. 1961. A Footnote to the Indian pronunciation of the initial/ktp/ and /v/ and /w/ in English. Indian linguistics.
19. Pandit, P. B. 1964. Indian readjustments in English consonantal system. Indian Linguistics.
20. Denison, N. 1962. Phonetics and phonemics in foreign language teaching. Proceedings of the IV International Congress of Phonetic Sciences. The Hague.
21. Srivastava, R. N. 1966. Phonemic pattern and phonic interference. Paper read in All India Oriental Conference, Aligarh.
22. Varma, S. K. 1968. The notion of 'Register'. A Study in restricted languages. Journal of Osmania University. 189-98.

[ii]

हिंदी ध्वनिकी और ध्वनिमी[1]

हिंदी व्याकरण की अगर सामान्य पुस्तकों की चर्चा छोड़ दी जाए तो हिंदी में जिस विषय पर इधर सबसे अधिक भाषा सम्बन्धी लेख लिखे गए हैं, वह है–हिंदी ध्वनिकी और ध्वनिमी। इस विषय से सम्बन्धित इधर की कुछ प्रमुख प्रवृत्तियों की चर्चा अन्यत्र (श्रीवास्तव और कालरा, 1970) की जा चुकी है। डॉ. महरोत्रा की पुस्तक यद्यपि 1970 में प्रकाशित हुई है पर वस्तुतः "यह पुस्तक सागर विश्वविद्यालय से पी-एच. डी. की उपाधि के लिए 1963 में स्वीकृत मेरी अंग्रेज़ी थीसिस का हिंदी रूपांतर है" (पृ. 9)। स्वाभाविक है, इस पुस्तक से 1960 के बाद की विश्लेषण-सामग्री अथवा विवेचनात्मक संदर्भ की अपेक्षा नहीं की जा सकती। सन् 1963 और 1970 के बीच इस विषय पर कुछ अत्यंत महत्त्वपूर्ण कार्य हुए हैं। शोध के कुछ नए संदर्भ और अध्ययन के कुछ नए प्रारूप भी सामने आए हैं, पर प्रस्तुत शोध विषय के विद्वान ने अपनी थीसिस का अंग्रेज़ी से हिंदी में अनुवाद के दायित्व को अधिक महत्व दिया और जैसा विषय-वस्तु, विश्लेषण-स्तर और संदर्भ-ग्रंथों के उल्लेख से पता चलता है–1963 के पश्चात् प्रकाशित होनेवाली पुस्तकों एवं लेखों की ओर किंचित भी ध्यान देने की आवश्यकता उसने महसूस नहीं की।

पुस्तक में 16 अध्याय हैं जो 291 पृष्ठों को अपने भीतर समेटे हुए हैं। पहले दो अध्यायों में ध्वनियों की सूची और ध्वनिमीय विरोधों के उदाहरण हैं। अध्याय 3 से 6 तक में स्वर, उसकी संध्वनिता, चल स्वर, सानुनासिक स्वर और अध्याय 10 में स्वरमात्रा और द्वित्व तथा अध्याय 11 में स्वर-क्रम पर चर्चा है। उसी प्रकार अध्याय 7 और 8 में व्यंजन और उसकी संध्वनिता तथा अध्याय 12 में व्यंजन मात्रा और द्वित्व तथा अध्याय 13 में व्यंजन-गुच्छों का परिचयात्मक विश्लेषण है। अध्याय 9 में अक्षर-विभाजन और संधिज और अध्याय 15 और 16

1. हिंदी ध्वनिकी और ध्वनिमी : रमेशचंद्र मेहरोत्रा; मुंशीराम मनोहर लाल, दिल्ली, संस्करण : 1970

में क्रमशः बलाघात और सुरलहर पर कुछ सामग्री संकलित है। इसके अतिरिक्त एक अध्याय (अध्याय 14) 'स्वरों और व्यंजनों का लोप और आगम' पर है। प्रारम्भ में प्राक्कथन, विशेष चिह्न तथा अंत में पारिभाषिक शब्दों के अंग्रेजी-पर्यायों सहित अनुक्रमणिका है।

हिंदी की ध्वनियों के अध्ययन और विश्लेषण के लिए शोधकर्ता ने संरचनात्मक (structural) भाषा-विज्ञान के सिद्धांत और प्रारूप को अपनाया है। पुस्तक पढ़ने के बाद स्पष्ट हो जाता है कि अन्य सिद्धांतों एवं प्रारूपों से न तो उसकी दृष्टि टकराई है और न उसमें हुए हिंदी पर शोध की ही उसे जानकारी है। विदेशी विद्वानों में जोंस, हाकेट, हिल, स्ट्रैंग, ब्राइट और ग्लीसन और भारतीयों में चटर्जी, धीरेंद्र वर्मा, बाबूराम सक्सेना, आर्येंद्र शर्मा, उदयनारायण तिवारी और हरदेव बाहरी के नाम प्रसंगवश आए हैं। अगर किसी और विद्वान का नाम शोध-पत्र के संदर्भ में लिया गया है तो वह स्वयं शोधकर्ता का है। विश्लेषण के संदर्भ में आए विदेशी विद्वानों के नाम से ही स्पष्ट हो जाता है कि सिद्धांत और प्रारूप के लिए संरचनात्मक भाषा-विज्ञान के एक विशेष सम्प्रदाय तक ही अपनी दृष्टि सीमित की गई है। इसमें न तो 'पाइक' या 'फ़र्थ' और न 'ब्रुबत्स्कोय' या 'याकोब्सन' आदि की ध्वनि-सम्बन्धी विवेचनात्मक अंतर्दृष्टि को समझने और उसके आधार पर हिंदी की ध्वनि सम्बन्धी जटिल समस्याओं के निराकरण का प्रयास है।

भाषाविज्ञान का संरचनात्मक प्रारूप उच्चारण की तथ्य-सामग्री मानकर अपना विश्लेषण करता है और इस विश्लेषण के आधार पर भाषा की व्यवस्था और उपव्यवस्था की ओर अपना निर्देश देता है। व्यवस्था से सम्बन्धित उसके सामान्यीकृत नियम की प्रकृति आगमनात्मक (inductive) होती है। आगमनात्मक होने के कारण विश्लेषण का प्रारम्भ स्वभावतः तथ्य-सामग्री के चयन से जुड़ जाता है। उच्चार की तथ्य-सामग्री मानकर चलने से एक कठिनाई अपने-आप सामने आ जाती है। भाषाविज्ञान के लक्ष्य के रूप में विद्वान उस भाषिक यथार्थ को अपना लक्ष्य साधता है, जो भाषा को समरूप (homogeneous) ग्रहण करने के उपरांत ही सामने आ सकता है पर उच्चार, व्यक्ति-सापेक्ष वास्तविकता होने के कारण सदा विषम रूप (heterogeneous) में रहता है। इस अंतर्विरोध के परिहार के निमित्त संरचनावादी भाषावैज्ञानिकों ने भिन्न-भिन्न मार्गों का पालन किया है। यथा–(1) ब्लाक (1948, 1950) जैसे विद्वान पूरी तथ्य-सामग्री को एक व्यक्ति-बोली तक सीमित करने के पक्ष में हैं, (2) हाकेट (1958 : 322) जैसे विद्वान तथ्य-सामग्री को जहाँ तक सम्भव हो समान व्यक्ति-बोलियों तक सीमित करने के पक्ष में हैं और (3) फ्रीज़ और पाइक (1949) जैसे विद्वान तथ्य-सामग्री को अंशतः संगति (harmony) और अंशतः विसंगति (conflict) में प्रतिफलित होनेवाली उपव्यवस्थाओं से संदर्भित करने का प्रयत्न करते हैं।

ऐसा लगता है कि विद्वान लेखक को भाषा से सम्बद्ध व्यवस्थापरक यथार्थ और व्यक्ति-बोली से सम्बद्ध विषयरूप उच्चार की अंतर्विरोधी प्रकृति के द्वंद्व का पता ही नहीं है। अतः 'प्राक्कथन' में अपनी दृष्टि और कार्यप्रणाली का परिचय देते हुए उसने लिखा है–"यह अध्ययन किसी विशेष स्वबोली पर आधरित न होकर अनेकानेक स्वबोलियों के सामान्यत्व पर आधारित है"। (पृ. 9) "हिंदी ध्वनिकी का सम्पूर्ण-स्वरूप देने के प्रयास में प्रस्तुत अध्ययन में हिंदी के उच्चारों में व्यवहृत शब्दों के विषय में यह चिंता कभी नहीं की गई कि वे कहाँ से आए हैं (पृ. 8)। स्वाभाविक है–इस दृष्टिकोण के आधार पर ध्वनि-सम्बन्धी अंतरों को यथासम्भव भाषा में प्रस्तुत तो किया जा सकता है, पर भाषा की अपनी प्रकृति, उसकी व्यवस्था के भीतर की उपव्यवस्था और सामाजिक स्तर और प्रयोजनमूलक शैली-भेद के संदर्भ में उसको व्यवस्थित नहीं किया जा सकता। इसलिए सम्पूर्ण पुस्तक में व्यवस्था की उच्छृंखलता और विश्लेषण की अनियमितता देखने को मिलती है। हिंदी ध्वनिमी के संदर्भ में समस्त विरोधों को समान महत्त्व देने के कारण यह तथ्य सामने उभरकर नहीं आता कि हिंदी की अपनी प्रकृति के संदर्भ में कितने ध्वनिम हैं, केंद्रवर्ती संरचना के संदर्भ में उनकी क्या प्रकृति है, सामाजिक स्तर-भेद और शैलीगत विशिष्टताओं के फलस्वरूप उत्पन्न बाह्यवर्ती संरचना के संदर्भ में कितने और ध्वनिमों का समावेश हो जाता है तथा उनके विनियोग से हिंदी की ध्वनि-व्यवस्था का सम्पूर्ण स्वरूप क्या उभरता है।

जिस सामग्री पर यह अध्ययन आधारित है, वह विभिन्न स्रोतों से एकत्रित है। प्रामाणिक हिंदी के नाम पर एक ओर रेडियो-समाचार है तो दूसरी ओर हिंदी-फिल्म; एक ओर हिंदी में लिखी विविध पुस्तकें एवं पत्र-पत्रिकाएँ हैं तो दूसरी ओर अलग-अलग स्तर की शिक्षा पाए हुए व्यक्तियों से सामान्य बातचीत! (पृ.9) परिणाम यह है कि संस्कृत और फ़ारसी के ऐसे शब्द भी सामग्री के नाम पर आ गए हैं जो निश्चित ही सामान्य बोलचाल की आधारभूत प्रकृति से भिन्न हैं और हिंदी में केवल लिखित शैली में ही देखने को मिलते हैं। यथा–उत्खनन, त्रिपथगा, मृण्मय, आण्विक, विगर्हणा, उत्क्षेपण, संहृत, विषण्णता आदि। सभी सामग्री को समान महत्त्व देने और उनसे उत्पन्न विरोधों के परिणामस्वरूप निर्धारित सभी ध्वनिमों को समान रूप से ग्रहण करने पर हम ऐसे प्रश्नों का उत्तर नहीं दे सकते–क्योंकि हिंदीभाषी समुदाय का एक वर्ग–भस्म और क़िस्म को (b^hasm) और (qism) बोलता है, दूसरा वर्ग उसे क्रमशः (b^h∂sm) और (kis∂m~kisim Kisam Kisim), तीसरा वर्ग (b^has∂m) और (qism); चौथा वर्ग (bhasam) और (Kisim bhasm)–बोलता है। (श्रीवास्तव, 1969) यही नहीं, नीचे लिए शब्द-रूपों की उपस्थिति और उनके कारण पर भी प्रकाश डालना कठिन हो जाएगा। यथा–जन्म~जनम, गर्म~गरम; कम्प~काँप; दन्त~दाँत; कण~कन; गुण~गुन;

ग़म~गम; बाग़~बाग; तलाक़~तलाक; ख़ुद~खुद; ज़ोर~जोर।

हिंदी ध्वनियों के मानक रूप की समस्या जटिल ही नहीं, वरन् उसका निर्धारण कठिन भी है। हिंदी ध्वनियों के मानक रूप पर विचार की काफ़ी सम्भावना है और उसको सुविचारित स्तर पर स्थित करने के लिए हिंदी भाषा-भाषियों के सामाजिक-सांस्कृतिक स्तरभेद और भाषा के प्रयोजनमूलक शैली-भेद के अंतर्सम्बन्धों पर आधारित पैरामीटर की संकल्पना आवश्यक है। यह भी ध्यान देने की बात है कि हिंदी की दो ही नहीं, अपितु तीन ऐसे शैली-भेद सामने लाए जा सकते हैं जिनके संदर्भ में हिंदी ध्वनियों के मानक रूप निर्धारित करना सम्भव है। यथा–

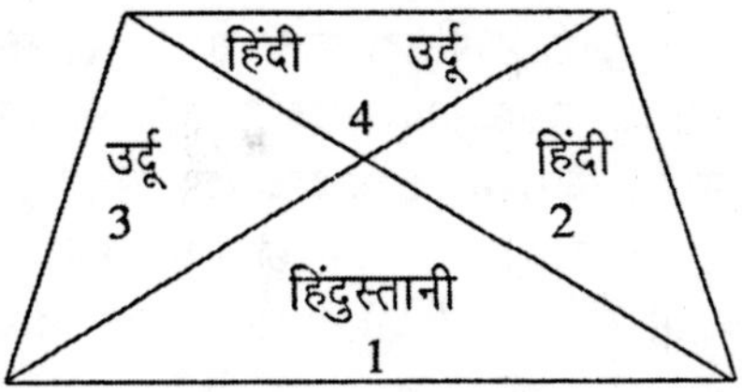

उच्चारणगत विशेषता के रूप में अगर दो शब्दों–'भस्म' और 'किस्म' को लिया जाए तो इन चार वर्गों के व्यक्तियों में निम्नलिखित रूप मिलते हैं–

वर्ग 1 – भसम किसिम/किसम
वर्ग 2 – भस्म किसिम/किसम
वर्ग 3 – भसम क़िस्म
वर्ग 4 – भस्म क़िस्म

प्रस्तुत पुस्तक में सामाजिक स्तर-भेद और प्रयोजनमूलक शैली-भेद की न तो कोई संकल्पना सामने रखी गई है और न उनके अंतर्सम्बन्धों के आधार पर ध्वनि-रूपों के भेदों को व्यवस्थित करने का ही प्रयास किया गया है।

पुस्तक का शीर्षक 'हिंदी ध्वनिकी और ध्वनिमी' है पर 'हिंदी ध्वनिकी' का पक्ष नहीं के बराबर है। ध्वनियों की अपनी रूप-प्रकृति के सही निरूपण के लिए यह आवश्यक है कि उसका अध्ययन ध्वनि-निरूपण की तीनों दृष्टियों–औच्चारणिक, श्रौतिक और भौतिक (तरंगीय) से किया जाए। भौतिक ध्वनिविज्ञान प्रयोगशाला की समस्या से सम्बद्ध है और भारतवर्ष में व्यवस्थित प्रयोगशाला और प्रशिक्षित ध्वनिविशेषज्ञों के अभाव में इस दिशा में काम कुछ हुआ ही नहीं है। इसलिए शोधकर्ता से इस क्षेत्र में कुछ अपेक्षा रखना अनुचित नहीं होगा। पर उससे औच्चारणिक ध्वनिविज्ञान में दक्षता और एक सधे हुए 'कान' की अपेक्षा रखनी ही चाहिए, क्योंकि वह भाषाविज्ञान का अध्यापक और ग्रीष्म और शरत्कालीन विभिन्न भाषा विज्ञान-सत्रों में प्रशिक्षित ध्वनिविज्ञान का अधिकारी विद्वान भी है।

हिंदी के चल-स्वर के रूप में विद्वान शोधकर्ता ने /ऐ'/ तथा /औ'/ को माना है और उसके विवरण में बताया है कि ये "आरोही चल-स्वर हैं, जिनके मुख्य भाग, अर्थात् शिखर के मूल-अंश, बादवाले हैं, जो क्रमशः अग्र तथा पश्च मध्य स्वर हैं और इसी के कारण इनको क्रमशः /ऐ/ तथा /ओ/ के समकक्ष रखा गया है, यद्यपि ये केंद्रीय अनाक्षरिक स्वर से आरम्भ होते हैं।" (पृ. 23) इसमें संदेह नहीं कि चल-स्वर, ऐसे दो स्वरों के योग से बनते हैं जिनमें एक आक्षरिक और दूसरा अनाक्षरिक होता है। पर प्रश्न है कि कौन स्वर अनाक्षरिक है अथवा किसके अनाक्षरिक होने की सम्भावना है ?

ध्वनि-विज्ञान के संदर्भ में यह सामान्य धारणा है कि आक्षरिकता का सम्बन्ध ध्वनि की मुखरता (sonority) की सापेक्षिक मात्रा से सम्बद्ध रहता है। जो ध्वनि अधिक मुखर होगी, उसमें आक्षरिक होने की सम्भावना अधिक होगी। यह भी इसके साथ देखा गया है कि जिस ध्वनि के उच्चारण में वायु-प्रवाह जितना ही अव्याहत और घर्षणमुक्त रहता है, वह उतना ही मुखर होती है। स्वाभाविक है कि विवृत स्वर इस दृष्टि से संवृत स्वरों की अपेक्षा सामान्यतः अधिक मुखर होने के कारण आक्षरिक होंगे। अतः अगर अन्य कोई कारण न हो तो /अई/ और /अउ/ स्वर-क्रमों के चल-स्वर बनने की स्थिति में -इ- और -उ- स्वर अनारक्षिक होंगे न कि -अ-।

चल-स्वरों का आरोही और अवरोही श्रेणियों में विभाजन भी इसी 'मुखरता' तत्त्व पर आधारित है। चल-स्वर उच्चारण में मुखरता अगर क्रमशः बढ़ती जाए तो आरोही और अगर उच्चारण के समय के साथ उसका ह्रास होता जाए तो वह अवरोही कहलाता है। अंग्रेज़ी के चल-स्वरों में अधिकांश अवरोही[1] हैं। अंग्रेज़ी के अधिकांश चल-स्वर, यथा–ei, ou, au, ai, और oi अवरोही हैं। पर उनमें से दो ऐसे हैं जो आरोही हैं, यथा–ia, ua क्योंकि i और u की तुलना में a विवृत होने के कारण सापेक्षतया अधिक मुखर है।

यह भी देखा गया है कि भाषा की प्रधान अभिरचना (pattern) अपना विशिष्ट दबाव डालती है और उस दबाव के फलस्वरूप उस अभिरचना से भिन्न रीति में प्रतिफलित होनेवाले उदाहरण, समरूप बनने की ओर प्रवृत्त हो उठते हैं। अंग्रेज़ी के चल-स्वरों की अभिरचना प्रधानतः अवरोही है, पर ia और ua चल-स्वर आरोही होने के कारण उससे भिन्न रूप में प्रतिफलित कहे जा सकते हैं। जोंस (1956 : 67) ने यह संकेत दिया है कि ये आरोही चल-स्वर भी अब अवरोही बन गए हैं। ध्वन्यात्मक प्रकृति के प्रतिकूल इसे यथार्थ रूप में प्रतिफलित करने

1. "In most of the English diphthongs the diminution of prominence is caused by the fact that the end part is inherently less 'Sonorous' than the begining. 1956 : 67 Jones.

के लिए अंग्रेज़ीभाषी प्रारम्भ के स्वर को अधिक बलाघात के साथ उच्चारण करते हैं। इस बलाघात के फलस्वरूप a-स्वर की मुखरता, i और u के बलाघात प्रतिफलन के संदर्भ में दब जाती है। जोंस का यह भी कथन है कि -ia- और -ua- चल-स्वर का आरोही रूप अधिक सुगमतापूर्ण उच्चरित होता है।

हिंदी के /ऐ'/ तथा /औ'/ वस्तुतः अवरोही चल-स्वर हैं और जैसा केलकर (1968 : 53) ने संकेत दिया है कि सामान्यतः (ae) और (ao) के रूप में प्रतिफलित होते हैं न कि आरोही रूप में, जैसाकि मेहरोत्रा ने अपनी इस पुस्तक में निर्देश दिया है।

ध्वनिविज्ञान की इकाई और ध्वनिग्राम की इकाई में जो गुणात्मक भेद होता है उसे भौतिक धरातल पर नहीं समझा जा सकता। यही कारण है कि ध्वनि (phone) और संध्वनि (allophone) में अंतर माना जाता है, अन्यथा भौतिक धरातल पर ये दोनों एक रूप होते हैं। इस संदर्भ में यह संकेत दे देना अनुचित न होगा कि चल-स्वर के अंश के रूप में मान्य अनाक्षरिक स्वर (i) और (u) तथा अर्द्धस्वर के रूप में मान्य व्यंजन (y) और (w) में भेद करना आवश्यक है। इस पुस्तक में इस विभाजन-रेखा की ओर न तो उचित ध्यान दिया गया है और न उसके वितरण और प्रयोजन को ही सुविचारित ढंग से रखा गया है। उदाहरण के लिए 'चल-स्वर' शीर्षक का पहला वाक्य है—"हिंदी के मिश्र-शिखरों की रचना एक अचल-स्वर तथा उसकी परवर्ती व्यंजनात्मक स्वर-ध्वनि द्वारा होती है।" (पृ. 48) 'व्यंजनात्मक स्वर-ध्वनि' से क्या तात्पर्य है ? वह स्वर-ध्वनि जो व्यंजन के रूप में प्रतिफलित होती है या वह जो अनाक्षरिक है ? अगर वह व्यंजनपरक है, तो क्या /य/ और /व/ के समकक्ष है या गुणात्मक रीति से उससे किसी आधार पर भिन्न भी है ? फिर एक शंका मन में और भी उठती है। अगर चल-स्वर का परवर्ती अंश व्यंजनात्मक स्वर-ध्वनि है तब वह चल-स्वर आरोही कैसे बन जाता है ? (यह तो पहले संकेत दिया जा चुका है कि मेहरोत्रा /ऐ'/ और /औ'/ को आरोही चलस्वर मानते हैं)।

विभ्रम की इस स्थिति को वस्तुतः ध्वनिकी के धरातल पर प्रचलित स्वर-व्यंजन भेद और ध्वनिमी के संदर्भ में मान्य स्वर-व्यंजन विभाजन श्रेणियों के अंतर को सही ढंग से न पकड़ने के परिणाम कहा जा सकता है। ध्वनिकी और ध्वनिमी—दोनों ही धरातल पर समानांतर विभाजन-भेद को एक ही पारिभाषिक शब्दरूपों के द्वारा व्यक्त करने से अंतर्विरोधी स्थिति का आ जाना स्वाभाविक ही है। इसलिए पाइक (1947) ने स्वर-व्यंजन शब्द प्रयोग को ध्वनिमी के स्तर तक सीमित कर ध्वनिकी के संदर्भ में दो और शब्दों—स्वरक (vocoid) और व्यंजनक (contoid) के प्रयोग की बात उठाई है और याकोब्सन आदि विद्वानों (1952 : 1956) ने प्रभेदक लक्षणों में स्वरात्मक/अस्वरात्मक तथा व्यंजनात्मक/अव्यंजनात्मक

की चर्चा की है।

स्वर तथा स्वरक तथा व्यंजन और व्यंजनक के स्पष्ट भेद को ठीक संदर्भ में न ग्रहण करने का ही परिणाम है कि पुस्तक में नौ चल-स्वरों की संख्या गिना दी गई है। पृष्ठ 49 पर दिए उदाहरण के अनुसार हिंदी में बहुप्रचलित चल-स्वरों के निम्नलिखित प्रकार हैं–

1. /ईय्/ 'क्रमनीय' में
2. /इय्/ 'तिय' में
3. /एय्/ 'पेय' में
4. /आय्/ 'चाय' में
5. /ओय्/ 'तोय' में
6. /अय्/ 'राजसय' में
7. /अय्/ 'हय' में
8. /एव्/ 'सेव' में
9. /आव्/ 'आव्' में।

ये सभी उदाहरण इसलिए सम्भव हैं क्योंकि विद्वान लेखक यह स्वीकार कर चलता है कि "सिद्धांततः /य्/ और /व्/ किसी भी अचल-स्वर से जुड़कर अवरोही चल-स्वर बना सकता है।" (पृ. 50) यहाँ यह तथ्य भी संकेत रूप में दे देना अनुचित न होगा कि शब्दांत में प्रायः व्यंजन के रूप में आनेवाले अर्द्धस्वर /य्/ और /व्/ का उच्चारण (i) और (u) के रूप में न होकर (e) और (o) के रूप में होता है। अतः /चाय्/ और /गाँव् / का उच्चारण /cae/ और /gao/ के समान होता है न कि /cai/ और /gau/ की तरह।

इन सभी उदाहरणों से ऐसा सिद्ध होता है कि अंग्रेज़ी के समान ही हिंदी में भी चल-स्वर और अचल-स्वर का विरोध ध्वनिमी के स्तर पर स्थिर है और प्रयोग तथा अनुपात में हिंदी में भी चल-स्वर, अंग्रेज़ी की तुलना में कम नहीं। अगर यह स्थिति सही है तब श्रोतिक आधार पर हिंदीभाषियों को अंग्रेज़ी के कम से कम उन चल-स्वरों को चल-स्वरों के रूप में ग्रहण करना चाहिए जो हिंदी के उदाहरणों में मिलते हैं। अंग्रेज़ी के नौ चल-स्वर ऐसे हैं, जो ध्वनिम हैं और उनमें से दो ऐसे हैं ('एय्' /ei/ और 'आय्' /ai/) जो हिंदी में कम-से-कम संध्वनि के स्तर पर मान्य हो सकते हैं। (मेहरोत्रा के चल-स्वर 3 और 4) पर अंग्रेज़ी के इन चल-स्वरों को हिंदीभाषी या तो उस स्वर के दीर्घ रूप में सुनते हैं जो चल-स्वर के आक्षरिक शीर्ष हैं, यथा–day (dei) डे (de) may (mei) –में (me) अथवा अनाक्षरिक स्वरक को भी स्वर में बदलकर स्वरक्रम के अनुसार ग्रहण करते हैं, यथा–tie (tai) टाइ tai, my (mai) माइ (mai), अगर दूसरे स्वर पर बलाघात पड़ा तो उसे वे दीर्घ कर भी बोलते हैं, यथा–टाई, माई।

ध्वनियों के ग्रहण करने के इस श्रौतिक धरातल से विद्वान लेखक भी अपरिचित नहीं। ध्वनिम की सत्ता को सिद्ध करने के संदर्भ में अन्यत्र वह इसे निर्णायक तत्त्व के रूप में भी स्वीकार करता है। उदाहरण के लिए /इ/ के वह दो संध्वनि मानता है (इ) और (इ') संध्वनि (इ) केंद्रीय निम्नस्तर-उच्च अगोलित ह्रस्व शिथिल स्वर है। यह इसलिए भी संध्वनि है कि "कोई भी (ई') उच्चारण में [इ) से नहीं बदली जा सकती है, जबकि इसका उल्टा होना सम्भव नहीं है। लेकिन यदि कोई व्यक्ति जान-बूझकर किसी (इ) के स्थान पर (इ') बोल दे, तो अर्थ तो बिना किसी दुविधा के समझ में आ जाएगा, पर कुछ स्थितियों में उच्चारण भौंडा लगेगा। और कुछ अन्य स्थितियों में बेहद भौंडा" (पृ. 31)। ध्वनि-श्रवण वस्तुतः ध्वनिम के प्रमुख (नार्म) संध्वनि के संदर्भ में होता है—यह लेखक की भी मान्यता है। (पृ. 31) और [इ) प्रमुख संध्वनि है, इसलिए (इ') का श्रवण (इ) के संदर्भ में तो होता है पर (इ) का (इ') संदर्भ में होना असंगत है।

विद्वान लेखक द्वारा दी गई तथ्य-सामग्री के संदर्भ में दो स्थितियाँ उठती हैं—(1) या तो ध्वनि-श्रवण का यह नियम गलत है अथवा (2) उनके चल-स्वर के संध्वनि के उदाहरण गलत हैं। अगर हिंदी भाषा में प्रस्तावित चल-स्वरों में केवल दो ही ध्वनिम हैं /ऐ'/ और /औ'/ तो उसके प्रमुख संध्वनि (अय्) और (अव्) के संदर्भ में ही अन्य संध्वनियाँ ग्रहण होनी चाहिए थीं। पर ऐसा होता नहीं है। यह भी ध्यान देने की बात है कि 'चल-स्वर' के परिच्छेद में (अव्) संध्वनि का कोई उल्लेख नहीं है।

हिंदी के उच्चारण में 'जय' का 'जै' और 'जव' का 'जौ' भी हो जाता है। इसके दो और रूप भी उच्चारण में मिलते हैं—(जय्) और (जव्)। इसी प्रकार 'लव्' (लव-कुश) के भी दो उच्चारण-रूप मिलते हैं—(लव्) और (लौ), और 'लौ' (बाती की लौ) के भी इस पुस्तक के लेखक के अनुसार दो उच्चरित रूप मिलेंगे—(लव्) और (लौ)। प्रश्न यह उठता है कि 'लव' और 'लौ' भाषा के किस स्तर पर भिन्न हैं और विश्लेषण के किस स्तर पर वे समरूप हो जाते हैं ? ये सारे सवाल गहराई में विचार की अपेक्षा रखते हैं, जिसका अभाव इस पुस्तक में स्पष्ट है।

यह प्रश्न वस्तुतः रूप-ध्वनिमी, ध्वनिमी और ध्वनिकी के आपसी सम्बन्धों के संदर्भ में ही अपना समाधान पा सकते हैं। संरचनात्मक ध्वनिविज्ञान विश्लेषण के दो प्रारूप हैं—एक, जो भाषा की 'अभिरचना की द्विविधता' (duality of pattern) को स्वीकार करने के फलस्वरूप व्याकरणिक तथ्यों को ध्वनिमीय विश्लेषण के संदर्भ में लाना असंगत मानते हैं। ब्लाक, हाकेट आदि विद्वान इस मत के समर्थक हैं। प्रस्तुत पुस्तक का लेखक सिद्धांततः यही स्वीकार करता है (यद्यपि खंडेतर ध्वनियों के प्रसंग में वह व्याकरणिक संदर्भों को लाने से अपने को रोक नहीं पाया है)। दूसरा प्रारूप इसके विपरीत भाषा को समन्वित इकाई

मानने के कारण स्तरों के अंतर्सम्बन्धों की सच्चाई को स्वीकार कर चलता है। पाइक ने अपने दो लेखों (1947, 1952) में कई उदाहरण देकर बहुत पहले यह प्रमाणित करने का सफल प्रयास किया है कि बिना व्याकरणिक तथ्यों को सामने लाए ध्वनिमीय विश्लेषण सम्भव नहीं। पर लगता है पाइक के ये लेख, या तो पुस्तक के लेखक की नज़रों के बीच से नहीं गुज़रे अथवा उसमें दिए गए तर्कों से वह पूर्ण रूप से सहमत नहीं हो पाया।

यद्यपि पुस्तक का उद्देश्य 'हिंदी के उच्चारण, अर्थात्, उसकी ध्वनियों और ध्वनि-गुणों की ध्वनिमीय व्यवस्था' रखा गया है–पर जैसा ऊपर संकेत दिया गया है, उच्चारण के संदर्भ में कई हिंदी ध्वनियों का विवरण वैयक्तिक प्रभाव और भ्रामक श्रौतिक संदर्भ में दिया गया है, जिसे वस्तुवादी ढंग से न तो जाँचने-परखने की कोशिश की गयी है और न प्रायोगिक ध्वनि के आधार पर ही पुष्ट करने का प्रयत्न किया गया है। इस विषय पर अन्य पुस्तकों से लाभ उठाने का प्रश्न ही नहीं, क्योंकि विद्वान लेखक अपनी क्षमता पर पूर्ण विश्वास भाव से यह लिखने की स्थिति में अपने को पाता है–"इस विषय पर उपलब्ध अन्य पुस्तकों का उपयोग नहीं के बराबर किया गया है" (पृ. 10)।

जहाँ तक ध्वनियों और ध्वनि-गुणों की ध्वनिमीय व्यवस्था का प्रश्न है–उनसे प्रस्तुत पुस्तक का कुछ भी सम्बन्ध नहीं। व्यवस्था, ध्वनियों के प्रयोजनमूलक सम्बन्धों के आधार पर आश्रित हैं और प्रयोजनमूलक सम्बन्ध वस्तुतः संरचनात्मक नियमों से बाधित रहते हैं। ये संरचनात्मक नियम अनियोजित और एक-दूसरे से असम्बद्ध न होकर एक-दूसरे से प्रभाव में जुड़े और व्यापार में बँधे होते हैं। जब तक संरचनात्मक नियमों के संदर्भ में ध्वनियों के प्रयोजनमूलक सम्बन्धों का अध्ययन न किया जाए और जब तक इन सम्बन्धों के परिप्रेक्ष्य में ध्वनियों की व्यवस्था की बात को न सामने लाया जाय, कोई भी महत्त्वपूर्ण तथ्य उभरकर नहीं आ सकता।

प्रस्तुत पुस्तक में न तो संरचनात्मक नियमों की ओर ध्यान दिया गया है और न प्रयोजनमूलक सम्बन्धों को ही अध्ययन के रूप में लिया गया है। अतः ध्वनिमीय व्यवस्था की चर्चा की बात ही व्यर्थ है। यही कारण है कि लेखक अनुस्वार-अनुनासिक, महाप्राण-व्यंजन ह गुच्छ, अनाक्षरिक स्वर और अर्द्धस्वर आदि के आपसी सम्बन्धों की सही प्रकृति का उद्घाटन करने में असमर्थ रहा है।

प्रस्तुत पुस्तक "1963 में स्वीकृत अंग्रेजी-थीसिस का हिंदी-रूपांतर है।" अतः हिंदी रूपांतर के रूप में इसकी भाषा उस अनुवाद की भाषा के रूप में है जिसका चिंतन-विश्लेषण तो अंग्रेज़ी में है पर लिखित अभिव्यक्ति हिंदी में है। हिंदी की अपनी वाक्य-रचना का व्यतिक्रम प्रायः देखने को मिल जाता है और कभी-कभी तो ऐसे वाक्य भी पढ़ने को मिल जाते हैं जिसे बिना अंग्रेज़ी में अनूदित किए

समझना ही कठिन हो जाता है। नमूने के लिए नीचे कुछ उद्धरण (बिना टिप्पणी) दिए जा रहे हैं–

(1) "मुरादाबाद शहर के एक मध्यवर्गीय शिक्षित **परिवार में जन्मित मैं** ही अपना प्रमुख सूचक रहा हूँ–" (पृ. 9)

(2) "––शब्दसागर का उपयोग किया था, जिसमें डेढ़ लाख **शब्दों की विद्यमानता** का दावा किया गया–" (पृ. 10)

(3) "यह अध्ययन मेरे **द्वारा विश्लेषित एक सजीव भाषा का प्रस्तुतीकरण है**–" (पृ. 10)

(4) "जहाँ तक **औचित्य ने अनुमति** दी है और जहाँ तक सम्भव **बना है**–" (पृ. 17)

(5) "हिंदी में ऐसे बहुत से उदाहरण मिलते हैं कि यदि कोई विशिष्ट स्वर या व्यंजन या उनका समूह **किसी शाब्दिक इकाई से गिरा दिया जाता है,** तब वह इकाई. अर्थ की दृष्टि से वही रहती है–" (पृ. 228)

(6) **"वह कुछ ध्वनियों को उनकी तुलना में कि जब वे किसी बलाघातहीन अक्षर में होती हैं, दीर्घ भी कर देता है।"**– (पृ. 259)

इस समीक्षा को लिखने का उद्देश्य यह देखना भी रहा है कि 'एक ओर हिंदी की और दूसरी ओर दिन-प्रतिदिन बढ़ती हुई परिधियों के बीच प्रकाशित इस पुस्तक में हिंदी की ध्वनियों और क्रम-सहित हिंदी-उच्चारण के विषत्खंड तक के विविध पक्षों से सम्बन्धित तथ्यों के विवेचन का स्तर क्या है ?' डॉ. चटर्जी के अनुसार यह महत्त्वपूर्ण और प्रशंसनीय कार्य है। डॉ. धीरेंद्र वर्मा के मत में हिंदी ध्वनिकी और ध्वनिमी के संदर्भ में यह मौलिक कार्य है और डॉ. उदयनारायण तिवारी की दृष्टि में शोधार्थियों द्वारा इस अध्ययन को आदर्श मानकर काम किया जाना चाहिए। मेरा मत इन सभी अधिकारी विद्वानों से भिन्न है।

संदर्भ

Bloch, B. 1948. A set of postulates for phonemic analysis, Language. 24-3-46.

1950. Studies in colloquial Japenese IV, phonemics Language. 26. 86-125.

Fries, C. C., and K. L. Pike. 1949. Coexistent phonemic systems. Language. 25. 29-50.

Hockett, C. F. 1958. A course in modern linguistics. New York. Macmillon.

Jakobson, R. Fant G., and Halle, M. 1952. Preliminaries to speech analysis. Cambridge, Mass : MIT Press.

Jakobson, R. and Halle, M. 1956. Fundamentals of language. The Hague : Mouton.

Jones, D. 1966. The pronounciation of English, (IVth ed.) Cambridge University Press.

Kelkar, A. R. 1968. Studies in Hindi and Urdu. I Poona : Deccan College.

Pike, K. L. 1947. Phonetics, (3rd Print) Mass, Norwood.

1947 a. Grammatical prerequisites to phonemic analysis. Word 3. 155-72.

1952. More on grammatical prerequisites. Word 8. 106-21.

Srivastava, R. N. 1969. Review of studies in Hindi-Urdu I. by A. R. Kelkar. Language 45. 913-27.

and A. R. Kalra. 1973. Some recent trends in Hindi phonetics and Phonology.

Soveniur of the IVth. All India Conference of Linguists. 54-65 CHI : Agra.

परिशिष्ट-2

हिंदी का व्याकरणिक आरेख

हिंदी का व्याकरणिक आरेख

(This is a classification of inflected forms of Hindi. It is presented in tabular form for ready reference.)

1. NOUNS

Nouns may be subdivided into masculine (M) and feminine (F). They are inflected for two classes—direct and oblique and two numbers—singular (Sg.) and plural (Pl.)

- NOUNS
  - → Masculine (M)
    - → M I (आ-ending)
      - →(a) लड़का
      - →(b) राजा
      - →(c) चाचा
    - → M II (non आ-ending)
      - →(a) घर
      - →(b) धोबी
      - →(c) भालू
  - → Feminine (F)
    - → F I (ई-ending)
      - →(a) लड़की
      - →(b) चाची
    - → F II (non-ई-ending)
      - →(a) रात
      - →(b) बहू
      - →(c) दवा
      - →(d) चिड़िया

Table 1.0

MI Type

		Sg.		Pl.	
Type	Example	Direct	Oblique	Direct	Oblique
MI (a)	लड़का	लड़का	लड़के	लड़के	लड़कों
MI (b)	राजा	राजा	राजा	राजा	राजाओं
MI (c)	चाचा	चाचा	चाचा	चाचा	चाचा

Table 1.1

MII-Type

		Sg.		Pl.	
Type	Example	Direct	Oblique	Direct	Oblique
MII (a)	घर	घर	घर	घर	घरों
MII (b)	धोबी	धोबी	धोबी	धोबी	धोबियों
MII (c)	भालू	भालू	भालू	भालू	भालुओं

Table 1.2

FI-Type

		Sg.		Pl.	
Type	Example	Direct	Oblique	Direct	Oblique
FI (a)	लड़की	लड़की	लड़की	लड़कियाँ	लड़कियों
FI (b)	चाची	चाची	चाची	चाची~ चाचियाँ	चाची~ चाचियों

Table 1.3

Linguistic Analysis : Nominal Root—laRakā

Sg.		Pl	
D	O	D	O
laRakā+ϕ	laRakā+e	laRaka+e	laRaka+r
—	ϕ + -	ϕ + -	ϕ + -

FII-Type

		Sg.		Pl.	
Type	Example	Direct	Oblique	Direct	Oblique
FII (a)	रात	रात	रात	रातें	रातों
FII (b)	बहू	बहू	बहू	बहुएँ	बहुओं
FII (c)	दवा	दवा	दवा	दवाएँ	दवाओं
FII (d)	चिड़िया	चिड़िया	चिड़िया	चिड़ियाँ	चिड़ियों

Table 1.4

2. PRONOUNS

Pronouns show a varied inflected forms for number and case. They attest I no gender distinctions. Based on their inflected forms they can be divided into the following classes :

Class I

	Direct	*Oblique			
	+ϕ	+ ने	+को	+से	+को (आ, ई, ए)
	1	2	3	4	5
I Person Sg.	मैं	मैं–	मुझ– (मुझे)	मुझ–	मेरा
II Person Sg.	तू	तू–	तुझ– (तुझे)	तुझ–	तेरा
I Person Pl.	हम	हम–	हम– (हमें)	हम–	हमारा
II Person Pl.	तुम	तुम–	तुम– (तुम्हें)	तुम–	तुम्हारा

Table 2.1

* The form which is in bracket for + को is a result of contraction process and is optional.

NLP Root	+ (Number of Characters to be deleted	Characters to be added	)→Word
laRakā	+ (ϕ	nil	)→laRakā (Sg, D)
laRakā	+ (1	e	)→laRake (Sg, O, Pl, D)
laRakā	+ (1	õ	)→laRako (pl, O)

Class II

	+ϕ	+ने	+को	+से	+का (आ, ई, ए)
3rd Person Sg. (remote)	वह	उस–	उस– (उसे)	उस–	उस–
3rd Person Sg. (proximate)	यह	इस–	इस– (इसे)	इस–	इस–
Relative Sg.	जो	जिस–	जिस– (जिसे)	जिस–	जिस–
Interrogative Sg.	कौन	किस–	किस– (किसे)	किस–	किस
3rd Person Pl. (remote)	वे	उन्हें–	उन– (उन्हें)	उन–	उन–
3rd person pl. (proximate)	ये	इन्हों–	इन–(इन्हें)	इन–	इन–
Relative pl.	जो	जिन्हों–	जिन–(जिन्हें)	जिन–	जिन–
Interrogative pl.	कौन	किन्हों–	किन–किन्हें)	किन–	किन–

Table 2.2

CLASS III. It consists of pronoun कोई with following inflectional forms.

	Direct	Oblique
Sg.	कोई	किसी
Pl.	कोई	किन्हीं

Table 2.3

3. ADJECTIVES.

Adjectives can be subdivided into two groups—(a) आ-ending and (b) non–आ ending wherein the former group can be further subdivided into two—A (i) marked (inflected) and A (ii) unmarked (non-inflected).

Adjectives
- (A) आ-ending—
  - (i) marked (बड़ा, पीला)
  - (ii) Unmarked (बढ़िया, सालाना)
- (B) non-आ-ending (सुन्दर, लाल)

TYPE I (Ai)

	Masc.	Fem.
Direct Sg.	बड़ा, पीला	बड़ी, पीली
Oblique Sg.	बड़े, पीले	बड़ी, पीली
Direct Pl.	बड़े, पीले	बड़ी, पीली
Oblique Pl.	बड़े, पीले	बड़ी, पीली

Table 3. 1a

	Masc.	Fem.
Direct Sg.	बड़ा लड़का	बड़ी लड़की
Oblique Sg.	बड़े लड़के	बड़ी लड़की
Direct Pl.	बड़े लड़के	बड़ी लड़कियाँ
Oblique pl.	बड़े लड़कों	बड़ी लड़कियों

Table 3. 1b

Possessive adjectives (मेरा-type) and reflexive adjectives (अपना-type) inflect according to Type I (Ai).

	Masc.	Fem.
Direct Sg.	मेरा, अपना	मेरी, अपनी
Oblique Sg.	मेरे, अपने	मेरी, अपनी
Direct Pl.	मेरे, अपने	मेरी, अपनी
Oblique pl.	मेरे, अपने	मेरी, अपनी

Table 3. 2a

	Masc.	Fem.
Direct Sg.	मेरा अपना लड़का	मेरी अपनी लड़की
Oblique Sg.	मेरे अपने लड़के	मेरी अपनी लड़की
Direct Pl.	मेरे अपने लड़के	मेरी अपनी लड़कियाँ
Oblique pl.	मेरे अपने लड़कों	मेरी अपनी लड़कियों

Table 3. 2b

Type II. (Aii and B.) Members of this type do not change to agree with the noun they modify.

	Masc.	Fem.
Direct Sg.	सुंदर लड़का	सुंदर लड़की
Oblique Sg.	सुंदर लड़के	सुंदर लड़की
Direct Pl.	सुंदर लड़के	सुंदर लड़कियाँ
Oblique pl.	सुंदर लड़कों	सुंदर लड़कियों

Table 3.3

4. VERB PHRASE (VP)

(A). A VP in expanded form may consist of following elements-main verb (MV), voice marker (VM), modal (MD), tense marker (TM), for example, (बच्चों को सुलाया) (M V) जा (VM) सकता (MD) है (TM). Main verbs may be realized either exclusively as primary verb (PV) or as compound verb i.e. PV and an explicator verb (EV), for example–सुला (PV) देना (EV). Primary verbs may be realized as base verbs or nominal verbs. A nominal (conjunet) verb consists of two components—nominal (N) and a verbalizer (Vz), for example, दया (N) करना (Vz): दिखाई (N) देना (Vz). Base verbs can be classified into intransitive (Vi) and transitive (Vt).

VP–STRUCTURE

MV						+VM		+ MD		+TM
PV				EV						
Base		Derived								
Vi	Vt	N	Vz							
दौड़ा	–	–	–	लिया	–	जा	+	सकता	+	है।
–	खा	–	–	लिया	–	जा	+	सकता	+	है।
–	–	काम	कर	लिया	–	जा	+	सकता	+	है।
सो	–	–	–	लेता	–	–		–		है।
–	पढ़	–	–	लेता	–	–		–		है।
–	पढ़	–	–	लिया	करता	–		–		है।
–	पढ़	–	–	लिया	–	जाए		–		–
–	पढ़	–	–	लिया	–	जाना		चाहिए		–
–	–	दिखाई	देना	–	–	–		चाहिए		–

Table 4.A

VERB FORMS

(B) Many verbs will have four seperate forms–काटना, कटना, कटाना, कटवाना। The transitive verb काटना gets relized as derived intransitive form कटना, as first causal form कटाना and as second causal form as कटवाना। Intransitive verbs like सोना attest only three forms सोना, सुलाना (first causal) and सुलवाना (second causal). Not all transitive/intransitive verbs attest all the four/three : forms.

TYPE I

Base (Intransitive)	Derived Causal 1	Causal 2
दौड़ना	दौड़ाना	दौड़वाना
चलना	चलाना	चलवाना

Table 4.B1

TYPE II

Base (Transitive)	Derived Intransitive	Causal 1	Causal 2
काटना	कटना	कटाना	कटवाना
देखना	दिखना	दिखाना	दिखलवाना

Table 4.B2

TYPE III

Base (Transitive)	Derived Intransitive	Causal
उठाना	उठना	उठवाना
बनाना	बनना	बनवाना
बेचना	बिकना	बिकवाना
डालना	पड़ना	डलवाना
करना	होना	करवाना

Table 4.B3

TYPE IV

Base (Transitive)	Derived Causal 1	Causal 2
पढ़ना	पढ़ाना	पढ़वाना
खाना	खिलाना	खिलवाना
पीना	पिलाना	पिलवाना

Table 4.B4

TYPE V

Base (Transitive)	Derived Intransitive	Causal
धोना	धुलना	धुलाना=धुलवाना
करना	होना	कराना=करवाना
रखना	रहना	रखाना=रखवाना

Table 4.B5

TYPE VI

Base	Derived : Causal
कहना	कहलाना
भेजना	भिजवाना
गाना	गवाना
लेना	लिवाना
लाना	लिवाना

Table 4. B6

The following table gives the distinction in verbal categories.

Base		Derived		
			Causal	
Intransitive	Transitive	Intransitive	Immediate	Mediate
दौड़ना	–	–	दौड़ाना	दौड़वाना
सोना	–	–	सुलाना	सुलवाना
	पीना	–	पिलाना	पिलवाना
	बनाना	बनना	बनवाना	–
	करना	होना	कराना करवाना	–
	देखना	दिखना –	दिखाना दिखलाना	दिखवाना दिखलवाना
	उड़ाना		उड़ाना	उड़वाना
उड़ना	–	उड़ना	उड़वाना	–
उठना	उठाना	–	उठाना	उठवाना
(to get-up)	(to Lift)	उठना	उठवाना	–

Table 4.B7

C. Verbs are inflected for person (p), number (N) and gender (G) and tense, mood and aspect.

NG-form

N \ G	Masc.	Fem.
Sg.	था	थी
Pl.	थे	थीं

Table 4C 1a

G / N	Masc.	Fem.
Sg. Pl.	पढ़ा, खाया पढ़े खाये	पढ़ी, खायी पढ़ीं, खायीं

Table 4C 1b

NP–Form

P / N	Ist	2nd	3rd
Sg. Pl.	हूँ हैं	है हो	है हैं

Table 4C 1a

P / N	Ist	2nd	3rd
Sg. Pl.	पढ़ूँ, खाऊँ पढ़ें, खाएँ	पढ़, खा पढ़ो, खाओ	पढ़े, खाए पढ़ें, खाएँ

Table 4C 2b.

D. ASPECT

	Imperfect		
	Habitual	Progressive	Perfect
दौड़ना काटना	दौड़ता काटता	दौड़ रहा काट रहा	दौड़ा काटा
खाना रोना	खाता रोता	खा रहा रो रहा	खाया रोया
होना करना लेना देना जाना	होता करता लेता देता जाता	हो रहा कर रहा ले रहा दे रहा जा रहा	हुआ किया लिया दिया गया

Table : 4 D (Example : 3rd Persons Sg. form)

E. Non-Aspectual

	Future (absolute)	Optative	Familiar	Imperative Polite.
दौड़ना काटना	दौड़ेगा काटेगा	दौड़े काटे	दौड़ो काटो	दौड़िए काटिए
खाना पीना	खाएगा पीएगा	खाए पीए	खाओ पीओ	खाइए पीजिए
होना करना लेना देना जाना	होगा करेगा लेगा देगा जाएगा	हो करे ले दे जाए	हो करो लो दो जाओ	होइए कीजिए लीजिए दीजिए जाइए

Table : 4 E.

Linguistic Information

root	:	paṛha
category	:	verb
verb type	:	transitive
gender	:	masculine
number	:	singular
person	:	second or third
tense	:	future, absolute

F. System of TENSE-forms.

The system of tense forms of the verb होना and पढ़ना in the forms of 3rd person singular masculine is illustrated below :

Tense Form	होना	पढ़ना
INFINITIVE	होना	पढ़ना
Stem	हो	पढ़
Imperfective (habitual)	होता	पढ़ता
Imperfective (progressive)	हो रहा	पढ़ रहा
Perfective	हुआ	पढ़ा
Imperative (familiar)	हो	पढ़ो
Imperative (polite)	होइए	पढ़िए
Present/past imperfective		
(habitual)	होता है/था	पढ़ता है/था
(progressive)	हो रहा है/था	पढ़ रहा है/था
(perfective)	हुआ है/था	पढ़ा है/था
Future (absolute)	होगा	पढ़ेगा
Optative	हो	पढ़े
Potential imperfective		
(habitual)	होता हो	पढ़ता हो
(progressive)	हो रहा हो	पढ़ रहा हो
(perfective)	हुआ हो	पढ़ा हो
Presumptive imperfective		
(habitual)	होता होगा	पढ़ता होगा
(progressive)	हो रहा होगा	पढ़ रहा होगा
(perfective)	हुआ होगा	पढ़ा होगा
Contingent imperfective		
(habitual)	–	पढ़ता होगा
(progressive)	हो रहा होता	पढ़ रहा होता
(perfective)	हुआ होता	पढ़ा होता

Table 4 F.

Linguistic Analysis of पढ़ेगा (Future Absolute)

√पढ़ + NP + Futurity + NG

− + e + g + ā

NP Marker : NG Marker

Person \ No.	Sg	Pl
I	पढ़ूँगा +ū	पढ़ेंगे +e
II	पढ़ेगा +e	पढ़ोगे +o
III	पढ़ेगा +e	पढ़ेंगे +e

Gender \ Number	Sg	Pl
M	पढ़ेगा +ā	पढ़ेंगे +e
F	पढ़ेगी +ī	पढ़ेंगी +i

BASIC SENTENCE CONSTRUCTIONS

The most frequent basic constructions are as below :

(A) With Copula Verb.

Construction		Examples
(a) Existential Verb Constructions		
S+Vc		(a) ईश्वर है। (b) आज गर्मी है।
(b) Linking Verb Constructions		
S+C+Vc	C =noun =adj =adv.	(a) मोहन डॉक्टर है। (b) मोहन बीमार है। (c) मोहन घर में है।
(c) Possessive Verb Constructions		(a) दशरथ के तीन रानियाँ थीं। (kinship)
S (Ps) + C (Pd) + Vc	+के	(b) उसके भी दो आँखें हैं। (inalienable part) (c) मोहन के एक दोस्त है। (+human, + status)
	+को	मोहन को बुखार है। (abstract, + transient)
=`X' has `Y'	∓में	मोहन में साहस है। (abstract, —transient)
	+ के पास	(a) मोहन के पास किताब है। (—animate, + concrete) (b) मोहन के पास एक नौकर है। (+human, —status)
(B) With Intransitive Verb S+Vi		मोहन दौड़ता है। लड़का रोता है।
(C) With transitive Verb S+O+Vt		मोहन किताब पढ़ता है। लड़का आम खाता है।
(D) Ditransitive Verb S+O1+O2+Vt		(a) मोहन लड़के को किताब देता है। (b) लड़का मोहन से किताब लेता है।

		+ –ने	constructions	
		बोलना लाना	लड़का बोल रहा है। लड़का बोला। मोहन सामान लाता है। मोहन सामान लाया है।	–ने
		कहना लेना	लड़का कुछ कह रहा है। लड़के ने कुछ कहा। मोहन सामान लेता है। मोहन ने सामान लिया है।	+ने
(E) With Indirect Verbs – S को +O+Vid	Vid	मालूम	(a) मोहन को यह बात मालूम हो।	
		पसन्द	(b) शीला को यह बात पसन्द नहीं है।	
		लगना	(c) सोहन को भूख लगी है।	
(F) With Compulsion Verbs S– को+ ✓ –ना +Vcp	Vcp	होना	(a) मोहन को पढ़ना है।	
		चाहिए	(b) मोहन को पढ़ना चाहिए।	
		पड़ना	(c) मोहन को पढ़ना पड़ा।	

(S=subject, O=object, 01=indirect; 02=direct, C=compliment, Vc=copula, Vi=intransitive, Vt=transitive, Vid=indirect, Vcp=compulson, Ps=possessor, Pd=possessed)

Table 5

	(x) Causal (Immediate)
(a) लड़का दौड़ता है (b) बच्ची सो रही है। (c) राम सात बजे उठा।	(a) मोहन लड़के को दौड़ाता है। (b) नौकर बच्ची को सुला रहा है। (c) राधा ने राम को सात बजे उठाया।
	(y) Causal (Mediate)
	(a) श्याम मोहन से लड़के को दौड़ाता है। (b) अशोक नौकर से बच्ची को सुलवा रहा है। (c) माँ ने राधा से राम को सात बजे उठवाया।
	(x) Causal (Immediate)
(a) लड़की दूध पीती है (b) मनोज आम खा रहा है	(a) मोहन लड़की को दूध पिलाता है। (b) नौकर मोहन को आम खिला रहा है।
	(y) Causal (Mediate)
	(a) दादी मोहन से लड़की को दूध पिलवाती है। (b) माँ नौकर से मोहन को आम खिलवा रही है।

Table 6A. 1

(B) PASSIVE TRANSFORM

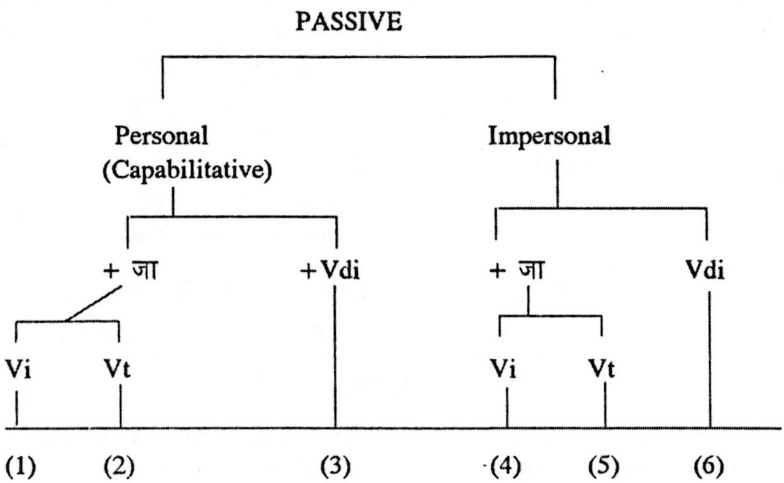

Table 6B.O

Capabilitative Passive

S (A) + Vi →	(1) C (A) + Vi + जा। मोहन से सोया नहीं जाता। शीला से उठा नहीं गया।
S (A) + C (O) + Vt →	(2) C (A) + S (O) + Vt + जा मोहन से लकड़ी नहीं काटी जा रही है। शीला से दरवाजा नहीं खोला गया।
	(3) C (A) + S (O) + Vdi मोहन से लकड़ी नहीं कट रही है। शीला से दरवाजा नहीं खुला।

Table 6B.1

Impersonal Passive

S (A) + Vi →	(4) Vi + जा यहाँ सोया नहीं जाता। इतनी देर से उठा नहीं जाता।
S (A) + C (O) + Vt →	(5) S (O) + Vt+ जा यहाँ लकड़ी नहीं काटी जा रही है। अभी दरवाजा नहीं खोला गया है।
	(6) यहाँ लकड़ी नहीं कट रही है। अभी दरवाजा नहीं खुला है।

Table 6B. 2.

(S=subject, O=object, N=noun, Vi=intransitive, Vt=transitive, Vdi=derived intransitive, Vcl_1=first causal, Vcl_2=second causal, C=complement).

6. BASIC TRANSFORM
(A) CAUSAL TRANSFORM.

Simple Sentences ⟶

$\begin{bmatrix} S(N) \\ +agent \end{bmatrix} + [O(N)] + V$

→(x) Causal (immediate)

$\begin{bmatrix} S(N_1) \\ +\ instigator \end{bmatrix} \begin{bmatrix} O(N_2) \\ +\ instigated \\ +agent \end{bmatrix}$ को $+[O(N)] + Vcl_1$

→(y) Causal (Mediate)

$\begin{bmatrix} S(N_1) \\ +\ instigator \end{bmatrix} + \begin{bmatrix} I(N_3) \\ +\ instigated \\ +\ instigator \end{bmatrix}$ + से $\begin{bmatrix} [O(N_2)] \\ +\ instigated+ \\ -+agent \end{bmatrix} [O(N)] + Vcl_2$

Table 6 A. O